MATEMÁTICA FINANCEIRA E ENGENHARIA ECONÔMICA

Blucher

Luiz Roberto Vannucci

MATEMÁTICA FINANCEIRA E ENGENHARIA ECONÔMICA

Princípios e aplicações

2ª edição

Matemática Financeira e Engenharia Econômica: princípios e aplicações

Editora Edgard Blücher Ltda.

Blucher

Rua Pedroso Alvarenga, 1245, 4º andar
04531-934 – São Paulo – SP – Brasil
Tel.: 55 11 3078-5366
contato@blucher.com.br
www.blucher.com.br

Segundo o Novo Acordo Ortográfico, conforme 5. ed. do *Vocabulário Ortográfico da Língua Portuguesa*, Academia Brasileira de Letras, março de 2009.

Dados Internacionais de Catalogação na Publicação (CIP)
Angélica Ilacqua CRB-8/7057

Vannucci, Luiz Roberto
Matemática financeira e engenharia econômica: princípios e aplicações / Luiz Roberto Vannucci. – 2. ed. – São Paulo: Blucher, 2017.
320 p.

Bibliografia
ISBN 978-85-212-0987-4

1. Engenharia econômica 2. Administração financeira 3. Cálculo 4. Contabilidade I. Título.

15-1209 CDD 658.152

Índices para catálogo sistemático:
1. Engenharia econômica

Aos meus alunos
de graduação e pós-graduação,
que me inspiram para o conhecimento.

Aos meus netos
Gabriel, Larissa e Lis,
que, com a minha família,
me inspiram para a vida.

CONTEÚDO

APRESENTAÇÃO

CONSIDERAÇÕES INICIAIS

Com o constante avanço tecnológico, dispomos cada vez mais de novas ofertas de ferramentas que nos dão acesso aos meios de desenvolvimento de estudos e produções.

No caso específico de estudos na área de cálculos financeiros e avaliação econômica de projetos de investimentos, aplicados aos mais diversos setores da economia globalizada, é imprescindível dispor-se de métodos que nos ofereçam rapidez e segurança.

Se observarmos o avanço histórico ocorrido nessa área, veremos que os cálculos matemáticos, inicialmente realizados "a mão", passaram pela régua de cálculo, pelas primeiras calculadoras mecanizadas, pelas científicas e hoje dispomos de sofisticadas calculadoras e microcomputadores, que permitem realizar cálculos de grande aplicação e considerável redução de tempo.

Os cálculos matemáticos aplicados à área financeira ganharam muito em agilidade com o advento das calculadoras financeiras, cujas funções desenvolvidas especialmente para essa área deixaram para trás as conhecidas tabelas financeiras.

O surgimento das planilhas eletrônicas significou um grande avanço, pois entre a enorme gama de funções oferecidas a partir do microcomputador está a função financeira, que nos permite realizar os mais diversos cálculos.

Contudo, esse avanço, que põe à disposição do usuário ferramentas de considerável desenvolvimento tecnológico, também requer um sólido conhecimento dos conceitos que permitem a realização dos cálculos que se pretende.

Assim, enfatizamos a necessidade de o estudioso dessa área, em um primeiro momento, familiarizar-se com os conceitos financeiros e matemáticos, para, em seguida, desenvolver seus cálculos de forma ágil e segura.

Nesse contexto, dentro do universo conhecido como matemática financeira, apresentamos um estudo com base no sistema de capitalização composto, também conhecido como juros compostos, por ser usualmente aplicado no setor financeiro, bem como uma metodologia de análise de viabilidade econômica, com algumas alternativas para cálculos e análises.

Desenvolvemos primeiramente a parte conceitual e matemática, de forma a oferecer ao estudioso a base necessária ao entendimento do assunto, independentemente do critério a ser utilizado para os respectivos cálculos.

Como alternativa, apresentamos algumas formas de cálculos que facilitam as suas realizações com praticidade, como a utilização da calculadora financeira, da planilha eletrônica e das tabelas financeiras.

A QUEM SE DESTINA

Aos estudantes e profissionais das mais diversas áreas que têm interesse no aprendizado e aplicação da Matemática Financeira, especialmente voltada para o sistema de capitalização composto e da análise de viabilidade econômica de investimentos, com base nos princípios da Engenharia Econômica.

ASSUNTOS ABORDADOS

Os assuntos tratados nesta edição estão divididos em cinco grupos, assim classificados:

I. **Valores financeiros equivalentes**

II. **Taxas percentuais de juros**

III. **Amortização de dívida**

IV. **Ambiente inflacionário**

V. **Os princípios da Engenharia Econômica aplicados à análise de viabilidade de investimentos**

Os grupos contêm subdivisões nas quais são apresentados o conceito financeiro, o desenvolvimento matemático, o fluxo de caixa gráfico e a elaboração dos cálculos por diferentes formas.

ANEXOS

Apresentamos junto a esta edição os seguintes anexos para a realização dos cálculos, que deverão ser consultados no site da editora Blucher: <www.blucher.com.br>:

1. Planilha para cálculos e avaliações

Desenvolvido em planilha eletrônica por meio do aplicativo Excel, possibilita o cálculo de forma rápida e objetiva de problemas básicos, de quadros financeiros e de análises de viabilidade econômica, com uma metodologia adequada aos nossos objetivos.

Para a sua utilização não é necessário o conhecimento da planilha eletrônica. Os cálculos e avaliações apresentam-se prontos para o uso, basta habilitar as “macros”.

⇨**NOTA**

Para algumas versões do Excel, poderá haver desconfiguração do gráfico do fluxo de caixa. O acerto se faz simplesmente pelo “zoom”.

2. Tabela de fatores financeiros

Desenvolvida com o auxílio da planilha eletrônica Excel, poderão ser criadas várias tabelas de forma rápida e segura, que facilitarão os cálculos, quando não houver um meio mais eficaz.

3. Tabuada financeira

Resumo dos cálculos financeiros básicos que são aplicados no sistema de capitalização composto. São apresentados associando-se à fórmula matemática e ao fluxo de caixa gráfico.

AGRADECIMENTOS

Agradeço a todos que, de maneira direta ou indireta, colaboraram com esta edição, principalmente ao nosso Grande Pai, que me propicia a vida e a razão.

CONCEITOS E DEFINIÇÕES

Para o desenvolvimento deste trabalho usaremos uma nomenclatura simples e de fácil compreensão, buscando sempre a forma mais direta para a elaboração dos cálculos. Em primeiro plano, o conceito financeiro será aliado ao cálculo matemático e, na sequência, o estudo de algumas formas de cálculo.

Nosso estudo tem como base a matemática financeira, mais especificamente o sistema de capitalização composto. Vejamos alguns conceitos de suma importância para o desenvolvimento deste estudo:

FLUXO DE CAIXA GRÁFICO

Para facilitar a análise e a resolução dos cálculos, procuramos trabalhar com a representação gráfica do fluxo de caixa (fluxo de entrada e saída de dinheiro de determinado caixa), na qual visualizamos o movimento financeiro em estudo.

Com relação a sua representação gráfica, adotamos uma convenção que nos permite uma boa visualização, muitas vezes necessária à análise do cálculo pretendido, assim proposta:

- ⇨ um segmento horizontal representando a escala de tempo, em intervalos sequentes, com cada período indicado por um número correspondente. Os períodos podem ser medidos em dias, semanas, meses, trimestres, semestres, anos etc.;
- ⇨ as entradas e saídas de dinheiro são representadas por pequenos segmentos verticais em ordem contrária, sem a preocupação da escala;
- ⇨ nos extremos dos segmentos verticais, registramos o valor do montante em dinheiro representado.

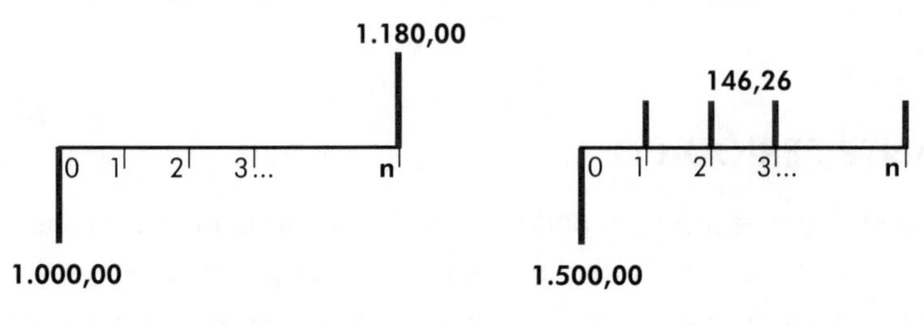

JURO

Todo trabalho ou serviço prestado tem sua remuneração correspondente, conforme seu desenvolvimento e importância. Uma dada quantia de dinheiro emprestada, do ponto de vista do capital, também pode ser considerada uma prestação de serviço.

Assim, entendemos como **juro** a quantia paga pelo direito de uso temporário de determinado valor, ou seja, a remuneração de um capital investido.

PERÍODO DE CAPITALIZAÇÃO

É o espaço de tempo necessário para que o capital investido produza o juro. No final de cada período tem-se a capitalização, ou seja, a soma do juro ao capital. Os períodos para os cálculos poderão ser diários, mensais, anuais ou outros, conforme a conveniência.

TAXA PERCENTUAL DE JUROS

O cálculo do juro é feito mediante acerto entre as partes interessadas, no qual se considera um coeficiente denominado **taxa percentual de juros**, que representa o valor de um capital de valor 100, em um determinado período tomado para unidade de tempo. Representaremos essa taxa pela letra **i**.

PRESENTE

Em um investimento ou empréstimo são consideradas algumas datas (épocas) para efeito de cálculo, como a do próprio investimento e a(s) de pagamento(s).

O valor do dinheiro existente ou equivalente ao da data, ou época, em que se dá o investimento – ou seja, o instante inicial relativo aos períodos de capitalização – é denominado **presente** e representado pela letra **P**.

FUTURO

O valor do dinheiro existente ou equivalente ao da data, ou época de pagamento, ou resgate através de parcela única será denominado **futuro** e representado pela letra **F**.

MONTANTE PERIÓDICO

Um pagamento ou investimento pode ser efetuado por meio de parcelas sucessivas e em datas previamente estipuladas. Quando esse tipo de pagamento ou investimento for realizado em parcelas iguais e sucessivas, ou seja, com intervalos entre cada dois pagamentos, também iguais, denominaremos o valor dessas parcelas **montante periódico** e o representaremos pela letra **M**.

Para efeito de nossos estudos, considera-se montante periódico **M** os valores que incidem nos instantes finais de cada período de capitalização, que é a condição mais usual, e **Mc** os valores que se têm no início de cada período.

Em uma visão gráfica, temos:

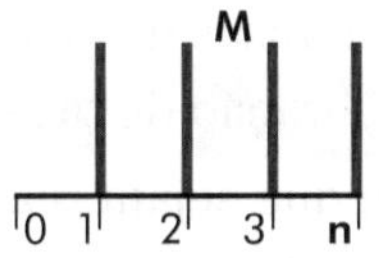

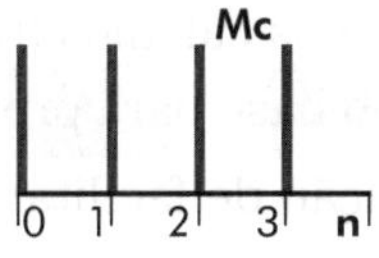

MONTANTES DESIGUAIS

Dependendo do interesse das partes envolvidas em uma transação financeira, poderão ocorrer pagamentos ou investimentos com valores que não sejam uniformes nem tampouco tenham uma periodicidade.

A esses valores com parcelas desiguais e que não guardam necessariamente o mesmo intervalo de tempo entre si denominaremos **montantes desiguais** e representaremos por **Md**.

Em uma visão gráfica, temos:

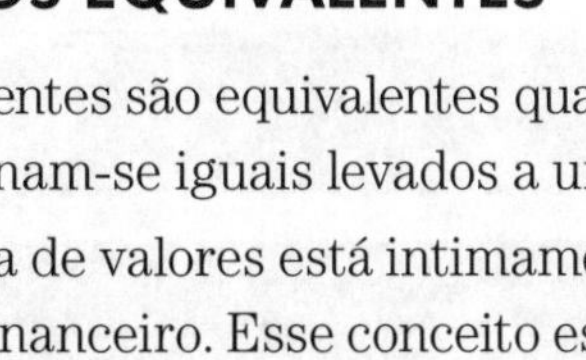

VALORES FINANCEIROS EQUIVALENTES

Dois valores em épocas diferentes são equivalentes quando, calculados a uma determinada taxa percentual, tornam-se iguais levados a um mesmo instante.

Portanto, a equivalência de valores está intimamente ligada à taxa percentual considerada para o cálculo financeiro. Esse conceito estende-se a situações em que se têm vários valores envolvidos em um mesmo cálculo, que podem tornar-se equivalentes entre si, em épocas distintas.

SISTEMA DE CAPITALIZAÇÃO COMPOSTO

Também conhecido como juros compostos, trata-se daquele sistema em que, ao final de cada período de capitalização, o juro gerado é somado ao valor investido, passando a formar um novo valor, que renderá juros no período seguinte.

O Excel dispõe de um grande conjunto de ferramentas úteis, dentre elas, as *macros*, uma linguagem específica das planilhas eletrônicas que, associada ao desenvolvimento do *Visual Basic* para aplicativos, tornam a automatização das tarefas mais prática e direta.

Com relação à informatização de cálculos financeiros, o Excel oferece uma série de funções que permitem o seu desenvolvimento de forma simples e com grande praticidade nas suas apresentações.

A planilha eletrônica é um conjunto de células programáveis formadas por linhas e colunas em que se colocam as informações de forma organizada, com a facilidade de calcular automaticamente qualquer tipo de fórmula matemática, sem a necessidade de se escrever um programa.

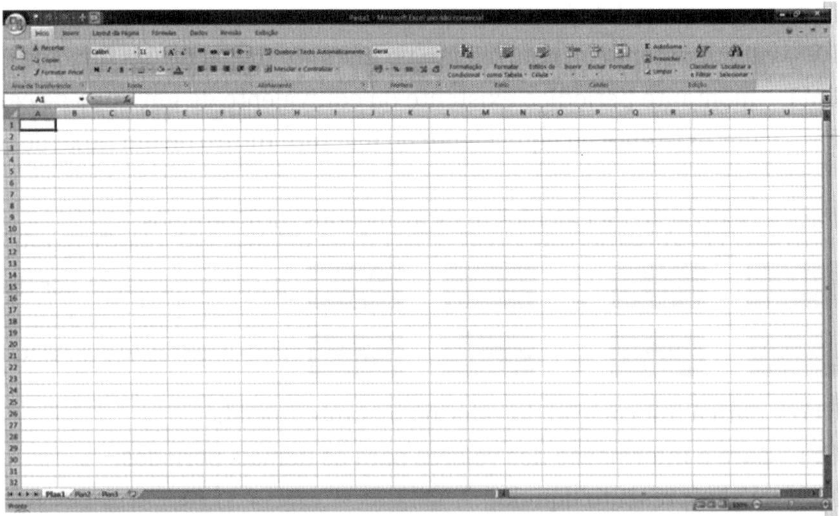

Para o desenvolvimento dos cálculos, podem-se introduzir textos, números e fórmulas em qualquer célula ou em um conjunto delas. Cada célula tem um endereço próprio, que é identificado pelo ponto de interseção entre uma linha e uma coluna.

As funções podem ser montadas manualmente, por meio de um assistente de função representado pelo ícone *fx* ou pela sua composição. O assistente de função é uma ferramenta com recursos pré-programados que auxilia a execução de tarefas trabalhosas, quando realizadas passo a passo.

Clicando sobre o ícone *fx* localizado na barra de funções, abre-se uma tela com as *categorias da função* e suas respectivas *funções*.

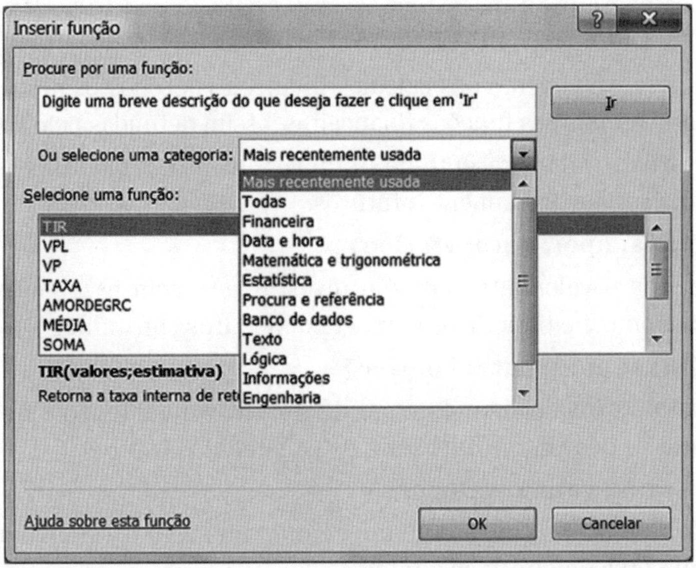

Na janela aberta têm-se as categorias de função financeira, matemática e trigonometria, estatística, entre outras.

Para os cálculos que pretendemos, utiliza-se a categoria de função financeira, na qual encontramos várias funções pré-programadas, que auxiliam nas programações de diversos cálculos financeiros.

Ao clicar sobre a categoria de função *financeira*, encontram-se na parte direita da janela as funções específicas desta categoria.

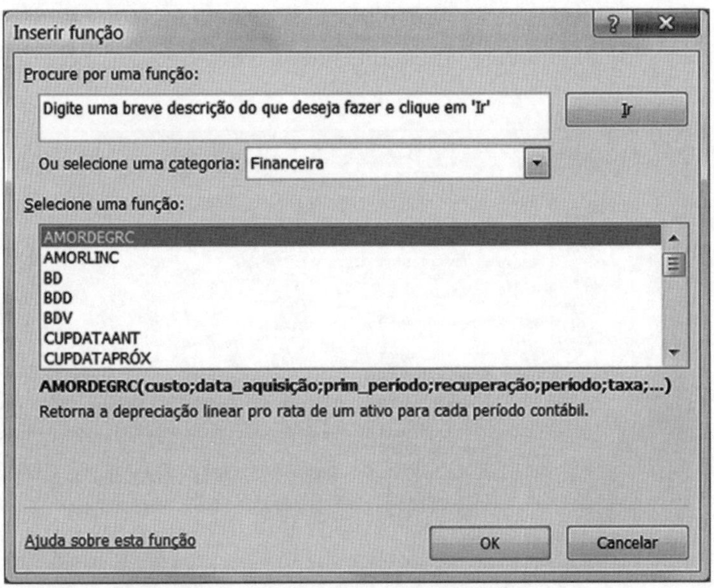

Nesta categoria de função tem-se: AMORDEGRC, LUCRO, IPGTO, MTIR, NPER, PGTO, TAXA, TIR, VF, VP e VPL, entre outras.

Para o desenvolvimento dos cálculos financeiros propostos neste estudo, serão utilizadas as seguintes funções financeiras, assim definidas pelo Excel:

VP: retorna o valor presente de um investimento; a quantia total atual de uma série de pagamentos futuros.

VP = (taxa; nper; pgto; vf; tipo)

VF: retorna o valor futuro de um investimento com base em pagamentos constantes e periódicos e uma taxa de juros constantes.

VF = (taxa; nper; pgto; vp; tipo)

VPL: retorna o valor líquido atual de um investimento, com base em uma taxa de desconto e uma série de pagamentos futuros.

VPL = (taxa; valor1; valor2;...)

PGTO: calcula o pagamento de um empréstimo com base em pagamentos e uma taxa de juros constantes.

PGTO = (taxa; nper; vp; vf; tipo)

TAXA: retorna a taxa de juros por período em uma unidade.

TAXA = (nper; pgto; vp; vf; tipo; estimativa)

TIR: retorna a taxa interna de retorno de uma sequência de fluxos de caixa.

TIR = (valores; estimativa)

Ao pressionarmos uma dessas funções, surgirá uma nova janela, a qual, se preenchidos os dados do cálculo, construirá automaticamente a fórmula. O registro da fórmula e seu resultado serão inseridos em uma célula previamente escolhida.

Vejamos, como exemplo, a janela da função VP:

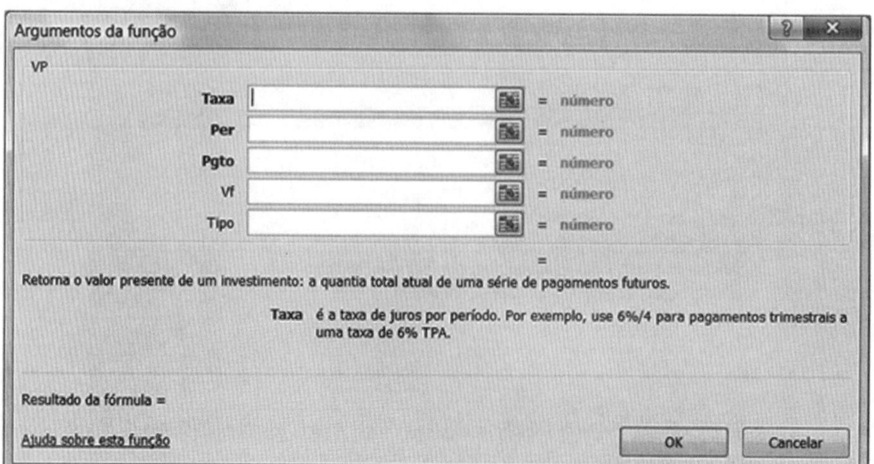

Para uma apresentação personalizada na planilha eletrônica basta trabalhar com as fórmulas pré-programadas em determinadas células; e com a flexibilidade de uso de dados numéricos e textos podemos elaborar qualquer tipo de cálculo financeiro. Algumas vezes será necessário complementar a programação desejada, com o auxílio de fórmulas desenvolvidas passo a passo.

No decorrer dos capítulos do livro veremos o desenvolvimento de vários cálculos informatizados dispostos em planilhas personalizadas, de forma simples e com grande praticidade nas suas apresentações.

Em alguns desses cálculos foi utilizado o módulo do *Visual Basic* para aplicativos, conhecido como "Macro", para facilitar a execução de tarefas por um único comando.

Quando se grava uma macro, o Excel a armazena em um módulo, ou seja, um conjunto de comandos sobre cada etapa realizada à medida que se executa uma sequência de instruções.

Através do editor do *Visual Basic* é possível visualizar uma macro armazenada em um módulo, como mostra a imagem a seguir.

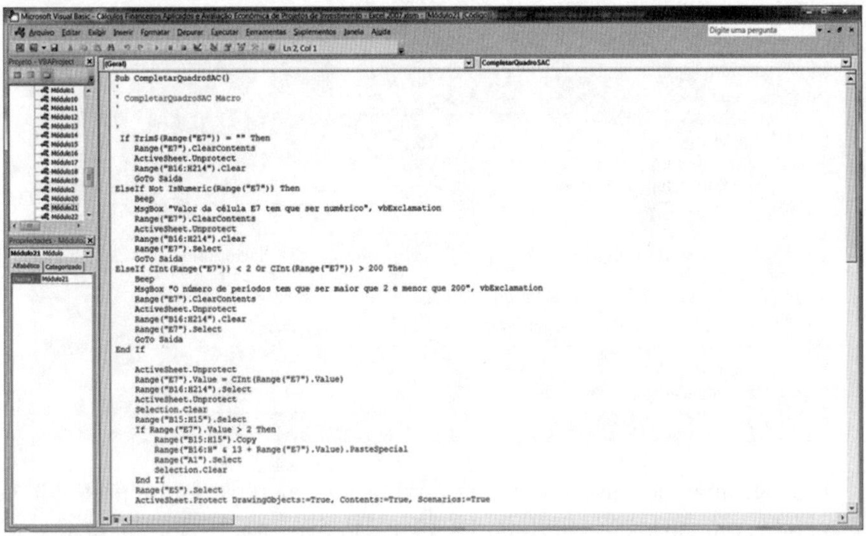

Acionando *Ferramentas e Macros* pela barra de menu, visualiza-se todas as macros gravadas em uma planilha de trabalho.

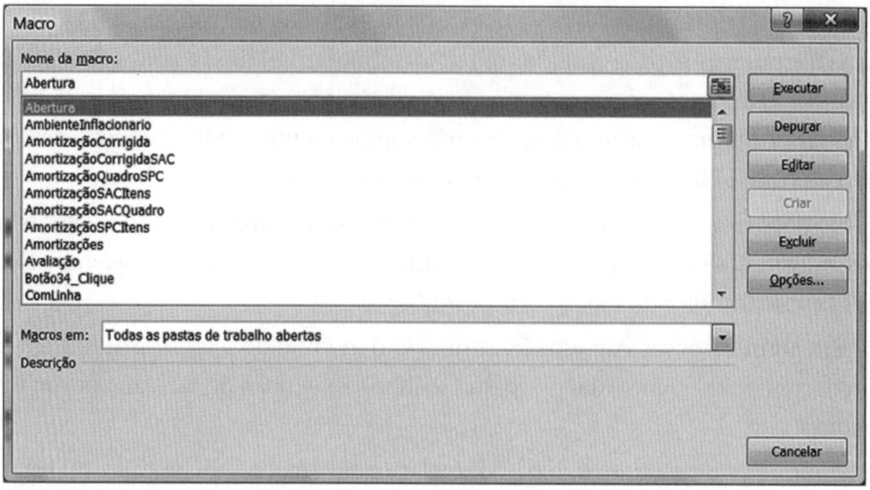

A partir dessa janela, acionam-se os módulos para executar, editar ou excluir uma macro, dentre as várias alternativas oferecidas.

De forma prática e rápida, uma macro pode ser executada através de um *botão personalizado* atribuído a uma macro específica, acionando pela barra de menu: *exibir*, *barra de ferramenta* e *formulário*.

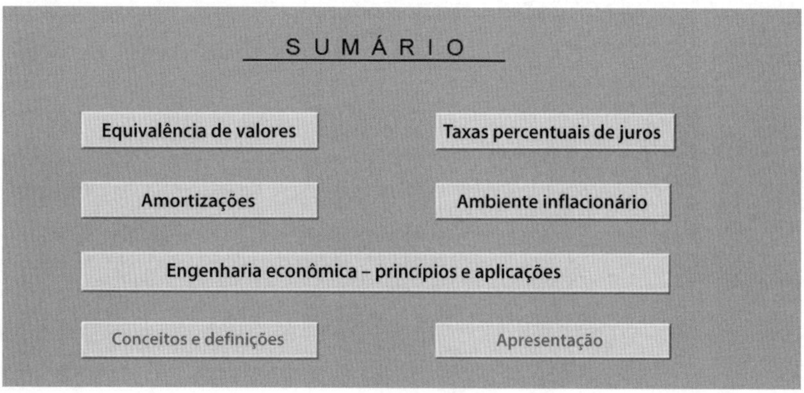

Os programas desenvolvidos para auxiliar os cálculos que se pretende estão armazenados em vários módulos do Excel, e são executados automaticamente ou por botões personalizados, conforme a sequência de instruções programada. No site da editora Blucher: <www.blucher.com.br> encontra-se a "Planilha de cálculos e análises", que possibilita o cálculo de forma rápida e objetiva.

⇨**NOTAS**

- Para a utilização do programa é quase sempre necessário que as "macros" estejam habilitadas. Esta operação é realizada por comando próprio do aplicativo.
- Em alguns casos, o fluxo de caixa gráfico contido na página do Excel, em função da versão utilizada, apresenta-se desconfigurado. O acerto se faz por meio do "zoom".

O CÁLCULO REALIZADO POR MEIO DE FATORES

Uma prática ainda usual para a execução desses cálculos é a utilização de fatores criados a partir das formulações matemáticas, o que os tornam mais práticos e rápidos, dispensando ferramentas específicas como calculadoras financeiras ou computadores, na hora do cálculo.

Criam-se então, tabelas financeiras contendo fatores com base nas fórmulas matemáticas desenvolvidas, que auxiliam os cálculos.

No site da editora Blucher: <www.blucher.com.br>, encontra-se uma tabela financeira desenvolvida com o auxílio da planilha eletrônica Excel, onde poderão ser criadas várias tabelas de forma rápida e segura. A seguir, exemplo de tabela para fatores calculados a 2% ao período.

TABELA DE FATORES PARA CÁLCULOS FINANCEIROS					
SISTEMA DE CAPITALIZAÇÃO COMPOSTO					
	i =	2,00	% – Taxa de juros por período de capitalização		
n	(F/P)	(P/F)	(M/P)	(P/M)	(F/M)
1	1,020000	0,980392	1,020000	0,980392	1,000000
2	1,040400	0,961169	0,515050	1,941561	2,020000
3	1,061208	0,942322	0,346755	2,883883	3,060400
4	1,082432	0,923845	0,262624	3,807729	4,121608
5	1,104081	0,905731	0,212158	4,713460	5,204040
6	1,126162	0,887971	0,178526	5,601431	6,308121
7	1,148686	0,870560	0,154512	6,471991	7,434283
8	1,171659	0,853490	0,136510	7,325481	8,582969
9	1,195093	0,836755	0,122515	8,162237	9,754628
10	1,218994	0,820348	0,111327	8,982585	10,949721
11	1,243374	0,804263	0,102178	9,786848	12,168715
12	1,268242	0,788493	0,094560	10,575341	13,412090
13	1,293607	0,773033	0,088118	11,348374	14,680332
14	1,319479	0,757875	0,082602	12,106249	15,973938
15	1,345868	0,743015	0,077825	12,849264	17,293417
16	1,372786	0,728446	0,073650	13,577709	18,639285
17	1,400241	0,714163	0,069970	14,291872	20,012071
18	1,428246	0,700159	0,066702	14,992031	21,412312
19	1,456811	0,686431	0,063782	15,678462	22,840559
20	1,485947	0,672971	0,061157	16,351433	24,297370
21	1,515666	0,659776	0,058785	17,011209	25,783317
22	1,545980	0,646839	0,056631	17,658048	27,298984
23	1,576899	0,634156	0,054668	18,292204	28,844963
24	1,608437	0,621721	0,052871	18,913926	30,421862
25	1,640606	0,609531	0,051220	19,523456	32,030300
26	1,673418	0,597579	0,049699	20,121036	33,670906
27	1,706886	0,585862	0,048293	20,706898	35,344324
28	1,741024	0,574375	0,046990	21,281272	37,051210
29	1,775845	0,563112	0,045778	21,844385	38,792235
30	1,811362	0,552071	0,044650	22,396456	40,568079
31	1,847589	0,541246	0,043596	22,937702	42,379441
32	1,884541	0,530633	0,042611	23,468335	44,227030
33	1,922231	0,520229	0,041687	23,988564	46,111570

(M/F)	(Mc/P)	(P/Mc)	(F/Mc)	(Mc/F)	n
1,000000	1,000000	1,000000	1,020000	0,980392	1
0,495050	0,504950	1,980392	2,060400	0,485343	2
0,326755	0,339956	2,941561	3,121608	0,320348	3
0,242624	0,257474	3,883883	4,204040	0,237866	4
0,192158	0,207998	4,807729	5,308121	0,188391	5
0,158526	0,175025	5,713460	6,434283	0,155417	6
0,134512	0,151482	6,601431	7,582969	0,131874	7
0,116510	0,133833	7,471991	8,754628	0,114225	8
0,102515	0,120113	8,325481	9,949721	0,100505	9
0,091327	0,109144	9,162237	11,168715	0,089536	10
0,082178	0,100174	9,982585	12,412090	0,080567	11
0,074560	0,092705	10,786848	13,680332	0,073098	12
0,068118	0,086391	11,575341	14,973938	0,066783	13
0,062602	0,080982	12,348374	16,293417	0,061374	14
0,057825	0,076299	13,106249	17,639285	0,056692	15
0,053650	0,072206	13,849264	19,012071	0,052598	16
0,049970	0,068598	14,577709	20,412312	0,048990	17
0,046702	0,065394	15,291872	21,840559	0,045786	18
0,043782	0,062531	15,992031	23,297370	0,042923	19
0,041157	0,059958	16,678462	24,783317	0,040350	20
0,038785	0,057632	17,351433	26,298984	0,038024	21
0,036631	0,055521	18,011209	27,844963	0,035913	22
0,034668	0,053596	18,658048	29,421862	0,033988	23
0,032871	0,051834	19,292204	31,030300	0,032227	24
0,031220	0,050216	19,913926	32,670906	0,030608	25
0,029699	0,048725	20,523456	34,344324	0,029117	26
0,028293	0,047346	21,121036	36,051210	0,027738	27
0,026990	0,046068	21,706898	37,792235	0,026460	28
0,025778	0,044881	22,281272	39,568079	0,025273	29
0,024650	0,043774	22,844385	41,379441	0,024167	30
0,023596	0,042742	23,396456	43,227030	0,023134	31
0,022611	0,041775	23,937702	45,111570	0,022167	32
0,021687	0,040869	24,468335	47,033802	0,021261	33

(*continua*)

TABELA DE FATORES PARA CÁLCULOS FINANCEIROS (*continuação*)					
SISTEMA DE CAPITALIZAÇÃO COMPOSTO					
	i =	2,00	% – Taxa de juros por período de capitalização		
n	(F/P)	(P/F)	(M/P)	(P/M)	(F/M)
34	1,960676	0,510028	0,040819	24,498592	48,033802
35	1,999890	0,500028	0,040002	24,998619	49,994478
36	2,039887	0,490223	0,039233	25,488842	51,994367
37	2,080685	0,480611	0,038507	25,969453	54,034255
38	2,122299	0,471187	0,037821	26,440641	56,114940
39	2,164745	0,461948	0,037171	26,902589	58,237238
40	2,208040	0,452890	0,036556	27,355479	60,401983
41	2,252200	0,444010	0,035972	27,799489	62,610023
42	2,297244	0,435304	0,035417	28,234794	64,862223
43	2,343189	0,426769	0,034890	28,661562	67,159468
44	2,390053	0,418401	0,034388	29,079963	69,502657
45	2,437854	0,410197	0,033910	29,490160	71,892710
46	2,486611	0,402154	0,033453	29,892314	74,330564
47	2,536344	0,394268	0,033018	30,286582	76,817176
48	2,587070	0,386538	0,032602	30,673120	79,353519
49	2,638812	0,378958	0,032204	31,052078	81,940590
50	2,691588	0,371528	0,031823	31,423606	84,579401
51	2,745420	0,364243	0,031459	31,787849	87,270989
52	2,800328	0,357101	0,031109	32,144950	90,016409
53	2,856335	0,350099	0,030774	32,495049	92,816737
54	2,913461	0,343234	0,030452	32,838283	95,673072
55	2,971731	0,336504	0,030143	33,174788	98,586534
56	3,031165	0,329906	0,029847	33,504694	101,558264
57	3,091789	0,323437	0,029561	33,828131	104,589430
58	3,153624	0,317095	0,029287	34,145226	107,681218
59	3,216697	0,310878	0,029022	34,456104	110,834843
60	3,281031	0,304782	0,028768	34,760887	114,051539

Fonte: VANNUCCI, 2013.

(M/F)	(Mc/P)	(P/Mc)	(F/Mc)	(Mc/F)	n
0,020819	0,040018	24,988564	48,994478	0,020410	34
0,020002	0,039218	25,498592	50,994367	0,019610	35
0,019233	0,038464	25,998619	53,034255	0,018856	36
0,018507	0,037752	26,488842	55,114940	0,018144	37
0,017821	0,037079	26,969453	57,237238	0,017471	38
0,017171	0,036442	27,440641	59,401983	0,016834	39
0,016556	0,035839	27,902589	61,610023	0,016231	40
0,015972	0,035267	28,355479	63,862223	0,015659	41
0,015417	0,034723	28,799489	66,159468	0,015115	42
0,014890	0,034206	29,234794	68,502657	0,014598	43
0,014388	0,033714	29,661562	70,892710	0,014106	44
0,013910	0,033245	30,079963	73,330564	0,013637	45
0,013453	0,032797	30,490160	75,817176	0,013190	46
0,013018	0,032371	30,892314	78,353519	0,012763	47
0,012602	0,031963	31,286582	80,940590	0,012355	48
0,012204	0,031573	31,673120	83,579401	0,011965	49
0,011823	0,031199	32,052078	86,270989	0,011591	50
0,011459	0,030842	32,423606	89,016409	0,011234	51
0,011109	0,030499	32,787849	91,816737	0,010891	52
0,010774	0,030171	33,144950	94,673072	0,010563	53
0,010452	0,029855	33,495049	97,586534	0,010247	54
0,010143	0,029552	33,838283	100,558264	0,009944	55
0,009847	0,029261	34,174788	103,589430	0,009653	56
0,009561	0,028982	34,504694	106,681218	0,009374	57
0,009287	0,028712	34,828131	109,834843	0,009105	58
0,009022	0,028453	35,145226	113,051539	0,008846	59
0,008768	0,028204	35,456104	116,332570	0,008596	60

1

VALORES FINANCEIROS EQUIVALENTES

Os cálculos apresentados a seguir, elaborados dentro do sistema de capitalização composto, também conhecido pela matemática financeira como juros compostos, serão distribuídos em três partes, considerando os critérios de pagamento e investimento mais utilizados.

Na primeira parte veremos o cálculo com **pagamento único**, no qual só existem dois valores financeiros equivalentes envolvidos, em duas épocas definidas.

Na segunda parte trataremos dos cálculos com pagamentos ou investimentos executados por meio de **parcelas iguais** e **periódicas**, equivalentes a um determinado valor no instante presente ou futuro.

Na terceira parte, veremos os cálculos de um valor equivalente no presente ou no futuro com relação a pagamentos ou investimentos executados através de **parcelas desiguais, periódicas** ou **não**.

Salientamos que todos os cálculos apresentados consideram a mesma taxa percentual de juros para os períodos de capitalização.

1.1 Pagamento único

É o pagamento realizado para a quitação de uma dívida ou resgate de um investimento, efetuado de uma só vez.

Esse valor é representado pela quantia inicial acrescida dos juros.

Iniciaremos os cálculos com valores, períodos e taxas que nos deem uma boa visão do conceito a ser assimilado.

- investimos **R$ 1.000,00**
- por **um** período
- à taxa percentual de juros de **10% a.p.**
- quanto receberemos no final do período?

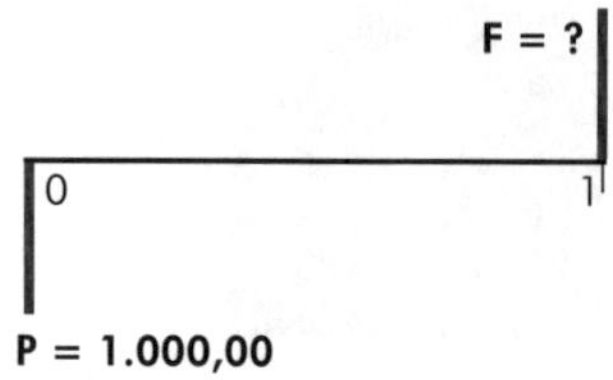

J (juros do capital) = 1.000,00 × 0,10 (10% de 100) = R$ 100,00

F = P + J = 1.000,00 + 100,00 ⇒ **F = R$ 1.100,00**

Consideremos agora o prazo para pagamento do empréstimo de três períodos, ou seja:

- investimos **R$ 1.000,00**
- por **três** períodos
- à taxa percentual de juros de **10% a.p.**
- quanto receberemos no final do terceiro período?

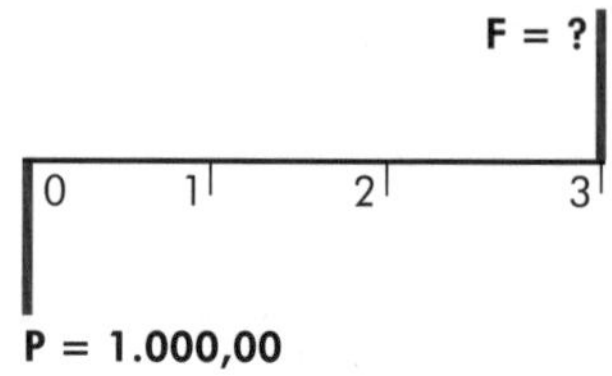

Utilizando-se o mesmo procedimento do cálculo anterior, agora para três períodos consecutivos, dentro do sistema de capitalização composto, temos:

Final do período 1: 1.000,00 + 100,00 (10% de 1.000,00) = 1.100,00

Final do período 2: 1.100,00 + 110,00 (10% de 1.100,00) = 1.210,00

Final do período 3: 1.210,00 + 121,00 (10% de 1.210,00) = 1.331,00

Assim, o valor a receber no final do terceiro período seria de **R$ 1.331,00**

1.2 Cálculo de um valor no futuro, conhecido um presente (F/P)

Para facilitar, procuraremos uma fórmula matemática que nos forneça esse tipo de cálculo sem a necessidade de acumularmos valores período a período.

Dentro do mesmo conceito estabelecido nos cálculos já elaborados, temos:

- investimos um valor **P**
- por **n** períodos de capitalização
- à taxa percentual de juros de **i% a.p.**
- quanto receberemos no final do enésimo período?

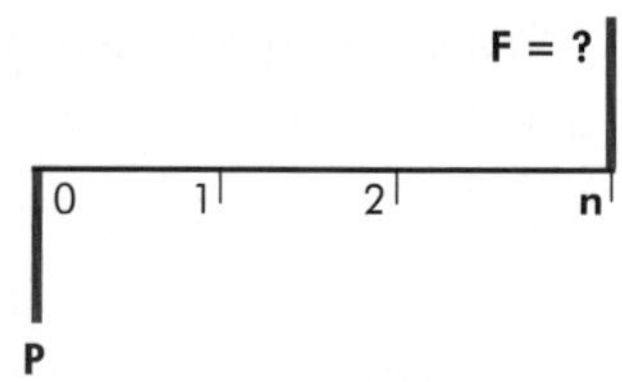

Assim:

Findo o período 1: $F(1) = P + Pi = P(1 + i)$

Findo o período 2: $F(2) = P(1 + i) + P(1 + i)i = P(1 + i)^2$

Findo o período 3: $F(3) = P(1 + i)^2 + P(1 + i)^2 i = P(1 + i)^3$

Findo o período 4: $F(4) = \text{- - - - - - - - - - - - - - - - - - -} = P(1 + i)^4$

Portanto, para o período **n**: $F(n) = \text{- - - - - - - - - - - - - -} = P(1 + i)^n$

Assim, para o cálculo de **F** em função de **P, i**, **n**, temos:

$$\mathbf{F = P(1+i)^n}$$

Aplicando-se essa fórmula desenvolvida para o cálculo anterior:

⇨ P = R$ 1.000,00

⇨ i = 10% a. p.

⇨ n = 3 períodos

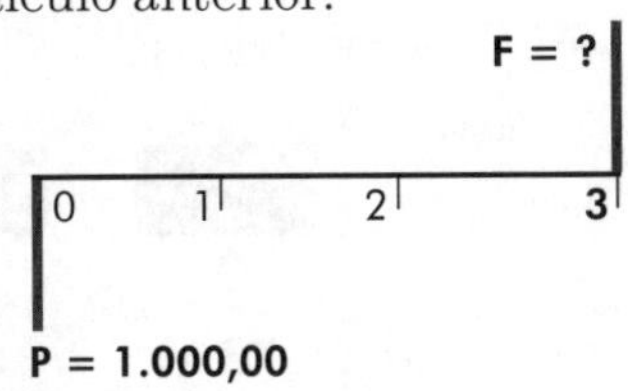

$F = P(1 + i)^n \Rightarrow F = 1.000,00(1 + 0,10)^3 \Rightarrow$ **F = R$ 1.331,00**

1.3 Cálculo de um valor no futuro, conhecido um presente (F/P), realizado por meio da calculadora financeira HP 12C

A calculadora financeira HP 12C, em sua parte superior esquerda, apresenta cinco teclas para a realização de diversos cálculos financeiros, incluindo o F/P:

[n] [i] [PV] [PMT] [FV]

Conforme nomenclatura aplicada no desenvolvimento matemático desse cálculo, essas teclas representam:

[n]	[i]	[PV]	[PMT]	[FV]
↑	↑	↑		↑
n	i	P		F

Assim, pode-se utilizá-las para esse cálculo da seguinte forma:

O primeiro passo, sempre aconselhável, é a limpeza das memórias da calculadora, pressionando simultaneamente:

[f] [CLX]

O passo seguinte seriam as informações, em qualquer ordem, dos dados a serem processados. Neste caso, o presente – P, a taxa percentual de juros – i e o número de períodos de capitalização – n:

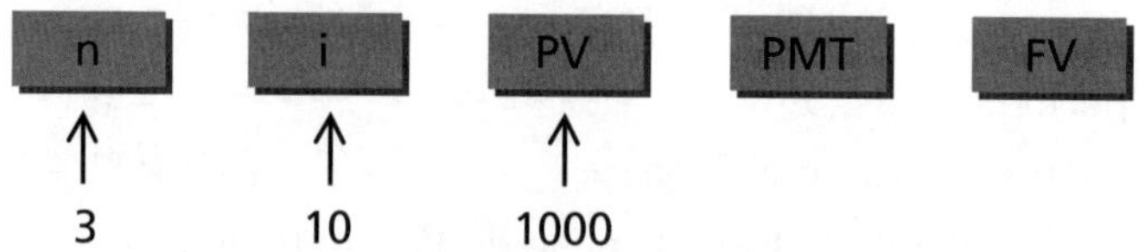

Para se obter o resultado basta pressionar a tecla FV.

Assim, tem-se uma demonstração completa da utilização das teclas para esse cálculo, que também será utilizada como modelo para os demais cálculos que serão desenvolvidos:

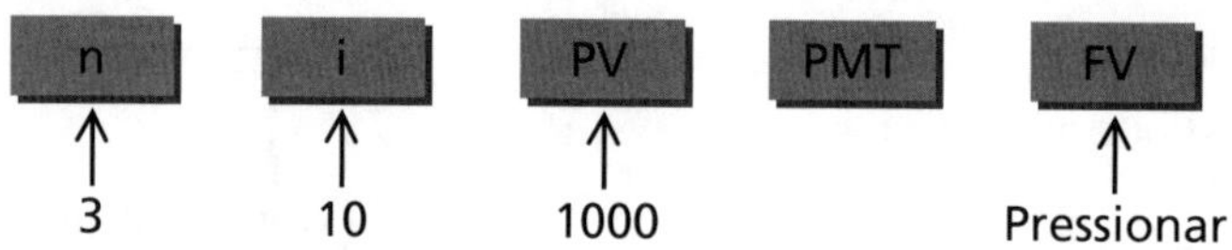

Como resultado da operação, obteve-se: –1.331,00.

Nota-se que o resultado é o mesmo, porém, com sinal negativo.

Isso se deve a uma convenção utilizada pela calculadora financeira HP 12C, representando o fluxo de caixa (entrada e saída do caixa), que opera com sinais contrários.

Evidentemente, se o valor de P for negativo, o resultado será positivo.

Portanto: **F = R$ 1.331,00**

1.4 O cálculo informatizado (F/P)

Pelos motivos expostos, preferimos desenvolver nossos cálculos financeiros em planilha eletrônica, utilizando o aplicativo Excel, que nos fornece, além das funções já programadas, a facilidade de se moldar a apresentação do trabalho elaborado.

Assim, estudando as suas funções destinadas aos cálculos pretendidos, notamos que o aplicativo fornece o assistente de função **fx**, no qual se encontram várias categorias.

Dentre essas categorias, escolhemos a financeira, que nos fornece várias funções, cada qual para um cálculo financeiro específico.

Especialmente para o cálculo de um valor equivalente no futuro **F**, como denominado em nossos estudos, o aplicativo oferece a função de nome **VF**, que calcula o valor futuro de um investimento, conhecendo-se, evidentemente, os demais valores envolvidos.

A função VF é transcrita da seguinte forma:

VF (taxa ; nper ; pgto ; vp ; tipo)

Onde:

VF: valor no futuro de um investimento;

taxa: taxa percentual de juros por período de capitalização;

nper: número de períodos de capitalização;

vp: valor investido no instante inicial (presente);

pgto e tipo: estas funções não se aplicam a esse cálculo.

Analisando essa função, notamos que para o cálculo de **VF** é necessário conhecer-se os valores envolvidos no cálculo, como: **vp**, **taxa** e **nper**.

Na utilização da planilha eletrônica para o cálculo, cada valor envolvido deverá ocupar uma célula, em que o resultado final, evidentemente, ocupará a célula do **VF**, que deverá conter a função estabelecida.

Para a apresentação do cálculo, convém que se tenha uma formatação de tela com boa visualização, com os dados bem definidos, assim como um desenho sintetizando o fluxo do movimento financeiro envolvido, para melhores visualização e compreensão do cálculo efetuado.

Para isso criamos a tela com a formatação que ora apresentamos, usando a nossa nomenclatura inicial, utilizada em nossos cálculos:

CÁLCULO DE UM VALOR NO FUTURO – F = ?
em função de P, i, n

Presente: P =
Taxa percentual: i = % a.p.
Número de períodos: n = períodos

Futuro: F =

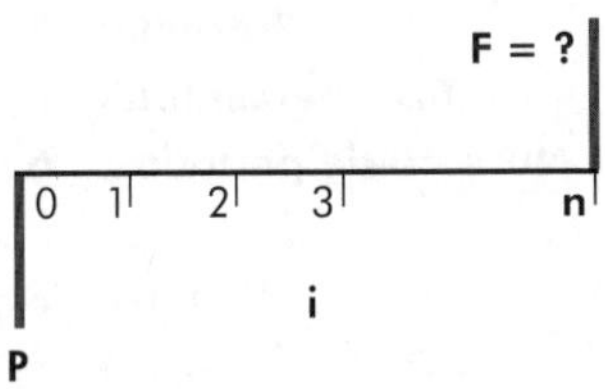

Representação do fluxo de caixa

Bastaria agora definirmos as células que contenham os valores **P**, **i**, **n** e **F** para procedermos os cálculos.

Na planilha de cálculos apresentada no site da editora Blucher: <www.blucher.com.br>, denominamos esse cálculo de **F/P**, e utilizamos as células:

C8 para o valor de **P** | **C10** para o valor de **n**

C9 para o valor de **i** | **C13** para o valor de **F**

Assim, para efetuarmos o cálculo pretendido, basta utilizar a função **VF** na célula **C13**, da seguinte forma:

$$= \mathbf{VF(C9/100;\ C10;\ ;\ -C8)}$$

Nessa formulação, observar:

Toda fórmula matemática utilizada no Excel deverá iniciar pelo sinal de =.

Na função **VF**, bem como nas demais funções financeiras do Excel, a taxa de juros é trabalhada em décimo de percentual. Portanto, para a comodidade de informarmos a taxa por inteiro, programamos o seu valor dividido por 100.

Os valores **VF** e **VP** (**F** e **P**) são trabalhados com sinais invertidos nessa função. Entramos, então, com o valor negativo na informação do **VP** dentro da mesma, para podermos trabalhar na tela somente com valores positivos.

Os valores intermediários, programados em **VF** e não utilizados (nesse caso, o pgto.), devem figurar entre ";" sem nenhum valor.

Com essa configuração podemos executar qualquer cálculo financeiro, tendo-se como incógnita o **F** (valor equivalente em um instante futuro), em função de **P** (valor existente no instante presente), de **i** (taxa percentual de juros) e de **n** (número de períodos de capitalização).

A formatação utilizada para as células que contêm os valores do dinheiro foi realizada em **R$** (reais).

Para os dados constantes no **1.1**, utilizando-se a planilha **F/P** do programa anexo, temos:

CÁLCULO DE UM VALOR NO FUTURO – F = ?
em função de P, i, n

Presente:	**P**	=	**1.000,00**	
Taxa percentual:	**i**	=	**10**	% a.p.
Número de períodos:	**n**	=	**3**	períodos
Futuro:	**F**	=	**1.331,00**	

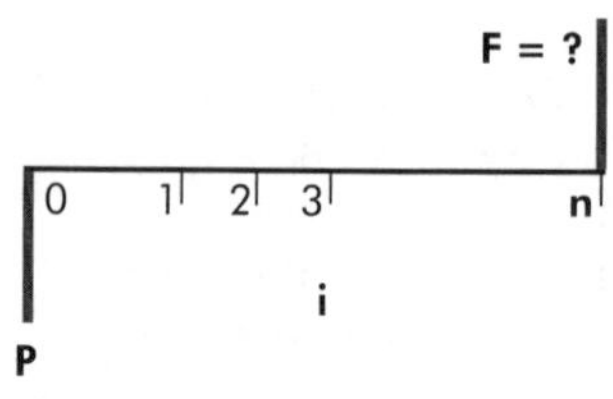

Representação do fluxo de caixa

1.5 Cálculo realizado por meio de fatores (F/P)

O procedimento de cálculo financeiro por meio de tabelas com fatores específicos vem facilitar os cálculos para aqueles que não têm à disposição um meio mais eficaz e rápido.

Transforma-se, então, a parte da fórmula que contém a exponencial em fatores, que bem distribuídos auxiliam os cálculos.

Vejamos os procedimentos para esse cálculo:

Da fórmula $F = P\,(1 + i)^n$, transformemos em fator a expressão $(1 + i)^n$

Como essa expressão é utilizada para o cálculo do valor no futuro (F), em função do presente (P), conhecidos a taxa percentual de juros (i) e o número de períodos de capitalização (n), utilizaremos a seguinte nomenclatura:

$$(1 + i)^n = (F/P, i, n)$$

Portanto, tem-se:

$$\mathbf{F = P(F/P,\ i,\ n)}$$

Seria interessante ter uma tabela que contivesse vários fatores aplicáveis aos cálculos. Para construí-la, é necessário trabalhar com a expressão $(1 + i)^n$, observando-se as duas variáveis.

Para uma primeira tabela, optou-se por fixar o **i** em um determinado valor (1%) e variar o **n**. Assim, tem-se $\mathbf{(1 + 0{,}01)^n}$, que será traduzido na tabela dos 1% ao período, com os fatores:

Para n = 1 → fator = 1,01

Para n = 2 → fator = 1,0201

Para n = 12 → fator = 1,126825

Para se construir a tabela para i = 2%, valendo-se dos mesmos procedimentos, tem-se:

Para n = 1 → fator = 1,02

Para n = 2 → fator = 1,0404

Para n = 12 → fator = 1,268242

Para as demais tabelas, seguir os procedimentos acima.

No site da editora Blucher: <www.blucher.com.br> encontra-se a "Tabela financeira" desenvolvida com o auxílio da planilha eletrônica Excel, onde os fatores referentes a 10% ao período poderão ser consultados.

$$F = 1.000\ (F/P,\ 10\%,\ 3) \Rightarrow F = 1.000 \times 1{,}331000 \Rightarrow \mathbf{F = R\$\ 1.331{,}00}$$

1.6 Exemplo de aplicação do cálculo de F em função de P (F/P)

Um investimento de R$ 20.000,00 foi realizado em uma instituição financeira, com a condição de se resgatar o valor investido de uma só vez, no prazo de um ano. Sendo o negócio feito à taxa percentual de juros de 1,5% a.m. (ao mês), qual o valor do resgate?

1.6.1 Fluxo de caixa gráfico

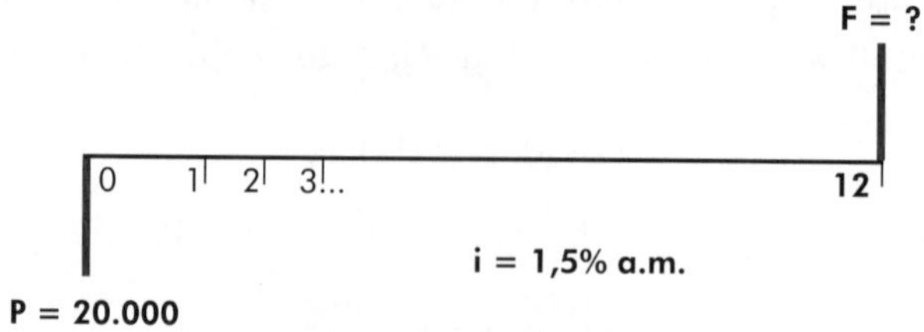

1.6.2 O cálculo pela fórmula

$$F = P\,(1 + i)^n \;\Rightarrow\; F = 20.000{,}00\,(1 + 0{,}015)^{12} \;\Rightarrow\; \mathbf{F = R\$\ 23.912{,}36}$$

1.6.3 O cálculo por meio da calculadora financeira HP 12C

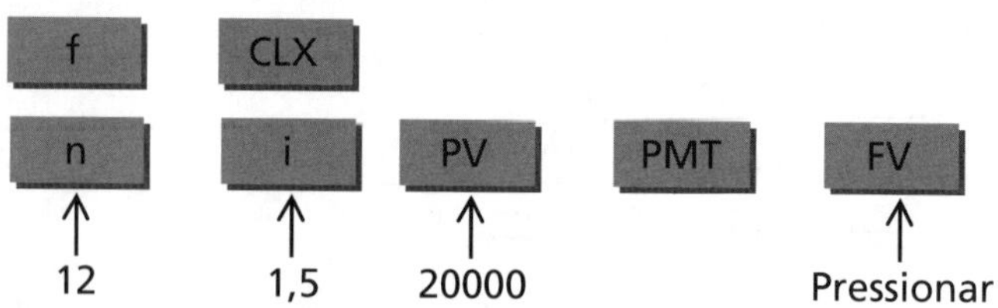

FV: –23.912,36 $\Rightarrow$ **F = R$ 23.912,36**

1.6.4 O cálculo informatizado

CÁLCULO DE UM VALOR NO FUTURO – F = ?
em função de P, i, n

Presente:	**P**	=	**R$ 20.000,00**	
Taxa percentual:	**i**	=	**1,5**	% a.p.
Número de períodos:	**n**	=	**12**	períodos
Futuro:	**F**	=	**R$ 23.912,36**	

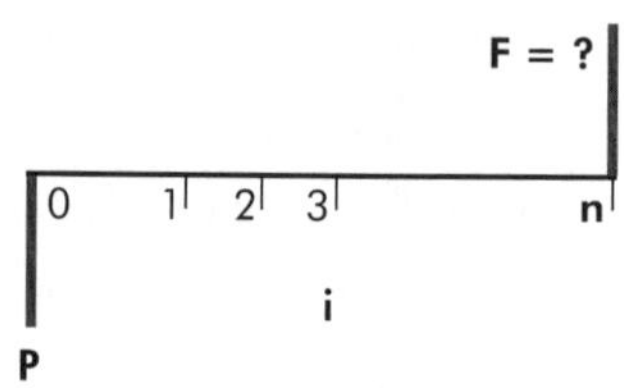

Representação do fluxo de caixa

Da planilha financeira do programa anexo no site da editora Blucher: <www.blucher.com.br> utilizamos o cálculo **F/P**.

1.6.5 O cálculo por meio de fatores

Com o auxílio da tabela de fatores (site da editora Blucher: <www.blucher.com.br> – taxa de 1,5%), temos:

$$F = 20.000\,(F/P,\ 1{,}5\%,\ 12) \;\Rightarrow\; F = 20.000 \times 1{,}195618 \;\Rightarrow\; \mathbf{F = R\$\ 23.912{,}36}$$

1.7 Cálculo de um valor no presente, conhecido um futuro (P/F)

O cálculo do valor equivalente no instante inicial (P), conhecidos o número de períodos de capitalização (n), a taxa percentual de juros (i) e o valor no final dos períodos (F), pode ser executado aplicando-se os conceitos estabelecidos no **1.2**, caminhando-se agora com o valor conhecido no futuro, para o instante inicial, obviamente descontando-se a taxa percentual de juros a cada período de capitalização.

Seria o cálculo inverso ao aplicado no 1.2 (F/P).

Assim, podemos sintetizar da seguinte forma:

- ⇨ para se obter um determinado valor **F**
- ⇨ após **n** períodos de capitalização
- ⇨ à taxa percentual de juros de **i% a.p.**
- ⇨ quanto investiríamos no instante inicial?

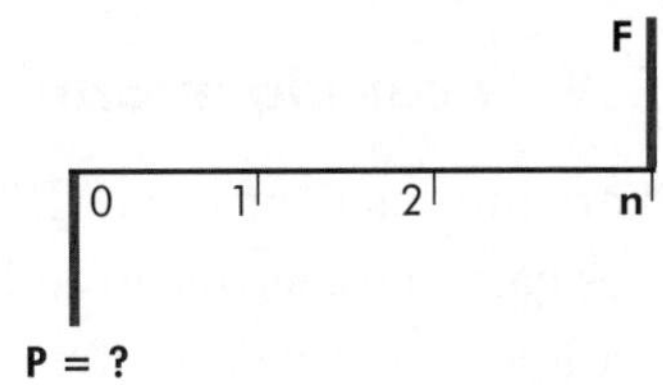

Do 1.2, temos: $F = P(1 + i)^n$ $\Rightarrow$ $\mathbf{P = \dfrac{F}{(1+i)^n}}$

Supomos os seguintes valores financeiros envolvidos:

- ⇨ para se ter **R$ 10.000,00**
- ⇨ daqui a **4** períodos de capitalização
- ⇨ à taxa percentual de juros de **5% a.p.**
- ⇨ quanto investiríamos no instante inicial?

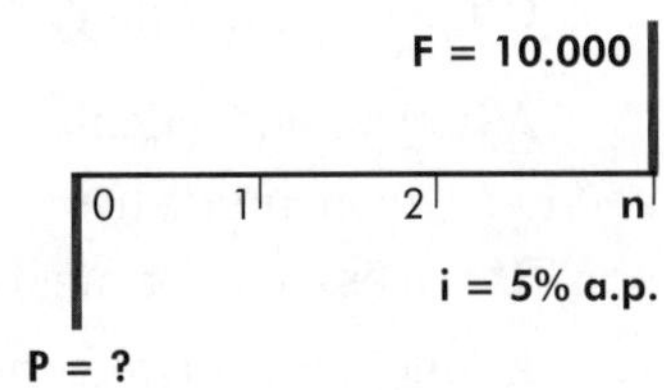

Aplicando-se a fórmula do correspondente temos:

$$P = \frac{F}{(1+i)^n} \Rightarrow P = \frac{10.000,00}{(1+0,05)^4} \Rightarrow \mathbf{P = R\$\ 8.227,02}$$

1.8 Cálculo de um valor no presente, conhecido um futuro (P/F), realizado por meio da calculadora financeira HP 12C

Valendo-se dos mesmos procedimentos utilizados no item **1.3**, no qual foi calculado o valor no futuro conhecidos um presente, a taxa de juros e o número de períodos de capitalização (F/P), calculemos agora um valor no presente conhecidos um futuro, a taxa de juros e o número de períodos de capitalização (P/F).

Primeiro limpam-se as memórias da calculadora:

[f] [CLX]

Em seguida, informam-se os dados em qualquer ordem e pressiona-se a tecla PV:

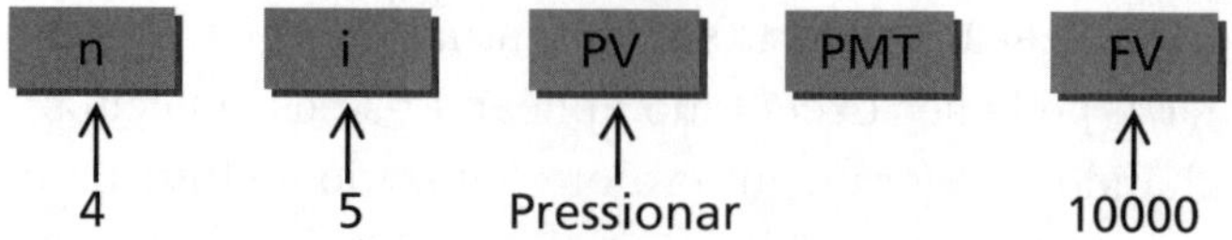

Como resultado da operação, obteve-se: –8.227,02.

Portanto: **P = R$ 8.227,02**

1.9 O cálculo informatizado (P/F)

Para informatizarmos o (P/F), adotaremos os mesmos procedimentos considerados para informatização do 1.4 (F/P), que também servirá como base de orientação para os cálculos seguintes.

No programa anexo (site da editora Blucher: <www.blucher.com.br>), apresentamos esse cálculo com a denominação **P/F**, e uma formatação de tela semelhante à do cálculo anterior, onde utilizamos as células:

C8 para o valor de **F** | **C10** para o valor de **n**

C9 para o valor de **i** | **C13** para o valor de **P**

A função que calcula o valor no instante inicial de um investimento, conhecendo-se, evidentemente, os demais valores envolvidos, é denominada no Excel por **VP** e acessada por meio do assistente de função **fx**, na categoria **financeira**.

A função VP é transcrita da seguinte forma:

VP(taxa; nper; pgto; vf; tipo)

Onde:

VP: valor no presente de um investimento;

taxa: taxa percentual de juros por período de capitalização;

nper: número de períodos de capitalização;

vf: valor conhecido no instante final (futuro);

pgto e tipo: estas funções não se aplicam a esse cálculo.

Assim, para efetuarmos o cálculo pretendido, basta utilizar a função **VP** na célula **C13**, da seguinte forma:

= VP(C9 / 100; C10; ; – C8)

Para os dados constantes no 1.7, utilizando-se a planilha **P/F** do programa anexo (site da editora Blucher: <www.blucher.com.br>), temos:

CÁLCULO DE UM VALOR NO PRESENTE – P = ?
em função de F, i, n

Futuro:	**F**	=	**R$ 10.000,00**	
Taxa percentual:	**i**	=	**5**	% a.p.
Número de períodos:	**n**	=	**4**	períodos
Presente:	**P**	=	**R$ 8.227,02**	

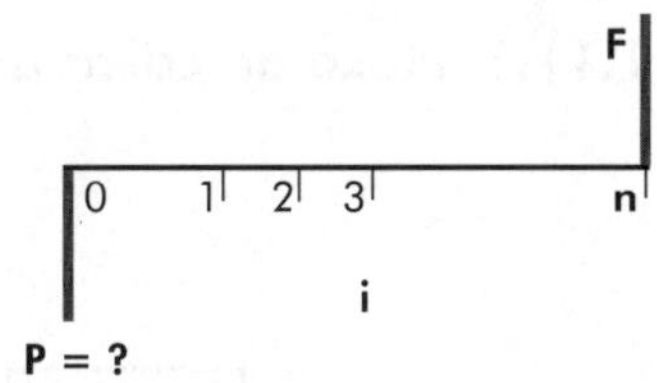

Representação do fluxo de caixa

1.10 Cálculo de um presente, conhecido um futuro (P/F), realizado por meio de fatores

Valendo-se dos mesmos procedimentos utilizados no item **1.5** para cálculo por meio de fatores, calculemos agora um valor no presente conhecidos um futuro, a taxa de juros e o número de períodos de capitalização (P/F).

Da fórmula, $P = F = \frac{1}{(1+i)^n}$,

transformemos em fator a expressão $\frac{1}{(1+i)^n}$.

$$\frac{1}{(1+i)^n} = (P/F,\ i,\ n)$$

Portanto, tem-se:

$$\mathbf{P = F(P/F,\ i,\ n)}$$

Para se construir a tabela para este cálculo (P/F), seguem-se os mesmos procedimentos dos cálculos anteriores realizados para a criação de tabela de fatores.

Assim, para o cálculo em questão (ver tabela de fatores no site da editora Blucher: <www.blucher.com.br>), temos:

$P = 10.000\ (P/F, 5\%, 4) \Rightarrow M = 10.000 \times 0{,}822702 \Rightarrow$ **M = R$ 8.227,02**

1.11 Exemplo de aplicação do cálculo de P em função de F (P/F)

Uma empresa necessitando de um reforço financeiro em seu caixa recorreu a um banco comercial, solicitando um empréstimo para pagamento em 18 dias, tempo em que a empresa teria um recebimento futuro. A taxa de juros acertada para o empréstimo foi de 0,25% a.d. (ao dia). Sabendo-se que o valor a receber da empresa é de R$ 50.000,00 e que ela terá essa quantia dentro de 18 dias, qual valor o banco poderá emprestar no instante da negociação, considerando a capacidade de pagamento da empresa?

1.11.1 Fluxo de caixa gráfico

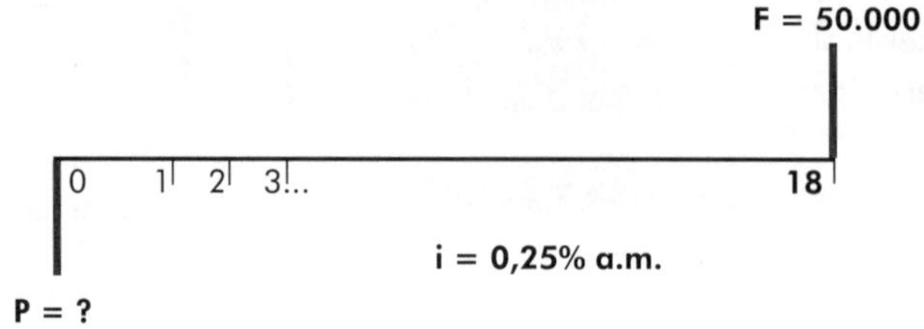

1.11.2 O cálculo pela fórmula

$$P = \frac{F}{(1+i)^n} \Rightarrow P = \frac{50.000,00}{(1+0,0025)^{18}} \Rightarrow \mathbf{P = R\$\ 47.802,56}$$

1.11.3 O cálculo por meio da calculadora financeira HP 12C

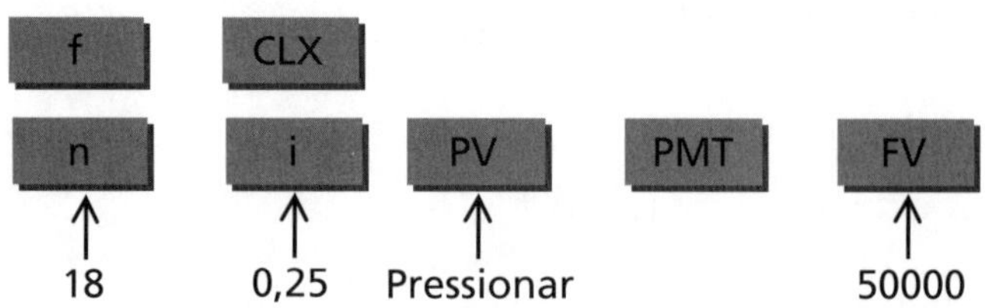

PV: –47.802,56 ⇒ **F = R$ 47.802,56**

1.11.4 O cálculo informatizado

CÁLCULO DE UM VALOR NO PRESENTE – P = ?
em função de F, i, n

Futuro:	**F**	=	**R$ 50.000,00**	
Taxa percentual:	**i**	=	**0,25**	% a.p.
Número de períodos:	**n**	=	**18**	períodos
Presente:	**P**	=	**R$ 47.802,56**	

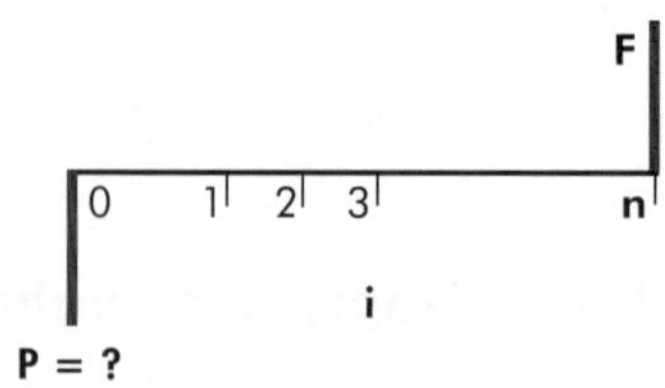

Representação do fluxo de caixa

Da planilha financeira do programa anexo (site da editora Blucher: <www.blucher.com.br>, utilizando o cálculo **P/F**.

1.11.5 O cálculo por meio de fatores

Com o auxílio da tabela de fatores (site da editora Blucher: <www.blucher.com.br>) (taxa de 0,25%), temos:

$$F = 50.000\ (P/F,\ 0{,}25\%,\ 18) \quad \Rightarrow \quad F = 50.000 \times 0{,}956051 \quad \Rightarrow \quad \mathbf{F = R\$\ 47.802{,}56}$$

1.12 Montante periódico

O pagamento de uma dívida contraída ou de um bem adquirido é efetuado, com certa frequência, por parcelas sucessivas e em datas previamente estipuladas.

Na prática financeira esse tipo de pagamento se realiza através de parcelas iguais, com intervalos entre cada dois pagamentos também iguais, que denominamos **montante periódico**, e com uma única taxa percentual de juros incidindo ao longo dos períodos de capitalização.

Assim, trataremos nossos cálculos referentes a essa forma de pagamento, ou de investimento, dentro dessas considerações, e denominaremos **M** o valor da parcela.

A incidência dos valores financeiros sobre os respectivos períodos de capitalização normalmente se dá no final de cada período; no entanto, há situações em que ela acontece no início.

Inicialmente, trataremos dos cálculos financeiros com os valores incidindo no final de cada período de capitalização; mais adiante, estudaremos a outra situação.

1.13 Montante periódico incidindo nos finais de cada período de capitalização

Iniciaremos esse estudo pela simulação de um pagamento em parcelas iguais e sucessivas, ocorrendo nos instantes finais de cada período de capitalização de um empréstimo realizado em dinheiro.

- ⇨ empréstimo de **R$ 1.000,00**
- ⇨ para pagamento em **4** parcelas iguais
- ⇨ à taxa percentual de juros de **4% a.p.**
- ⇨ qual o valor de cada parcela a pagar?

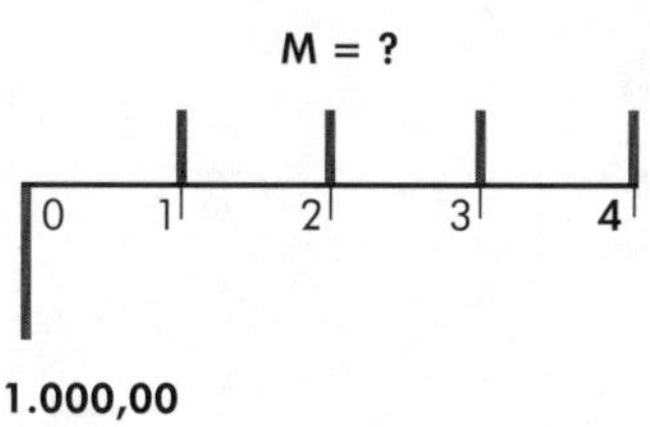

Para quitar a dívida é preciso que a somatória dos valores de **M** seja equivalente a **R$ 1.000,00** no instante inicial; equivalência esta, neste caso, calculada a **4% a.p.** Para tanto, bastaria trazer cada valor de M ao instante presente, aplicando-se a cada parcela o 1.7 **(P/F)**.

$$1.000{,}00 = \frac{M}{(1+0{,}04)} + \frac{M}{(1+0{,}04)^2} + \frac{M}{(1+0{,}04)^3} + \frac{M}{(1+0{,}04)^4}$$

Resolvendo a equação, temos: **M = R$ 275,49**

1.14 Cálculo de um montante periódico, conhecido um presente (M/P)

Para facilitar, procuraremos uma fórmula matemática que nos forneça esse tipo de cálculo, sem a necessidade de levarmos valor a valor para o instante inicial.

Dentro do mesmo conceito estabelecido nos cálculos já elaborados, temos:

- ⇨ empréstimo de um valor **P**
- ⇨ para pagamento em **n** parcelas iguais
- ⇨ à taxa percentual de juros de **i% a.p.**
- ⇨ qual o valor de cada parcela a pagar (**M**)?

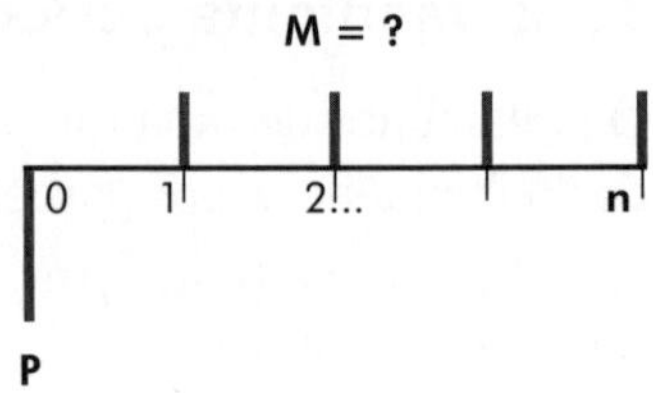

$$P = \frac{M}{(1+i)} + \frac{M}{(1+i)^2} + \frac{M}{(1+i)^3} + \ldots + \frac{M}{(1+i)^n}$$

$$P = M\left[\frac{1}{(1+i)} + \frac{1}{(1+i)^2} + \frac{1}{(1+i)^3} + \ldots + \frac{1}{(1+i)^n}\right]$$

$P = M \times Sn$

Sn = somatória dos termos de uma progressão geométrica (**P.G.**)

Trabalhando-se a somatória da P.G. acima, na qual:

$$Sn = \frac{a_n q - a_1}{q-1}, \quad a_1 = \frac{1}{(1+i)}, \quad a_n = \frac{1}{(1+i)^n} \quad \text{e} \quad q = \frac{1}{(1+i)}$$

sendo: a_1 = primeiro termo; a_n = enésimo termo; q = razão, temos:

$$Sn = \frac{\frac{1}{(1+i)^n} \times \frac{1}{(1+i)} - \frac{1}{(1+i)}}{\frac{1}{(1+i)} - 1} = \frac{\frac{1}{(1+i)^n \times (1+i)} - \frac{1}{(1+i)}}{\frac{1}{(1+i)} - 1}$$

$$Sn = \frac{\frac{1-(1+i)^n}{(1+i)^n \times (1+i)}}{\frac{1-(1+i)}{(1+i)}} = \frac{1-(1+i)^n}{(1+i)^n \times (1+i)} \times \frac{(1+i)}{-i} = \frac{1-(1+i)^n}{-i \times (1+i)^n}$$

$$Sn = \frac{(1+i)^n - 1}{(1+i)^n \times i} \Rightarrow P = M\,\frac{(1+i)^n - 1}{(1+i)^n \times i}$$

Portanto, $\mathbf{M = P\,\dfrac{(1+i)^n \times i}{(1+i)^n - 1}}$

Aplicando-se esta fórmula desenvolvida para o cálculo anterior, temos:

- ⇨ P = **R$ 1.000,00**
- ⇨ n = **4** períodos
- ⇨ i = **4% a.p.**
- ⇨ qual o valor de cada parcela igual a pagar?

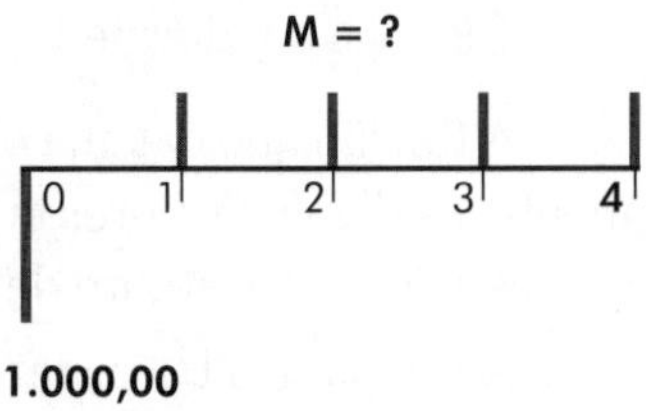

$$M = P\,\frac{(1+i)^n \times i}{(1+i)^n - 1} \Rightarrow M = 1.000{,}00\,\frac{(1+0{,}04)^4 \times 0{,}04}{(1+0{,}04)^4 - 1} \Rightarrow \mathbf{M = R\$\ 275{,}49}$$

1.15 Cálculo de um montante periódico, conhecido um valor no presente (M/P), realizado por meio da calculadora financeira HP 12C

Valendo-se dos mesmos procedimentos utilizados nos itens anteriores para cálculos, por meio da calculadora financeira HP 12C, calculemos agora um montante periódico conhecidos um presente, a taxa de juros e o número de períodos de capitalização (M/P).

Primeiro limpam-se as memórias da calculadora:

[f] [CLX]

Em seguida, informam-se os dados em qualquer ordem e pressiona-se a tecla PMT, que é a tecla utilizada para a função do montante periódico:

n	i	PV	PMT	FV
↑	↑	↑	↑	
4	4	1000	Pressionar	

Como resultado da operação, obteve-se: –275,49

Portanto: **M = R$ 275,49**

1.16 O cálculo informatizado (M/P)

Para informatizarmos o **(M/P)**, adotaremos os mesmos procedimentos considerados para a informatização dos cálculos anteriores.

No programa anexo (site da editora Blucher: <www.blucher.com.br>), apresentamos esse cálculo com a denominação **M/P**, e uma formatação de tela semelhante à dos cálculos anteriores, quando utilizamos as células:

C8 para o valor de **P** | **C10** para o valor de **n**

C9 para o valor de **i** | **C13** para o valor de **M**

A função que calcula o valor do montante periódico, conhecendo-se, evidentemente, os demais valores envolvidos, é denominada, no Excel, de **PGTO** e também acessada pelo assistente de função **fx**, na categoria **financeira**.

A função PGTO é transcrita da seguinte forma:

PGTO(taxa; nper; vp; vf; tipo)

Onde:

PGTO: calcula o montante periódico de um pagamento ou investimento;

taxa: taxa percentual de juros por período de capitalização;

nper: número de períodos de capitalização;

VP: valor no presente de um investimento;

VF e tipo: estas funções não se aplicam a esse cálculo.

Assim, para efetuarmos o cálculo pretendido, basta utilizar a função **PGTO** na célula **C13**, da seguinte forma:

= PGTO (C9/100 ; C10 ; –C8)

Para os dados constantes no **1.14** utilizando-se a planilha **M/P** do programa anexo, temos:

CÁLCULO DE UM MONTANTE PERIÓDICO – M = ?
em função de P, i, n

Presente:	**P**	=	**R$ 1.000,00**	
Taxa percentual:	**i**	=	**4**	% a.p.
Número de períodos:	**n**	=	**4**	períodos
Montante periódico:	**M**	=	**R$ 275,49**	

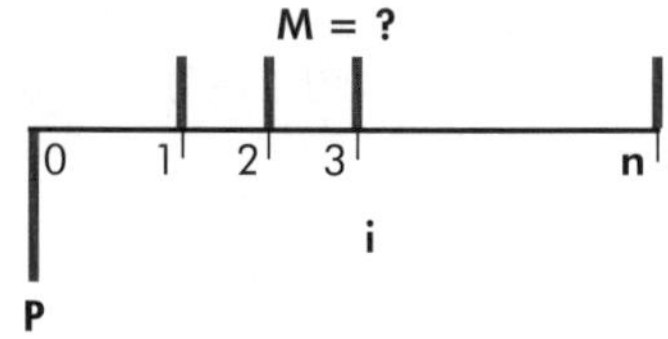

Representação do fluxo de caixa

1.17 Cálculo de um montante periódico, conhecido um presente (M/P), realizado por meio de fatores

Valendo-se dos mesmos procedimentos utilizados nos itens anteriores para cálculos por meio de fatores, calculemos agora um montante periódico conhecidos um presente, a taxa de juros e o número de períodos de capitalização (M/P).

Da fórmula, $M = P\,\dfrac{(1+i)^n \times i}{(1+i)^n - 1}$,

transformemos em fator a expressão $\dfrac{(1+i)^n \times i}{(1+i)^n - 1}$

$$\frac{(1+i)^n \times i}{(1+i)^n - 1} = (M/P,\ i,\ n)$$

Portanto, tem-se: $\mathbf{M = P(M/P,\ i,\ n)}$

Para se construir a tabela para esse cálculo (M/P), seguem-se os mesmos procedimentos dos cálculos anteriores realizados para criação de tabela de fatores.

Assim, para o cálculo em questão (ver tabela de fatores anexa no site da editora Blucher: <www.blucher.com.br>), temos:

$$M = 1.000\ (M/P,\ 4\%,\ 4) \Rightarrow M = 1.000 \times 0{,}275490 \Rightarrow \mathbf{M = R\$\ 275{,}49}$$

1.18 Exemplo de aplicação do cálculo de M em função de P (M/P)

Uma instituição bancária realizou um empréstimo no valor de R$ 5.000,00 e acertou com o cliente o pagamento em 12 parcelas mensais, iguais e consecutivas, iniciando-se a série um mês após o recebimento do dinheiro. Sabendo-se que o empréstimo foi negociado à taxa percentual de juros de 4,5% a.m., qual o valor de cada parcela para quitar dívida?

1.18.1 Fluxo de caixa gráfico

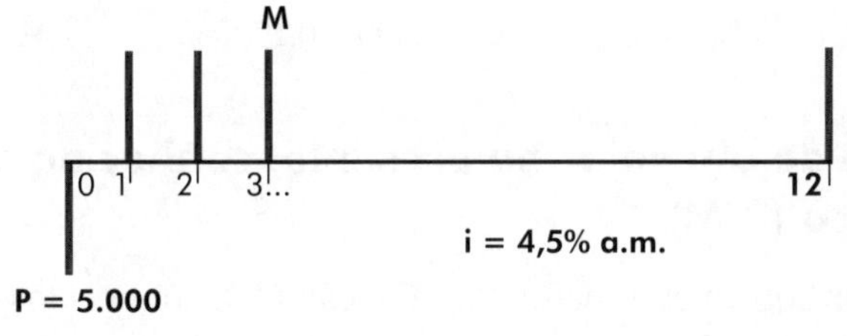

1.18.2 O cálculo pela fórmula

$$M = P\frac{(1+i)^n \times i}{(1+i)^n - 1} \Rightarrow M = 5.000{,}00\frac{(1+0{,}045)^{12} \times 0{,}045}{(1+0{,}045)^{12} - 1} \Rightarrow \mathbf{M = R\$\ 548{,}33}$$

1.18.3 O cálculo por meio da calculadora financeira HP 12C

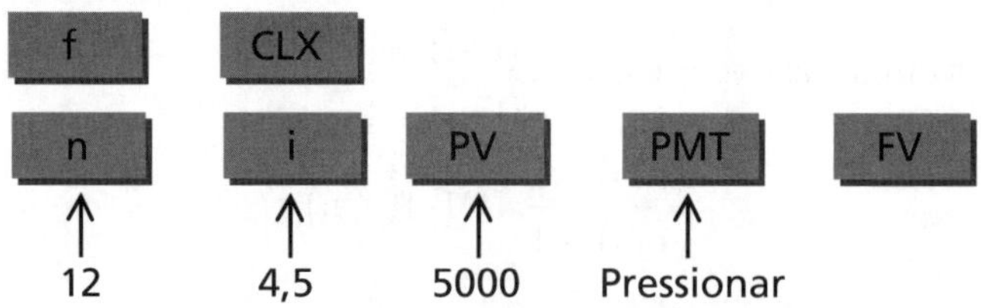

PV: –548,33 $\Rightarrow$ **F = R$ 548,33**

1.18.4 O cálculo informatizado

Da planilha financeira do programa anexo (site da editora Blucher: <www.blucher.com.br>), utilizamos o cálculo **M/P**:

CÁLCULO DE UM MONTANTE PERIÓDICO – M = ?
em função de P, i, n

Presente:	**P**	=	**R$ 5.000,00**	
Taxa percentual:	**i**	=	**4,5**	% a.p.
Número de períodos:	**n**	=	**12**	períodos
Montante periódico:	**M**	=	**R$ 548,33**	

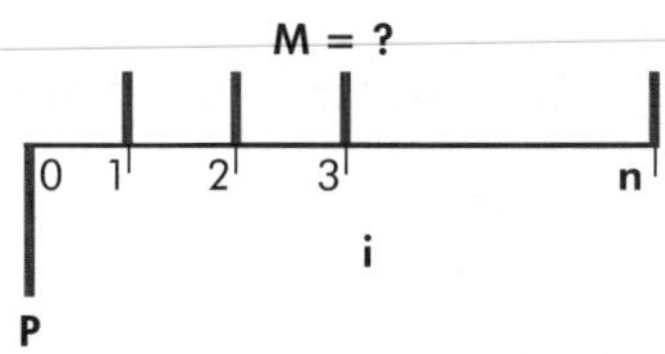

Representação do fluxo de caixa

1.18.5 O cálculo por meio de fatores

Com o auxílio da tabela de fatores encontrada no site da editora Blucher: <www.blucher.com.br> (taxa de 4,5%), temos:

M = 5.000 (M/P, 4,5%, 12) $\Rightarrow$ M = 5.000 × 0,109666 $\Rightarrow$ **M = R$ 548,33**

1.19 Cálculo de um valor no presente, conhecido um montante periódico (P/M)

O cálculo do valor equivalente no instante inicial **(P)**, conhecidos o número de períodos de capitalização **(n)**, a taxa percentual de juros **(i)** e o valor do montante periódico **(M)**, pode ser executado aplicando-se os conceitos estabelecidos no **1.14 (M/P)**.

Como se pode notar, esse cálculo é o inverso do anterior. Assim, sintetizamos:

- ⇨ conhecido o montante periódico **M**
- ⇨ com pagamento em **n** períodos
- ⇨ à taxa percentual de juros de **i% a.p.**
- ⇨ qual o valor equivalente no instante inicial **(P)**?

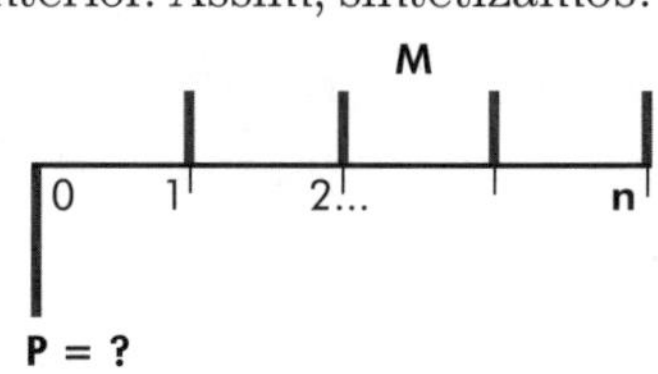

Do 1.14: $M = P\dfrac{(1+i)^n \times i}{(1+i)^n - i} \Rightarrow \mathbf{P = M\dfrac{(1+i)^n - 1}{(1+i)^n \times i}}$

Supomos os seguintes valores financeiros envolvidos:

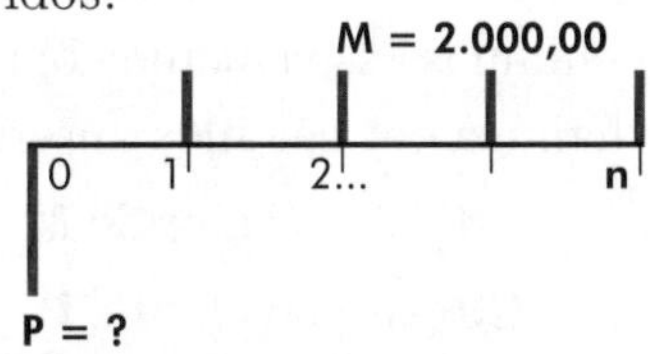

- ⇨ conhecido o montante periódico no valor de **R$ 2.000,00 (M)**
- ⇨ com pagamento em **24** períodos **(n)**
- ⇨ à taxa percentual de juros de **2% a.p. (i)**
- ⇨ qual o valor equivalente no instante inicial **(P)**?

$$P = M\frac{(1+i)^n - 1}{(1+i)^n \times i} \Rightarrow P = 2.000,00\ \frac{(1+0,02)^{24} - 1}{(1+0,02)^{24} \times 0,02} \Rightarrow \mathbf{P = R\$\ 37.827,85}$$

1.20 Cálculo de um presente, conhecido um valor no montante periódico (P/M), realizado por meio da calculadora financeira HP 12C

Valendo-se dos mesmos procedimentos utilizados nos itens anteriores para cálculos por meio da calculadora financeira HP 12C, calculemos agora um presente conhecido um montante periódico, a taxa de juros e o número de períodos de capitalização (P/M).

Primeiro limpam-se as memórias da calculadora:

[f] [CLX]

Em seguida, informam-se os dados em qualquer ordem e pressiona-se a tecla PV, que é a tecla utilizada para a função do presente:

n	i	PV	PMT	FV
↑	↑	↑	↑	
24	2	Pressionar	2000	

Como resultado da operação, obteve-se: –37.827,85.

Portanto: **P = R$ 37.827,85**

1.21 O cálculo informatizado (P/M)

Para informatizarmos o **1.19 (P/M)**, adotaremos os mesmos procedimentos considerados para a informatização dos cálculos anteriores.

No programa anexo (site da editora Blucher: <www.blucher.com.br>) apresentamos esse cálculo com a denominação **P/M**, e uma formatação de tela semelhante à dos cálculos anteriores, quando utilizamos as células:

C8 para o valor de **M** | **C10** para o valor de **n**

C9 para o valor de **i** | **C13** para o valor de **P**

A função que calcula o valor no instante inicial, ou seja, no presente, conhecendo-se, evidentemente, os demais valores envolvidos, é denominada **VP** no Excel, conforme estudamos, e acessada pelo assistente de função **fx**, na categoria **financeira**.

A função VP é transcrita da seguinte forma:

VP (taxa; nper; pgto; vf; tipo)

Onde:

VP: valor no presente de um investimento;

pgto: montante periódico de um pagamento ou investimento;

taxa: taxa percentual de juros por período de capitalização;

nper: número de períodos de capitalização;

Vf e tipo: estas funções não se aplicam a esse cálculo.

Assim, para efetuarmos o cálculo pretendido, basta utilizar a função **VP** na célula **C13**, da seguinte forma:

= VP (C9/100 ; C10 ; –C8)

Para os dados constantes no **1.19** utilizando-se a planilha **P/M** do programa anexo (site da editora Blucher: <www.blucher.com.br>), temos:

CÁLCULO DE UM VALOR NO PRESENTE – P = ?
em função de M, i, n

Montante periódico:	**M**	=	**R$ 2.000,00**	
Taxa percentual:	**i**	=	**2**	% a.p.
Número de períodos:	**n**	=	**24**	períodos
Presente:	**P**	=	**R$ 37.827,85**	

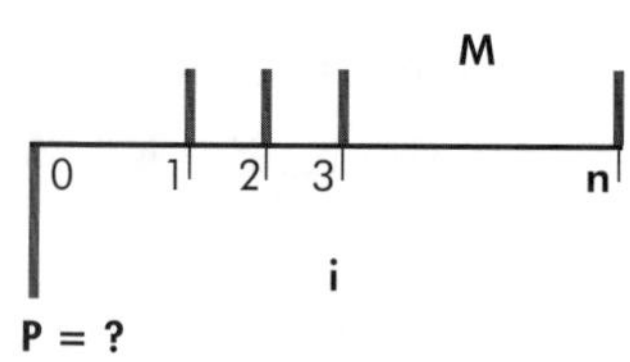

Representação do fluxo de caixa

1.22 Cálculo de um presente, conhecido um montante periódico (P/M), realizado por meio de fatores

Valendo-se dos mesmos procedimentos utilizados nos itens anteriores para cálculos por meio de fatores, calculemos agora um presente conhecidos um montante periódico, a taxa de juros e o número de períodos de capitalização (P/M).

Da fórmula, $P = M\frac{(1+i)^n - 1}{(1+i)^n \times i}$,

transformemos em fator a expressão $\frac{(1+i)^n - 1}{(1+i)^n \times i}$

$$\frac{(1+i)^n - 1}{(1+i)^n \times i} = (P/M, i, n)$$

Portanto, tem-se: $\mathbf{P = M(P/M, i, n)}$

Para se construir a tabela para esse cálculo (P/M), seguem-se os mesmos procedimentos dos cálculos anteriores realizados para criação de tabela de fatores.

Assim, para o cálculo em questão (ver tabela de fatores no site da editora Blucher: <www.blucher.com.br>), temos:

$P = 2.000\ (P/M, 2\%, 24) \Rightarrow P = 2.000 \times 18{,}913926 \Rightarrow$ **P = R$ 37.827,85**

1.23 Exemplo de aplicação do cálculo de P em função de M (P/M)

Ao adquirir um equipamento, uma empresa acertou com o vendedor o pagamento em 36 parcelas iguais, mensais e consecutivas, no valor de R$ 1.488,62 cada uma, ocorrendo o primeiro pagamento um mês após a efetivação da compra. Sabendo-se que a empresa vendedora embutiu no valor das parcelas uma taxa de juros de 3% a.m., qual o valor equivalente à vista do equipamento?

1.23.1 Fluxo de caixa gráfico

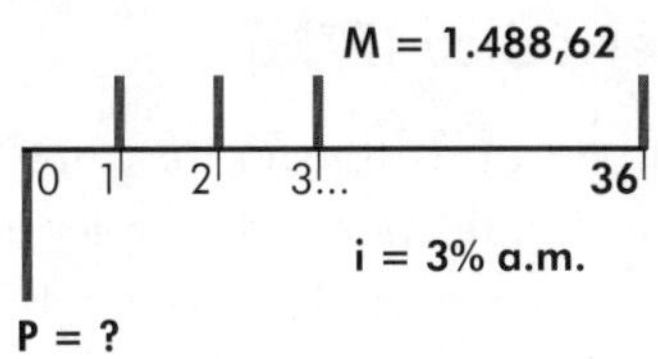

1.23.2 O cálculo pela fórmula

$$P = M\frac{(1+i)^n - 1}{(1+i)^n \times i} \Rightarrow P = 1.488{,}62\ \frac{(1+0{,}03)^{36} - 1}{(1+0{,}03)^{36} \times 0{,}03} \Rightarrow \mathbf{P = R\$\ 32.499{,}93}$$

1.23.3 O cálculo por meio da calculadora financeira HP 12C

f	CLX			
n	i	PV	PMT	FV
↑	↑	↑	↑	
36	3	Pressionar	1488,62	

PV: –32499,93 ⇒ **P = R$ 32.499,93**

1.23.4 O cálculo informatizado

Da planilha financeira do programa anexo (no site da editora Blucher: <www.blucher.com.br>), utilizamos o cálculo **P/M**:

CÁLCULO DE UM VALOR NO PRESENTE – P = ?
em função de M, i, n

Montante periódico:	M	=	**R$ 1.488,62**	
Taxa percentual:	i	=	**3**	% a.p.
Número de períodos:	n	=	**36**	períodos
Presente:	P	=	**R$ 32.499,93**	

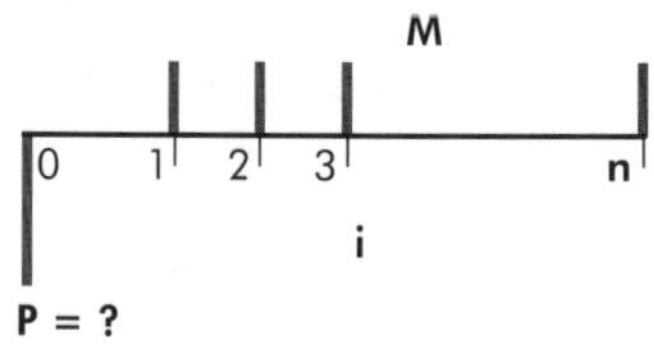

Representação do fluxo de caixa

1.23.5 O cálculo por meio de fatores

Com o auxílio da tabela de fatores encontrada no site da editora Blucher: <www.blucher.com.br> (taxa de 3,0%), temos:

$$P = 1.488{,}62\ (P/M, 3\%, 36) \Rightarrow P = 1.4888{,}62 \times 21{,}832252 \Rightarrow \mathbf{P = R\$\ 32.499{,}93}$$

1.24 Cálculo de um valor no futuro, conhecido um montante periódico (F/M)

A seguir, veremos o cálculo de um valor no instante final de um investimento, realizado através de parcelas iguais, periódicas e sequenciais, conhecidos a taxa percentual de juros e o número de períodos de capitalização utilizados.

O cálculo desse valor equivalente no instante final **(F)**, conhecidos o número de períodos de capitalização **(n)**, a taxa percentual de juros **(i)** e o valor do montante periódico **(M)** pode ser efetuado aplicando-se os conceitos estabelecidos nos **1.2 (F/P)** e **1.19 (P/M)**.

Assim, temos:

⇨ conhecido o montante periódico **M**

⇨ com pagamento em **n** períodos

⇨ à taxa percentual de juros de **i% a.p.**

⇨ qual o valor equivalente no instante final **(F)**?

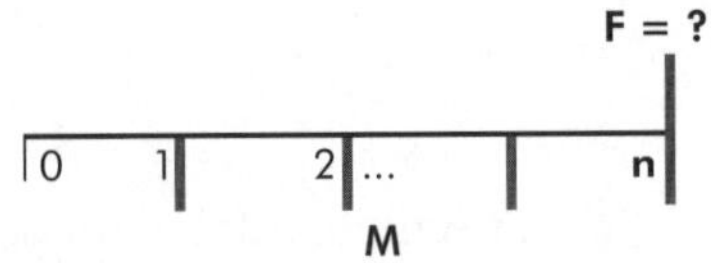

Observamos que os valores são investidos nos finais de cada período de capitalização.

Assim, pelos cálculos já estudados, levaríamos os valores das parcelas iguais (montante periódico) ao instante presente e, em seguida, ao instante futuro, dentro do princípio da equivalência de valores.

Trabalhando as respectivas fórmulas matemáticas, temos:

Do 1.2: $F = P\,(1 + i)^n$ Do 1.19: $P = M\dfrac{(1+i)^n - 1}{(1+i)^n \times i}$

$$F = M\,\frac{(1+i)^n - 1}{(1+i)^n \times i} \times (1+i)^n \;\Rightarrow\; \mathbf{F = M\frac{(1+i)^n - 1}{i}}$$

Supomos os seguintes valores financeiros envolvidos:

⇨ conhecido o montante periódico no valor de **R$ 500,00 (M)**

⇨ com investimentos em **8** períodos **(n)**

⇨ à taxa percentual de juros de **2,5% a.p. (i)**

⇨ qual o valor equivalente no instante final **(F)**?

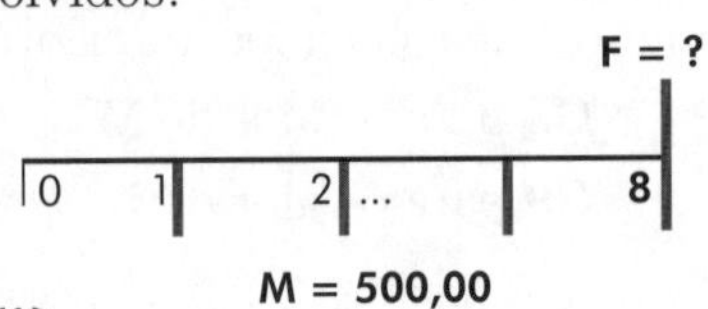

$$F = M\frac{(1+i)^n - 1}{i} \;\Rightarrow\; F = 500{,}00\,\frac{(1+0{,}025)^8 - 1}{0{,}025} \;\Rightarrow\; \mathbf{F = R\$\ 4.368{,}06}$$

1.25 Cálculo de um futuro, conhecido um montante periódico (F/M), realizado por meio da calculadora financeira HP 12C

Valendo-se dos mesmos procedimentos utilizados nos itens anteriores para cálculos por meio da calculadora financeira HP 12C, calculemos agora um futuro, conhecido um montante periódico, a taxa de juros e o número de períodos de capitalização (F/M).

Primeiro limpam-se as memórias da calculadora:

[f] [CLX]

Em seguida, informam-se os dados em qualquer ordem e pressiona-se a tecla FV, que é a tecla utilizada para a função de um valor no futuro:

n	i	PV	PMT	FV
↑	↑		↑	↑
8	2,5		500	Pressionar

Como resultado da operação, obteve-se: –4.368,06.

Portanto: **F = R$ 4.368,06**

1.26 Cálculo de um futuro, conhecido um montante periódico (F/M), realizado por meio da planilha eletrônica Excel

Para informatizarmos o **1.24 (F/M)**, adotaremos os mesmos procedimentos considerados para a informatização dos cálculos anteriores.

No programa anexo (site da editora Blucher: <www.blucher.com.br>), apresentamos esse cálculo com a denominação **F/M**, e uma formatação de tela semelhante à dos cálculos anteriores, quando utilizamos as células:

C8 para o valor de **M** — **C10** para o valor de **n**

C9 para o valor de **i** — **C13** para o valor de **F**

A função que calcula o valor no instante futuro, conhecendo-se evidentemente os demais valores envolvidos, é denominada **VF** no Excel, como foi estudada, e acessada pelo assistente de função **fx**, na categoria **financeira**.

A função **VF** é transcrita da seguinte forma:

VF (taxa; nper; pgto; vp; tipo)

Onde:

VF: valor no futuro de um investimento;

pgto: montante periódico de um pagamento ou investimento;

taxa: taxa percentual de juros por período de capitalização;

nper: número de períodos de capitalização;

vp e tipo: estas funções não se aplicam a esse cálculo.

Assim, para efetuarmos o cálculo pretendido, basta utilizar a função **VF** na célula **C13**, da seguinte forma:

= VF (C9/100 ; C10 ; ; –C8)

Para os dados constantes no **1.24** utilizando-se a planilha **F/M** do programa anexo, temos:

CÁLCULO DE UM VALOR NO FUTURO – F = ?
em função de M, i, n

Montante periódico:	**M**	=	**R$ 500,00**	
Taxa percentual:	**i**	=	**2,5**	% a.p.
Número de períodos:	**n**	=	**8**	períodos
Futuro:	**F**	=	**R$ 4.368,06**	

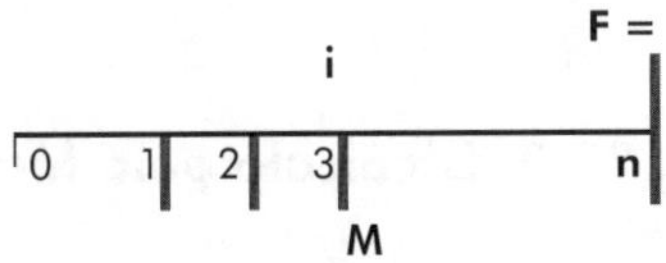

Representação do fluxo de caixa

1.27 Cálculo de um futuro, conhecido um montante periódico (F/M), realizado por meio de fatores

Valendo-se dos mesmos procedimentos utilizados nos itens anteriores para cálculos por meio de fatores, calculemos agora um valor no futuro conhecido um montante periódico, a taxa de juros e o número de períodos de capitalização (F/M).

Da fórmula, $F = M\dfrac{(1+i)^n - 1}{i}$,

transformemos em fator a expressão $\dfrac{(1+i)^n - 1}{i}$.

$$\frac{(1+i)^n - 1}{i} = (F/M, i, n)$$

Portanto, tem-se: $\mathbf{F = M(F/M, i, n)}$

Para se construir a tabela para este cálculo (F/M), seguem-se os mesmos procedimentos dos cálculos anteriores realizados para criação de tabela de fatores.

Assim, para o cálculo em questão (ver tabela de fatores no site da editora Blucher: <www.blucher.com.br>):

$$F = 500\ (F/M, 2{,}5\%, 8) \quad \Rightarrow \quad M = 500 \times 8{,}736116 \quad \Rightarrow \quad \mathbf{F = R\$\ 4.368{,}06}$$

1.28 Exemplo de aplicação do cálculo de F em função de M (F/M)

Uma instituição financeira oferece a seus clientes um investimento de R$ 1.500,00 mensais, a uma taxa percentual de juros de 2,25% a.m. Sabendo-se que o investimento será realizado em 9 meses, com as aplicações sendo feitas ao final de cada um, qual o valor de resgate no final do último mês?

1.28.1 Fluxo de caixa gráfico

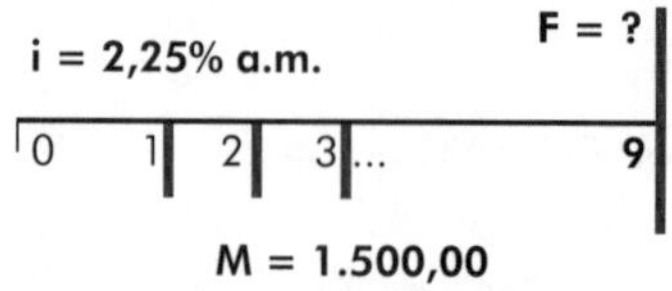

1.28.2 O cálculo pela fórmula

$$F = M\frac{(1+i)^n - 1}{i} \quad \Rightarrow \quad F = 1.500,00\,\frac{(1+0,0225)^9 - 1}{0,0225} \quad \Rightarrow \quad \mathbf{F = R\$\ 14.780,99}$$

1.28.3 O cálculo por meio da calculadora financeira HP 12C

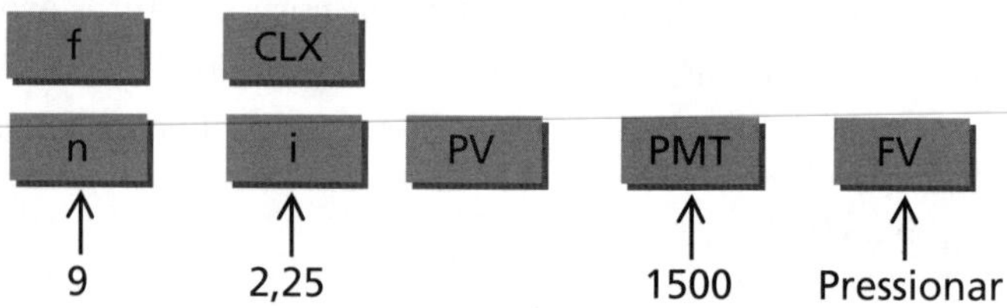

FV: –14.780,99 $\Rightarrow$ **F = R$ 14.780,99**

1.28.4 O cálculo informatizado

Da planilha financeira do programa anexo (site da editora Blucher: <www.blucher.com.br>), utilizamos o cálculo **F/M**:

CÁLCULO DE UM VALOR NO FUTURO – F = ?
em função de M, i, n

Montante periódico:	**M**	=	**R$ 1.500,00**	
Taxa percentual:	**i**	=	**2,25**	% a.p.
Número de períodos:	**n**	=	**9**	períodos
Futuro:	**F**	=	**R$ 14.780,99**	

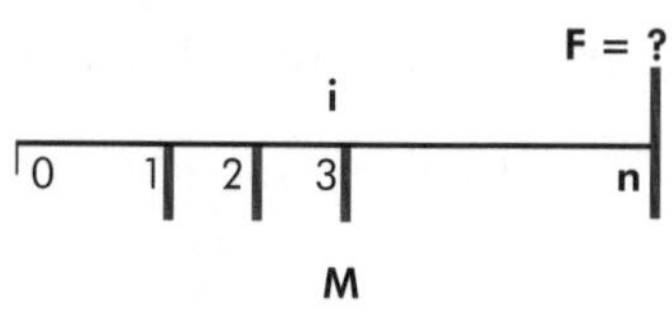

Representação do fluxo de caixa

1.28.5 O cálculo por meio de fatores

Com o auxílio da tabela de fatores, no site da editora Blucher: <www.blucher.com.br> (taxa de 2,25%), temos:

$$F = 1.500,00\ (F/M,\ 2,25\%,\ 9) \quad \Rightarrow \quad F = 1.500,00 \times 9,853993 \quad \Rightarrow \quad \mathbf{F = R\$\ 14.780,99}$$

1.29 Cálculo de um montante periódico, conhecido um futuro (M/F)

O cálculo do valor equivalente do montante periódico **(M)**, conhecidos o número de períodos de capitalização **(n)**, a taxa percentual de juros **(i)** e o valor no instante final **(F)**, pode ser efetuado aplicando-se os conceitos estabelecidos no **1.24 (F/M)**.

Como se pode notar, esse cálculo é o inverso do anterior.

Assim, temos:

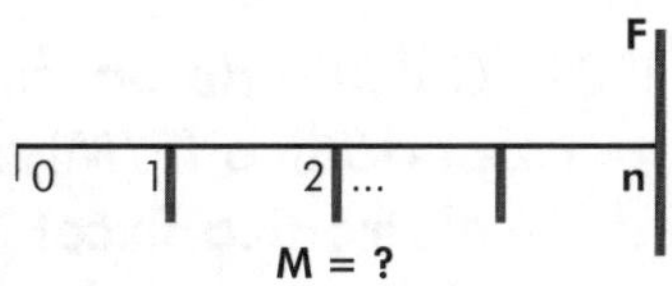

- ⇨ conhecido o valor no instante final **F**
- ⇨ com investimentos em **n** períodos
- ⇨ à taxa percentual de juros de **i% a.p.**
- ⇨ qual o valor equivalente do investimento periódico **(M)**?

Do 1.24, temos: $F = M\,\frac{(1+i)^n - 1}{i} \Rightarrow \boldsymbol{M = F\,\frac{i}{(1+i)^n - 1}}$

Supomos os seguintes valores financeiros envolvidos:

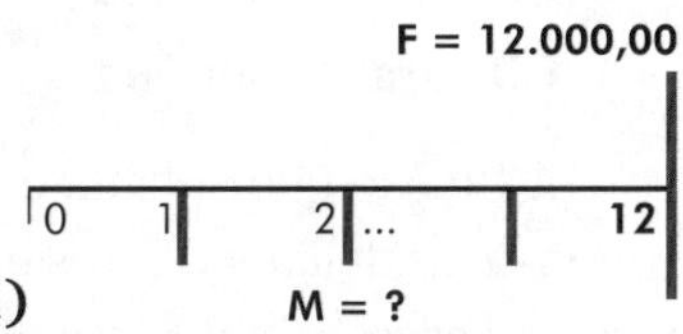

- ⇨ conhecido o valor futuro no valor de **R$ 12.000,00 (F)**
- ⇨ com investimentos em **12** períodos **(n)**
- ⇨ à taxa percentual de juros de **2,0% a.p. (i)**
- ⇨ qual o valor equivalente do montante periódico **(M)**?

$$M = F\,\frac{i}{(1+i)^n - 1} \Rightarrow M = 12.000{,}00\,\frac{0{,}02}{(1+0{,}02)^{12} - 1} \Rightarrow \mathbf{M = R\$\ 894{,}72}$$

1.30 Cálculo de um montante periódico, conhecido um valor no futuro (M/F), realizado por meio da calculadora financeira HP 12C

Valendo-se dos mesmos procedimentos utilizados nos itens anteriores para cálculos por meio da calculadora financeira HP 12C, calculemos agora um montante periódico conhecido um valor no futuro, a taxa de juros e o número de períodos de capitalização (M/F).

Primeiro limpam-se as memórias da calculadora:

[f] [CLX]

Em seguida: informam-se os dados em qualquer ordem e pressiona-se a tecla PMT, que é a tecla utilizada para a função de um valor no montante periódico:

n	i	PV	PMT	FV
↑	↑		↑	↑
12	2		Pressionar	12000

Como resultado da operação, obteve-se: –894,72.

Portanto: **F = R$ 894,72**

1.31 Cálculo de um futuro, conhecido um montante periódico (F/M), realizado por meio da planilha eletrônica Excel

Para informatizarmos o **1.29 (M/F)**, adotaremos os mesmos procedimentos considerados para a informatização dos cálculos anteriores.

No programa anexo (site da editora Blucher: <www.blucher.com.br>), apresentamos esse cálculo com a denominação **M/F**, e uma formatação de tela semelhante à dos cálculos anteriores, quando utilizamos as células:

C8 para o valor de **F** — **C10** para o valor de **n**

C9 para o valor de **i** — **C13** para o valor de **M**

A função que calcula o valor do montante periódico, evidentemente conhecendo-se os demais valores envolvidos, é denominada **PGTO** no Excel, como já foi visto, e acessada pelo assistente de função **fx**, na categoria **financeira**.

A função PGTO é transcrita da seguinte forma:

PGTO (taxa;nper; vp; vf; tipo)

Onde:

PGTO: montante periódico de um pagamento ou investimento;

taxa: taxa percentual de juros por período de capitalização;

nper: número de períodos de capitalização;

VF: valor no futuro de um investimento;

vp e tipo: estas funções não se aplicam a esse cálculo.

Assim, para efetuarmos o cálculo pretendido, basta utilizar a função **PGTO** na célula **C13**, da seguinte forma:

= PGTO (C9/100 ; C10 ; ; –C8)

Para os dados constantes no **1.29,** utilizando-se a planilha **M/F** do programa anexo (site da editora Blucher: <www.blucher.com.br>), temos:

CÁLCULO DE UM MONTANTE PERIÓDICO – M = ?
em função de F, i, n

Futuro:	**F**	=	**R$ 12.000,00**	
Taxa percentual:	**i**	=	**2**	% a.p.
Número de períodos:	**n**	=	**12**	períodos
Montante periódico:	**M**	=	**R$ 894,72**	

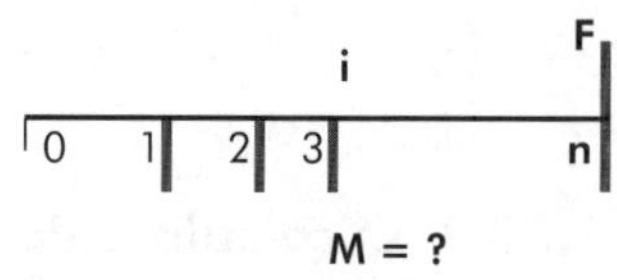

Representação do fluxo de caixa

1.32 Cálculo de um montante periódico, conhecido um futuro (M/F), realizado por meio de fatores

Valendo-se dos mesmos procedimentos utilizados nos itens anteriores para cálculos por meio de fatores, calculemos agora um montante periódico conhecido um valor no futuro, a taxa de juros e o número de períodos de capitalização (M/F).

Da fórmula, $M = F\,\dfrac{i}{(1+i)^n - 1}$,

transformemos em fator a expressão $\dfrac{i}{(1+i)^n - 1}$.

$$\frac{i}{(1+i)^n - 1} = (M/F,\, i,\, n)$$

Portanto, tem-se: $\mathbf{M = F(M/F,\, i,\, n)}$

Para se construir a tabela para esse cálculo (M/F), seguem-se os mesmos procedimentos dos cálculos anteriores realizados para criação de tabela de fatores.

Assim, para o cálculo em questão (ver tabela de fatores no site da editora Blucher: <www.blucher.com.br>), temos:

$$M = 12.000\ (M/F, 2\%, 12) \quad \Rightarrow \quad M = 12.000 \times 0{,}074560 \quad \Rightarrow \quad \mathbf{M = R\$\ 894{,}72}$$

1.33 Exemplo de aplicação do cálculo de M em função de F (M/F)

Qual o valor de um investimento em parcelas semanais iguais, durante 15 semanas, nos instantes finais de cada uma delas, à taxa percentual de juros de 0,5% a.s. (à semana) para totalizar a quantia de R$ 4.000,00 no final dos períodos?

1.33.1 Fluxo de caixa gráfico

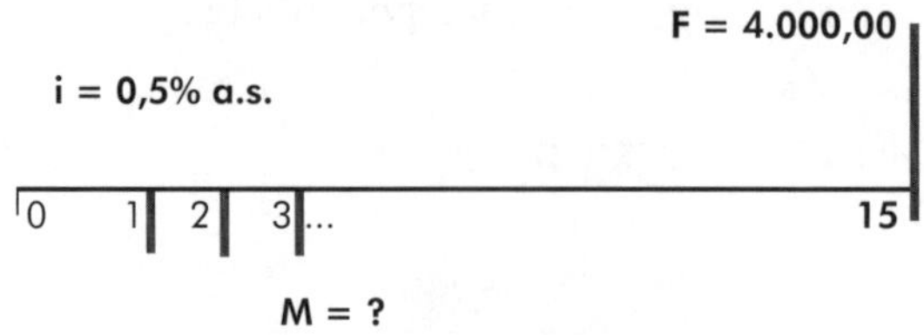

1.33.2 O cálculo pela fórmula

$$M = F\frac{i}{(1+i)^n - 1} \Rightarrow M = 4.000,00\,\frac{0,005}{(1+0,005)^{15} - 1} \Rightarrow \mathbf{M = R\$\ 257,46}$$

1.33.3 O cálculo por meio da calculadora financeira HP 12C

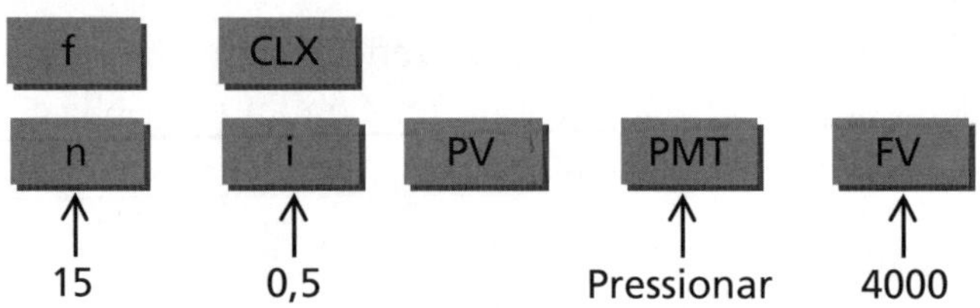

PMT: –257,46 ⇒ **M = R$ 257,46**

1.33.4 O cálculo informatizado

Da planilha financeira do programa anexo (site da editora Blucher: <www.blucher.com.br>), utilizamos o cálculo **M/F**:

CÁLCULO DE UM MONTANTE PERIÓDICO – M = ?
em função de F, i, n

Futuro:	F	=	R$ 4.000,00	
Taxa percentual:	i	=	0,5	% a.p.
Número de períodos:	n	=	15	períodos
Montante periódico:	M	=	R$ 257,46	

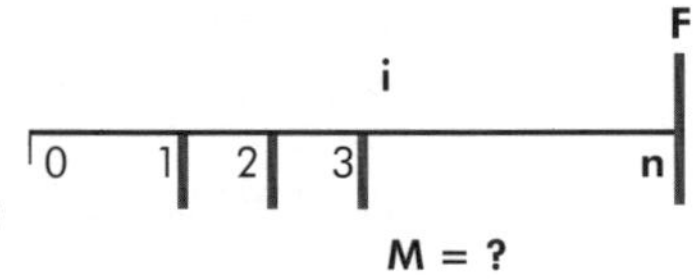

Representação do fluxo de caixa

1.33.5 O cálculo por meio de fatores

Com o auxílio da tabela de fatores, no site da editora Blucher: <www.blucher.com.br> (taxa de 0,5%), temos:

$$M = 4.000,00\ (M/F,\ 0,5\%,\ 15) \Rightarrow M = 4.000,00 \times 0,064364 \Rightarrow \mathbf{M = R\$\ 257,46}$$

1.34 Montante periódico incidindo nos instantes iniciais de cada período de capitalização

Os estudos com montantes periódicos realizados no item **1.13** levaram em consideração que seus valores incidiam sempre nos instantes finais de cada período de capitalização.

No entanto, existem casos de pagamentos ou investimentos efetuados em parcelas iguais e intervalo entre eles também iguais, em que as parcelas incidem nos inícios de cada período.

Assim, vemos a necessidade de estudar esse tipo de parcelamento, para, em casos específicos, obtermos agilidade e a precisão desejada de cálculo.

Esses dois tipos de parcelamento, aquele cujos valores incidem nos finais dos períodos "M" e esse que ora iniciamos o estudo, cujas parcelas incidem nos instantes iniciais dos períodos, que denominaremos "Mc", estão intimamente relacionados, diferindo apenas nos períodos extremos ao utilizado pelo cálculo.

Vejamos graficamente essas situações:

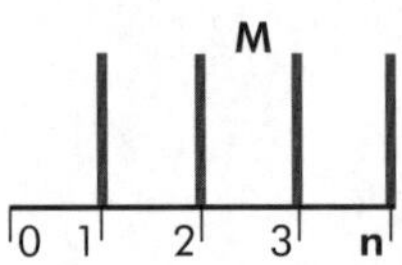

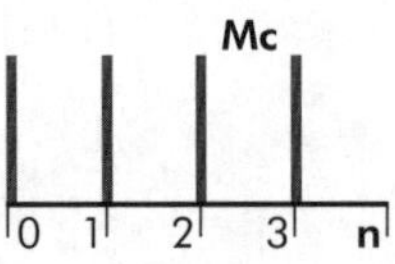

1.35 Cálculo de um montante periódico incidindo nos instantes iniciais de cada período de capitalização, conhecido um presente (Mc/P)

Iniciaremos os cálculos com Mc pela simulação da aquisição de um bem qualquer, cujo pagamento será realizado em parcelas iguais e sucessivas, incidindo nos inícios de cada período de pagamento.

- ⇨ compra de um bem no valor à vista de **R$ 1.000,00**
- ⇨ para pagamento em **4** parcelas iguais (incidindo nos inícios de cada período)
- ⇨ à taxa percentual de juros de **4% a.p.**
- ⇨ qual o valor de cada parcela a pagar?

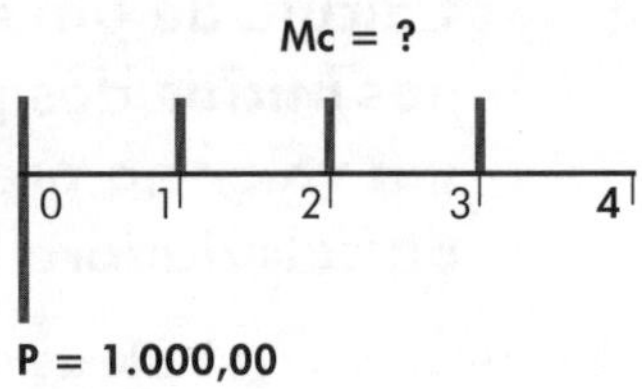

Para efeito didático, mantivemos os mesmos dados do **1.14** (M/P), que trata o cálculo utilizando o conceito estabelecido para M.

Agora, trabalhando-se com Mc, notamos que as parcelas incidem no início dos períodos de capitalização. Dentro de uma revisão prática seria como se houvesse realizado o primeiro pagamento no ato da compra e mantido o número total de pagamentos.

De forma genérica, temos:

- ⇨ compra de um bem no valor à vista de **P**
- ⇨ para pagamento em **n** parcelas iguais
- ⇨ à taxa percentual de juros de **i% a.p.**
- ⇨ qual o valor de cada parcela a pagar **(Mc)**?

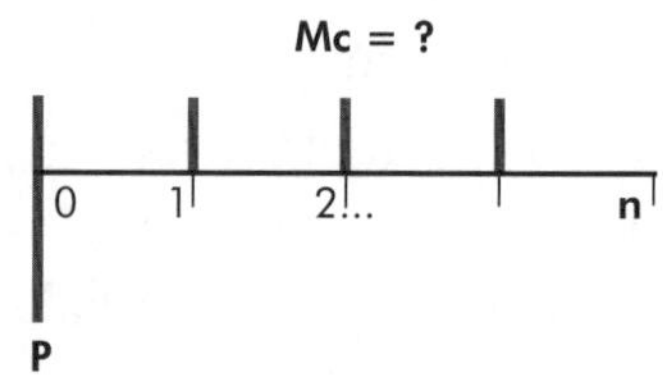

Utilizando a fórmula matemática do **1.14** (M/P) e mantendo o número n de parcelas, para efeito de cálculo, poderíamos retroceder, de forma fictícia, o valor de P em um período, obtendo-se, assim, o valor de Mc a partir daquela formulação matemática.

Ou seja:

$$M = P\frac{(1+i)^n \times i}{(1+i)^n - 1} \quad \Rightarrow \quad Mc = \frac{P}{(1+i)} \times \frac{(1+i)^n \times i}{(1+i)^n - 1}$$

de onde temos: $$\mathbf{Mc = P\frac{(1+i)^{n-1} \times i}{(1+i)^n - 1}}$$

Aplicando-se a fórmula para o cálculo:

$$Mc = P\,\frac{(1+i)^{n-1} \times i}{(1+i)^n - 1} \quad \Rightarrow \quad Mc = 1.000,00\,\frac{(1+0,04)^3 \times 0,04}{(1+0,04)^4 - 1}$$

Portanto: **Mc = R$ 264,89**

1.36 Cálculo de um montante periódico que incide nos inícios dos períodos de capitalização, conhecido um valor no presente (Mc/P), realizado por meio da calculadora financeira HP 12C

Com relação ao cálculo do montante periódico que incide nos inícios dos períodos de capitalização (Mc), quando calculado por meio da calculadora financeira HP 12C, é necessário que se trabalhe com a função "BEGIN" acionada. Esta função efetua os cálculos para este posicionamento de valores.

Valendo-se dos mesmos procedimentos utilizados nos itens anteriores para cálculos por meio da calculadora financeira HP 12C, para este cálculo, aciona-se a função "BEGIN", utilizando-se as teclas "g" e em seguida "BEG".

Calculemos, então, para esse estudo, o montante periódico (Mc) conhecido um presente, a taxa de juros e o número de períodos de capitalização (Mc/P).

Primeiro limpam-se as memórias da calculadora:

f CLX

Aciona-se então a função "BEGIN":

g BEG

Em seguida, informam-se os dados em qualquer ordem e pressiona-se a tecla PMT, que é a tecla utilizada para a função do montante periódico:

n	i	PV	PMT	FV
↑	↑	↑	↑	
4	4	1000	Pressionar	

Como resultado da operação, obteve-se: –264,89.

Portanto: **M = R$ 264,89**

Recomenda-se, após o cálculo, que se retorne a função "END" da calculadora, para deixá-la na posição de cálculo com montante periódico incidindo nos finais dos períodos de capitalização. Para tanto basta acionar:

g END

1.37 Cálculo de um montante periódico que incide nos inícios dos períodos de capitalização, conhecido um valor no presente (Mc/P), realizado por meio da planilha eletrônica Excel

Para informatizarmos o **1.35** (Mc/P), bem como os demais cálculos envolvendo Mc, adotaremos os mesmos procedimentos básicos considerados para informatização dos cálculos de M.

No programa anexo (site da editora Blucher: <www.blucher.com.br>) apresentamos esse cálculo com a denominação Mc/P, e uma formatação de tela semelhante à dos cálculos anteriores, quando utilizamos as células:

C8 o valor de **P**

C9 para o valor de **i**

C10 para o valor de **n**

C13 para o valor de **Mc**

A função PGTO utilizada para cálculo de M será a mesma usada para a determinação de Mc, uma vez que ambas trabalham com o montante periódico.

Para esse cálculo, como para os demais em que a incidência das parcelas for no início dos períodos, utilizamos junto com a função PGTO, como "tipo", o número "1". Quando as incidências forem no final dos períodos, podemos omitir a informação, como realizado nos respectivos cálculos.

Para esse cálculo, como PGTO, temos:

PGTO (taxa; nper; vp; vf; tipo)

Onde:

PGTO: calcula o montante periódico de um pagamento ou investimento;

taxa: taxa percentual de juros por período de capitalização;

nper: número de períodos de capitalização;

VP: valor no presente de um investimento;

tipo: indica a posição das parcelas (nos finais ou inícios dos períodos);

vf: esta função não se aplica a esse cálculo.

Assim, para efetuarmos o cálculo pretendido basta utilizar a função PGTO na célula C13, da seguinte forma:

= PGTO (C9/100 ; C10 ; –C8 ;; 1)

Para os dados constantes no **1.35**, utilizando-se a planilha Mc/P do programa anexo (site da editora Blucher: <www.blucher.com.br>), temos:

CÁLCULO DE UM MONTANTE PERIÓDICO – Mc = ?
em função de P, i, n (com valores dos M nos inícios dos períodos)

Presente:	**P**	=	**R$ 1.000,00**	
Taxa percentual:	**i**	=	**4**	% a.p.
Número de períodos:	**n**	=	**4**	períodos
Montante periódico: (começo dos períodos)	**Mc**	=	**R$ 264,89**	

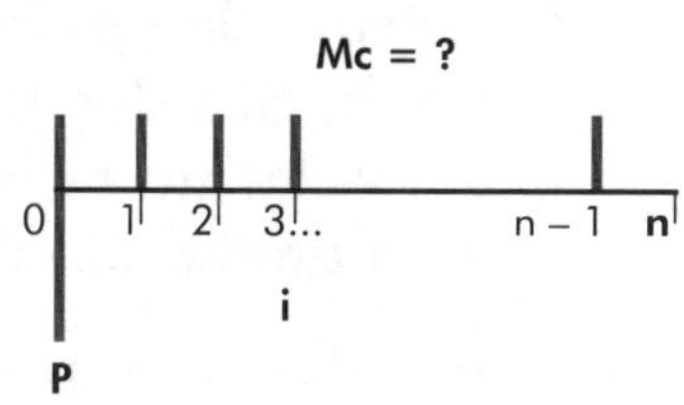

Representação do fluxo de caixa

1.38 Cálculo de um montante periódico que incide nos inícios dos períodos de capitalização, conhecido um valor no presente (Mc/P), realizado por meio de fatores

Valendo-se dos mesmos procedimentos utilizados nos itens anteriores para cálculos por meio de fatores, calculemos agora um montante periódico que incide nos inícios dos períodos, conhecido um presente, a taxa de juros e o número de períodos de capitalização (Mc/P).

Da fórmula, $Mc = P\dfrac{(1+i)^{n-1} \times i}{(1+i)^n - 1}$,

transformemos em fator a expressão $\dfrac{(1+i)^{n-1} \times i}{(1+i)^n - 1}$.

$$\frac{(1+i)^{n-1} \times i}{(1+i)^n - 1} = (Mc / P, i, n)$$

Portanto, tem-se: $\mathbf{Mc = P(Mc / P, i, n)}$

Para se construir a tabela para esse cálculo (Mc/P), seguem-se os mesmos procedimentos dos cálculos anteriores realizados para criação de tabela de fatores.

Assim, para o cálculo em questão (ver tabela de fatores no site da editora Blucher: <www.blucher.com.br>), temos:

$$Mc = 1.000\ (Mc/P, 4\%, 4) \Rightarrow Mc = 1.000 \times 0{,}264894 \Rightarrow \mathbf{Mc = R\$\ 264{,}89}$$

1.39 Exemplo de aplicação do cálculo de Mc em função de P (Mc/P)

Uma empresa, ao realizar a compra de matéria-prima para sua produção, no valor à vista de R$ 15.000,00, acertou com a empresa vendedora o pagamento em 6 parcelas mensais, iguais e sucessivas, sendo o primeiro pagamento efetuado no ato da compra. Como o negócio foi acertado à taxa percentual de juros de 3,5% a.m. para o parcelamento da dívida, qual o valor de cada parcela?

1.39.1 Fluxo de caixa gráfico

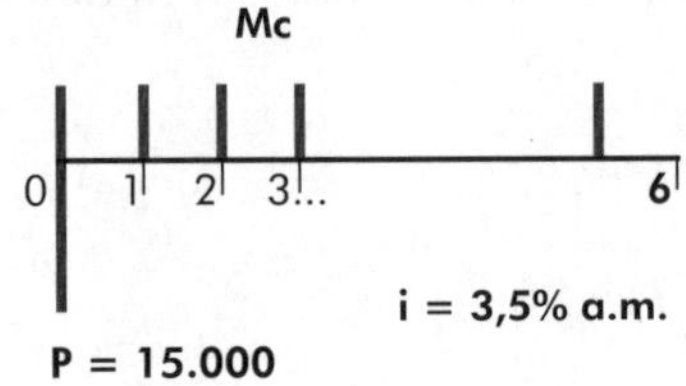

1.39.2 O cálculo pela fórmula

$$Mc = P\frac{(1+i)^{n-1} \times i}{(1+i)^n - 1} \Rightarrow Mc = 15.000{,}00\ \frac{(1+0{,}035)^5 \times 0{,}035}{(1+0{,}035)^6 - 1}$$

Portanto: **Mc = R$ 2.719,83**

1.39.3 O cálculo por meio da calculadora financeira HP 12C

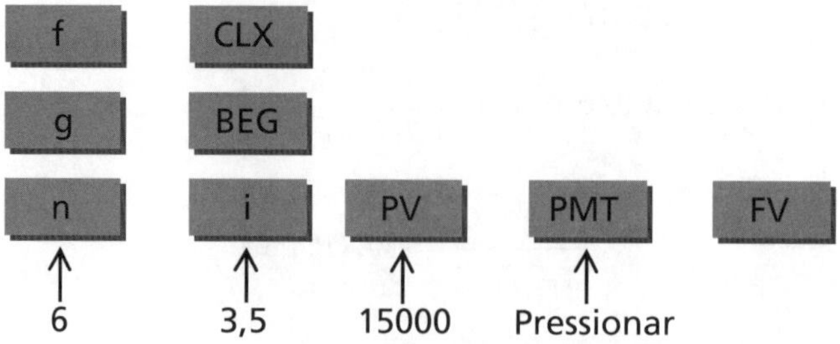

PMT: –2.719,83 ⇒ **Mc = R$ 2.719,83**

1.39.4 O cálculo informatizado

Da planilha financeira do programa anexo, utilizamos o cálculo Mc/P.

CÁLCULO DE UM MONTANTE PERIÓDICO – Mc = ?
em função de P, i, n (com valores dos M nos inícios dos períodos)

Presente:	**P**	=	**R$ 15.000,00**	
Taxa percentual:	**i**	=	**3,5**	% a.p.
Número de períodos:	**n**	=	**6**	períodos
Montante periódico: (começo dos períodos)	**Mc**	=	**R$ 2.719,83**	

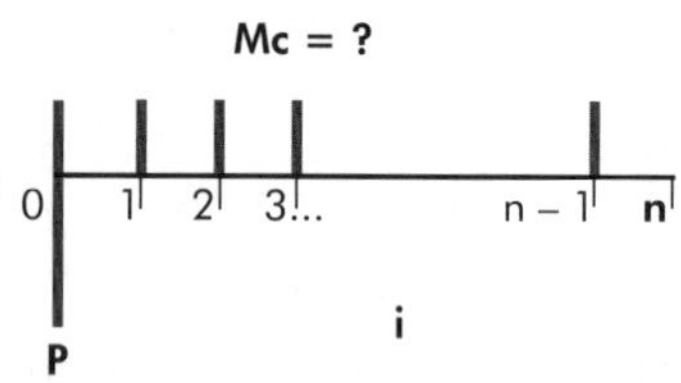

Representação do fluxo de caixa

1.39.5 O cálculo por meio de fatores

Com o auxílio da tabela de fatores, no site da editora Blucher: <www.blucher.com.br> (taxa de 3,5%), temos:

$$Mc = 15.000{,}00\ (Mc/P, 3{,}5\%, 6) \quad \Rightarrow \quad Mc = 15.000{,}00 \times 0{,}181322$$

Portanto: **Mc = R$ 2.719,83**

1.40 Cálculo de um valor no presente, conhecido um montante periódico (P/Mc)

O cálculo do valor equivalente no instante inicial (P), conhecidos o número de períodos de capitalização **(n)**, a taxa percentual de juros **(i)** e o valor do montante periódico **(Mc)**, pode ser efetuado aplicando-se os conceitos estabelecidos no **1.35**.

Como se pode notar, esse cálculo é o inverso do anterior.

Assim, podemos sintetizar da seguinte forma:

⇨ conhecido o valor das parcelas **(Mc)**

⇨ para pagamento em **n** parcelas iguais

⇨ à taxa percentual de juros de **i% a.p.**

⇨ qual o valor equivalente no instante inicial **(P)**?

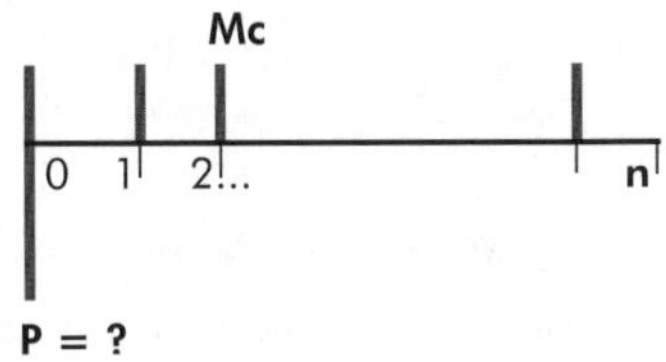

Do 1.35 temos:

$$Mc = P\,\frac{(1+i)^{n-1}\times i}{(1+i)^{n}-1} \quad\Rightarrow\quad \mathbf{P = Mc\,\frac{(1+i)^{n}-1}{(1+i)^{n-1}\times i}}$$

Supomos os seguintes valores financeiros envolvidos:

⇨ conhecido o valor das parcelas incidentes no início dos períodos de **R$ 600,00 (Mc)**

⇨ com pagamento em **6** períodos **(n)**

⇨ à taxa percentual de juros de **2,5% a.p. (i)**

⇨ qual o valor equivalente no instante inicial **(P)**?

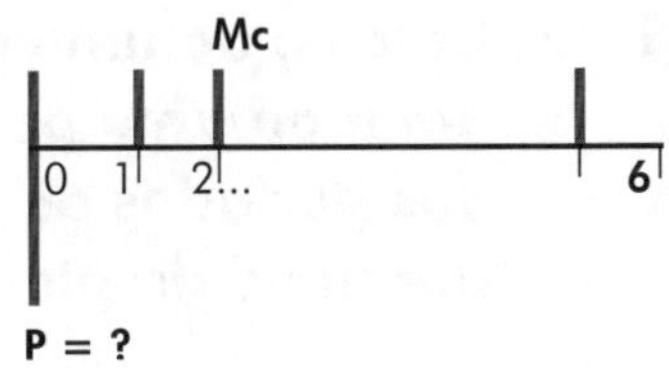

$$P = Mc\,\frac{(1+i)^{n}-1}{(1+i)^{n-1}\times i} \quad\Rightarrow\quad P = 600{,}00\,\frac{(1+0{,}025)^{6}-1}{(1+0{,}025)^{5}\times 0{,}025}$$

Portanto: **P = R$ 3.387,50**

1.41 Cálculo de um valor no presente, conhecido um montante periódico que incide nos inícios dos períodos de capitalização (P/Mc), realizado por meio da calculadora financeira HP 12C

Valendo-se dos mesmos procedimentos utilizados nos itens anteriores para cálculos por meio da calculadora financeira HP 12C, calculemos agora um valor no presente, conhecido um montante periódico que incide nos inícios dos períodos de capitalização, a taxa de juros e o número de períodos de capitalização (P/Mc).

Primeiro limpam-se as memórias da calculadora:

f CLX

Aciona-se então, a função "BEGIN":

[g] [BEG]

Em seguida, informam-se os dados em qualquer ordem e pressiona-se a tecla PV, que é a tecla utilizada para a função do presente:

n	i	PV	PMT	FV
↑	↑	↑	↑	
6	2,5	Pressionar	600	

Como resultado da operação, obteve-se: –3.387,50.

Portanto: **M = R$ 3.387,50**

[g] [END]

1.42 Cálculo de um valor no presente, conhecido um montante periódico que incide nos inícios dos períodos de capitalização (P/Mc), realizado por meio da planilha eletrônica Excel

Para informatizarmos o **1.40 (P/Mc)**, adotaremos os mesmos procedimentos e conceitos estabelecidos nos cálculos anteriores.

No programa anexo (site da editora Blucher: <www.blucher.com.br>), apresentamos esse cálculo com a denominação **P/Mc**, e uma formatação de tela semelhante à dos cálculos anteriores, quando utilizamos as células:

C8 para o valor de **Mc** | **C10** para o valor de **n**

C9 para o valor de **i** | **C13** para o valor de **P**

Também para esse cálculo, como para os demais em que a incidência das parcelas for no início dos períodos, utilizamos, junto à função **PGTO**, o número **"1"**.

A função VP utilizada para esse cálculo é transcrita da seguinte forma:

VP (taxa ; nper ; pgto ; vf ; tipo)

Onde:

VP: valor equivalente no instante presente;

taxa: taxa percentual de juros por período de capitalização;

nper: número de períodos de capitalização;

PGTO: montante periódico de um pagamento ou investimento;

tipo: indica a posição das parcelas (nos finais ou inícios dos períodos);

vf: esta função não se aplica a esse cálculo.

Assim, para efetuarmos o cálculo pretendido, basta utilizar a função **VP** na célula **C13**, da seguinte forma:

= VP (C9/100 ; C10 ; –C8 ;; 1)

Para os dados constantes no **1.40** utilizando-se a planilha **P/Mc** do programa anexo (site da editora Blucher: <www.blucher.com.br>), temos:

CÁLCULO DE UM VALOR NO PRESENTE – P = ?
em função de M(c), i, n (com valores dos M no começo dos períodos)

Montante periódico (começo dos períodos)	**M(c)**	=	**R$ 600,00**	
Taxa percentual:	**i**	=	**2,5**	% a.p.
Número de períodos:	**n**	=	**6**	períodos
Presente:	**P**	=	**R$ 3.387,50**	

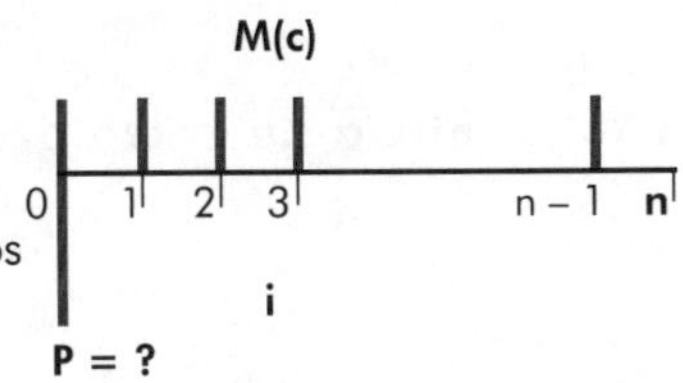

Representação do fluxo de caixa

1.43 Cálculo de um valor no presente, conhecido um montante periódico que incide nos inícios dos períodos de capitalização (P/Mc), realizado por meio de fatores

Valendo-se dos mesmos procedimentos utilizados nos itens anteriores para cálculos por meio de fatores, calculemos agora um presente, conhecido um montante periódico que incide nos inícios dos períodos, a taxa de juros e o número de períodos de capitalização (P/Mc).

Da fórmula, $P = Mc\ \dfrac{(1+i)^n - 1}{(1+i)^{n-1} \times i}$,

transformemos em fator a expressão $\dfrac{(1+i)^n - 1}{(1+i)^{n-1} \times i}$,

$$\frac{(1+i)^n - 1}{(1+i)^{n-1} \times i} = (P / Mc,\ i,\ n)$$

Portanto, tem-se: $\mathbf{P = Mc(P / Mc,\ i,\ n)}$

Para se construir a tabela para esse cálculo (P/Mc), seguem-se os mesmos procedimentos dos cálculos anteriores realizados para criação de tabela de fatores.

Assim, para o cálculo em questão (ver tabela de fatores no site da editora Blucher: <www.blucher.com.br>):

$P = 600\ (P/Mc,\ 2{,}5\%,\ 6) \quad \Rightarrow \quad P = 1.000 \times 5{,}645828 \quad \Rightarrow \quad \mathbf{P = R\$\ 3.387{,}50}$

1.44 Exemplo de aplicação do cálculo de P em função de Mc (P/Mc)

Uma empresa, ao importar alguns equipamentos, expôs à empresa vendedora a intenção de pagamento de 5 parcelas de US$ 25.000,00 por ano, sendo que o primeiro pagamento seria feito no fechamento da importação e os demais nos anos subsequentes. Como o negócio foi realizado à taxa percentual de juros de 12% a.a. (ao ano), qual o valor de crédito que poderá ter a empresa compradora dos equipamentos, considerando sua capacidade de pagamento?

1.44.1 Fluxo de caixa gráfico

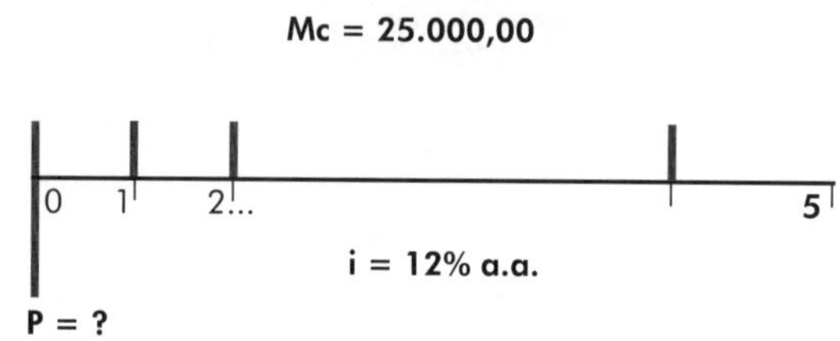

1.44.2 O cálculo pela fórmula

$$P = Mc\ \frac{(1+i)^n - 1}{(1+i)^{n-1} \times i} \Rightarrow P = 25.000,00\ \frac{(1+0,12)^5 - 1}{(1+0,12)^4 \times 0,12}$$

Portanto: **P = US$ 100.933,73**

1.44.3 O cálculo por meio da calculadora financeira HP 12C

f CLX

g BEG

n ← 5; i ← 12; PV ← Pressionar; PMT ← 25000; FV

PMT: –100.933,73 ⇒ **Mc = US$ 100.933,73**

g END

1.44.4 O cálculo informatizado

Da planilha financeira do programa anexo, utilizamos o cálculo **P /Mc**.

CÁLCULO DE UM VALOR NO PRESENTE – P = ?
em função de Mc, i, n (com valores dos M no início dos períodos)

Montante periódico				
(começo dos períodos)	**Mc**	=	**25.000,00**	
Taxa percentual:	**i**	=	**12**	% a.p.
Número de períodos:	**n**	=	**5**	períodos
Presente:	**P**	=	**100.933,73**	

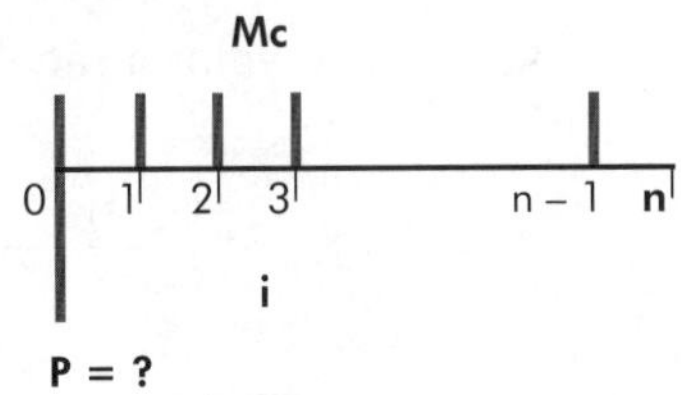

Representação do fluxo de caixa

Obs.: as células utilizadas para o valor do dinheiro, para esse cálculo, foram formatadas na planilha eletrônica como "número/duas casas após a vírgula".

1.44.5 O cálculo por meio de fatores

Com o auxílio da tabela de fatores, no site da editora Blucher: <www.blucher.com.br> (taxa de 12%), temos:

$$P = 25.000{,}00\ (P/Mc,\ 12\%,\ 5) \quad \Rightarrow \quad P = 25.000{,}00 \times 4{,}037349$$

Portanto: **P = R$ 100.933,73**

1.45 Cálculo de um valor no futuro, conhecido o montante periódico (F/Mc)

Trabalhando-se com **Mc** para investimentos, com as parcelas incidindo no início dos períodos de capitalização, seria, dentro de uma visão prática, como se tivéssemos realizado o primeiro valor investido no instante inicial (no instante 0) e mantido o número de parcelas a investir. Convém notar que o valor **F** se mantém no instante final do último período.

Utilizando-se a fórmula matemática do **1.24** (F/M), notamos que a diferença agora figura, para efeito de cálculo, em acréscimo de um período de capitalização. Portanto, considerando a taxa percentual de juros, teremos o cálculo pretendido dentro dos mesmos critérios estabelecidos.

Assim, temos:

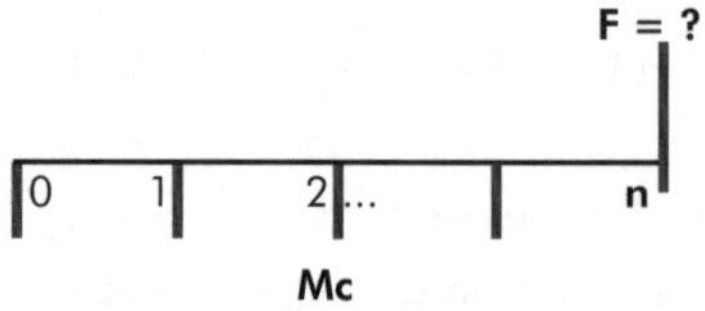

- ⇨ investimento em parcelas iguais no início dos períodos **(Mc)**
- ⇨ durante **n** períodos
- ⇨ à taxa percentual de juros de **i% a.p.**
- ⇨ qual o valor a receber no instante final do último período **(F)**?

Do 1.24: $F = M\,\frac{(1+i)^n - 1}{i} \quad \Rightarrow \quad F = Mc\left[\frac{(1+i)^n - 1}{i}\right] \times (1+i)$

de onde temos: $$\mathbf{F = Mc\left[\frac{(1+i)^n - 1}{i}\right]\ (1+i)}$$

Simulemos o seguinte investimento:

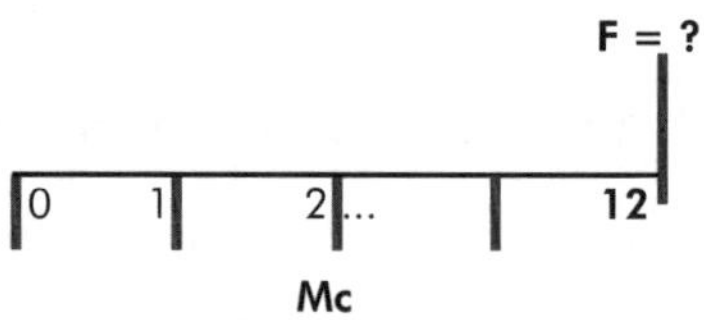

- ⇨ investimento de **R$ 1.000,00** por mês nos inícios de cada mês **(Mc)**
- ⇨ durante **12** meses **(n)**
- ⇨ à taxa de juros de **1,25% a.m. (i)**
- ⇨ qual o valor a receber no instante final do último mês **(F)**?

$$F = Mc\left[\frac{(1+i)^n - i}{i}\right] \times (1+i) \Rightarrow F = 1.000,00\left[\frac{(1+0,0125)^{12} - 1}{0,0125}\right] \times (1+0,0125)$$

Portanto: **F = R$ 13.021,12**

1.46 Cálculo de um valor no futuro, conhecido um montante periódico que incide nos inícios dos períodos de capitalização (F/Mc), realizado por meio da calculadora financeira HP 12C

Valendo-se dos mesmos procedimentos utilizados nos itens anteriores para cálculos por meio da calculadora financeira HP 12C, calculemos um valor no futuro, conhecido um montante periódico que incide nos inícios dos períodos de capitalização, a taxa de juros e o número de períodos de capitalização (F/Mc).

Primeiro limpam-se as memórias da calculadora:

[f] [CLX]

Aciona-se então, a função "BEGIN":

[g] [BEG]

Em seguida, informam-se os dados em qualquer ordem e pressiona-se a tecla FV, que é a tecla utilizada para a função do futuro:

n	i	PV	PMT	FV
↑	↑		↑	↑
12	1,25		1000	Pressionar

Como resultado da operação obteve-se: –13.021,12.

Portanto: **M = R$ 13.021,12**

[g] [END]

1.47 Cálculo de um valor no futuro, conhecido um montante periódico que incide nos inícios dos períodos de capitalização (F/Mc), realizado por meio da planilha eletrônica Excel

Para informatizarmos o **1.45 (F/Mc)**, adotaremos os mesmos procedimentos e conceitos estabelecidos nos cálculos anteriores.

No programa anexo (site da editora Blucher: <www.blucher.com.br>), apresentamos esse cálculo com a denominação **F/Mc**, e uma formatação de tela semelhante às anteriores, quando utilizamos as células:

C8 para o valor de **Mc** | **C10** para o valor de **n**

C9 para o valor de **i** | **C13** para o valor de **F**

Também para esse cálculo, como para os demais em que a incidência das parcelas for no início dos períodos, utilizamos, junto à função **PGTO**, o número **1**.

A função VF utilizada para esse cálculo é transcrita da seguinte forma:

VF (taxa ; nper ; pgto ; vp ; tipo)

Onde:

VF: valor equivalente no instante futuro;

taxa: taxa percentual de juros por período de capitalização;

nper: número de períodos de capitalização;

pgto: montante periódico de um pagamento ou investimento;

tipo: indica a posição das parcelas (no final ou início dos períodos);

vp: esta função não se aplica a esse cálculo.

Assim, para efetuarmos o cálculo pretendido basta utilizar a função **VF** na célula **C13**, da seguinte forma:

= VF (C9/100 ; C10 ; –C8 ;; 1)

Para os dados constantes no **1.45,** utilizando-se a planilha **F/Mc** do programa anexo (site da editora Blucher: <www.blucher.com.br>), temos:

CÁLCULO DE UM VALOR NO FUTURO – F = ?
em função de Mc, i, n (com valores dos M no início dos períodos)

Montante periódico (começo dos períodos)	Mc	=	R$ 1.000,00	
Taxa percentual:	i	=	1,25	% a.p.
Número de períodos:	n	=	12	períodos
Futuro:	F	=	R$ 13.021,12	

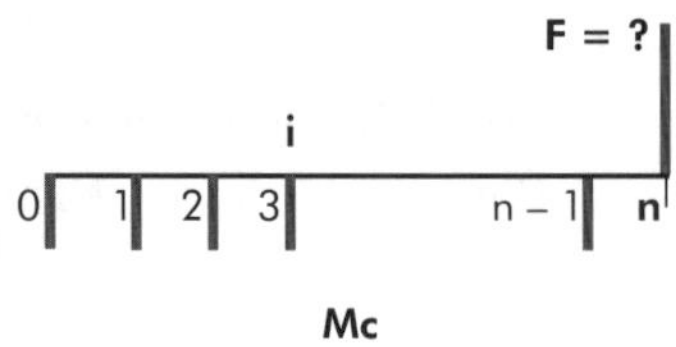

Representação do fluxo de caixa

1.48 Cálculo de um valor no futuro, conhecido um montante periódico que incide nos inícios dos períodos de capitalização (F/Mc), realizado por meio de fatores

Valendo-se dos mesmos procedimentos utilizados nos itens anteriores para cálculos por meio de fatores, calculemos agora um valor no futuro, conhecido um montante periódico que incide nos inícios dos períodos, a taxa de juros e o número de períodos de capitalização (F/Mc).

Da fórmula, $F = Mc\,\dfrac{(1+i)^n - 1}{i} \times (1+i)$,

transformemos em fator a expressão $\dfrac{(1+i)^n - 1}{i} \times (1+i)$.

$$\frac{(1+i)^n - 1}{i} \times (1+i)^n = (F / Mc,\ i,\ n)$$

Portanto, tem-se: $\mathbf{F = Mc(F / Mc,\ i,\ n)}$

Para se construir a tabela para esse cálculo (**F/Mc**), seguem-se os mesmos procedimentos dos cálculos anteriores realizados para criação de tabela de fatores.

Assim, para o cálculo em questão (ver tabela de fatores no site da editora Blucher: <www.blucher.com.br>), temos:

F = 1.000 (F/Mc, 1,25%, 12) $\Rightarrow$ F = 1.000 × 13,021116 $\Rightarrow$ **F = R$ 13.021,12**

1.49 Exemplo de aplicação do cálculo de F em função de Mc (F/Mc)

Considerando um plano de investimento em 7 parcelas mensais e sucessivas, com o compromisso de investir R$ 2.000,00 por mês, sendo o primeiro valor investido de imediato com o rendimento acertado à taxa percentual de juros de 2,5% a.m., para resgate no final do sétimo mês, qual seria o valor desse resgate?

1.49.1 Fluxo de caixa gráfico

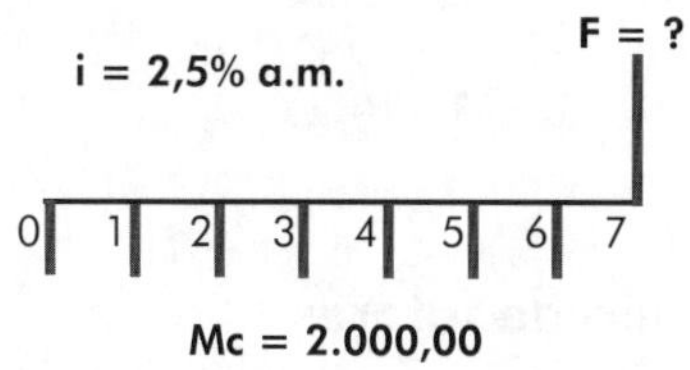

1.49.2 O cálculo pela fórmula

$$F = Mc\left[\frac{(1+i)^n - 1}{i}\right]\times(1+i) \Rightarrow F = 2.000,00\left[\frac{(1+0,025)^7 - 1}{0,025}\right]\times(1+0,025)$$

Portanto: **F = R$ 15.472,23**

1.49.3 O cálculo por meio da calculadora financeira HP 12C

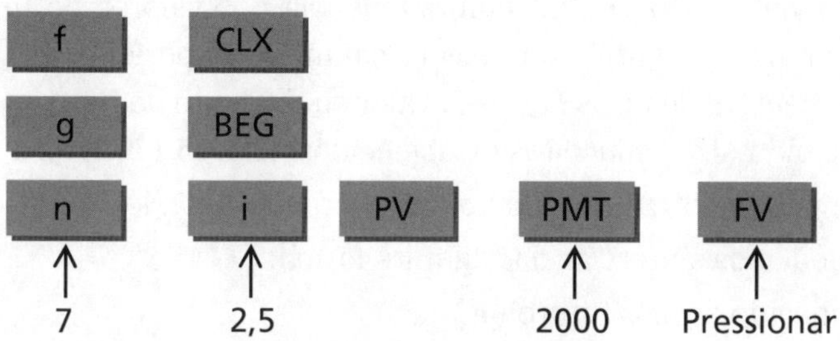

PMT: –15.472,23 ⇒ **Mc = R$ 15.472,23**

1.49.4 O cálculo informatizado

Da planilha financeira do programa anexo (site da editora Blucher: <www.blucher.com.br>), utilizamos o cálculo **F/Mc**:

CÁLCULO DE UM VALOR NO FUTURO – F = ?
em função de Mc, i, n (com valores dos M no início dos períodos)

Montante periódico (começo dos períodos)	**Mc**	=	**R$ 2.000,00**	
Taxa percentual:	**i**	=	**2,5**	% a.p.
Número de períodos:	**n**	=	**7**	períodos
Futuro:	**F**	=	**R$ 15.472,23**	

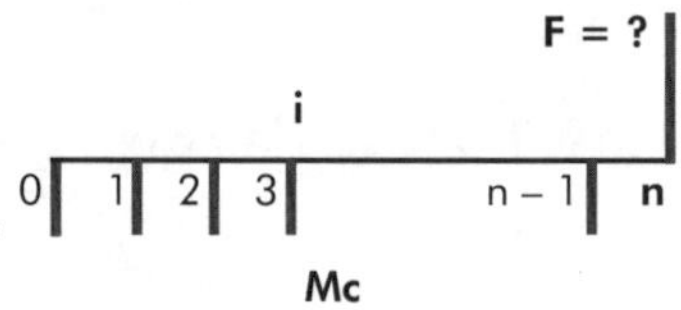

Representação do fluxo de caixa

1.49.5 O cálculo por meio de fatores

Com o auxílio da tabela de fatores, no site da editora Blucher: <www.blucher.com.br> (taxa de 2,5%), temos:

$$F = 2.000{,}00\ (F/Mc,\ 2{,}5\%,\ 7) \quad \Rightarrow \quad F = 2.000{,}00 \times 7{,}736116$$

Portanto: **P = R$ 15.472,23**

1.50 Cálculo de um montante periódico, conhecido um futuro (Mc/F)

O cálculo do montante periódico com incidência dos valores no início de cada período de capitalização **(Mc)**, conhecidos o número de períodos de capitalização **(n)**, a taxa percentual de juros **(i)** e seu valor equivalente no futuro **(F)**, pode ser efetuado aplicando-se os conceitos estabelecidos no **1.45 (F/Mc)**.

Como se pode notar, esse cálculo é o inverso do anterior.

Assim, podemos sintetizar da seguinte forma:

- ⇨ conhecido o valor futuro **(F)**
- ⇨ para pagamento em **n** parcelas iguais
- ⇨ à taxa percentual de juros de **i% a.p.**
- ⇨ qual o valor do montante periódico **(Mc)**?

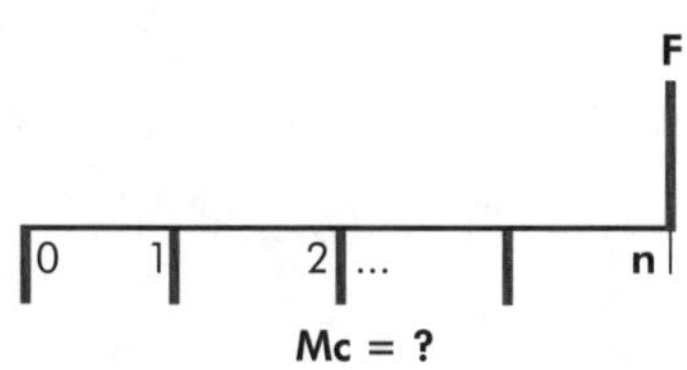

Do 1.45 (F/Mc), temos:

$$F = Mc\left[\frac{(1+i)^{n-1}}{i}\right]\times(1+i) \Rightarrow \mathbf{Mc = F\frac{i}{\left[(1+i)^n - 1\right]\times(1+i)}}$$

Supomos os seguintes valores financeiros envolvidos:

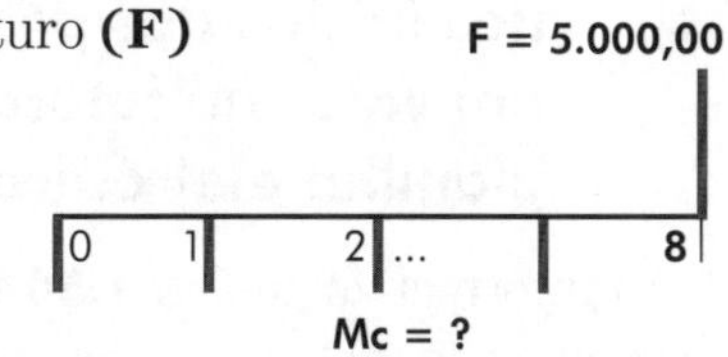

⇨ conhecido o valor de **R$ 5.000,00** no futuro **(F)**

⇨ o número de períodos de **8** meses **(n)**

⇨ à taxa de juros de **1,75% a.m. (i)**

⇨ qual o valor do montante periódico incidindo no início dos períodos **(Mc)**?

$$Mc = F\frac{i}{\left[(1+i)^{n}-1\right]\times(1+i)} \Rightarrow Mc = 5.000\frac{0,0175}{\left[(1+0,0175)^{8}-1\right]\times(1+0,0175)}$$

Portanto: **Mc = R$ 577,61**

1.51 Cálculo de um montante periódico que incide nos inícios dos períodos de capitalização, conhecido um valor no futuro (Mc/F), realizado por meio da calculadora financeira HP 12C

Valendo-se dos mesmos procedimentos utilizados nos itens anteriores para cálculos por meio da calculadora financeira HP 12C, calculemos um montante periódico que incide nos inícios dos períodos de capitalização, conhecido um futuro, a taxa de juros e o número de períodos de capitalização (**Mc/F**).

Primeiro limpam-se as memórias da calculadora:

f CLX

Aciona-se então, a função "BEGIN":

g BEG

Em seguida, informam-se os dados em qualquer ordem e pressiona-se a tecla PMT, que é a tecla utilizada para a função do montante periódico:

n	i	PV	PMT	FV
↑	↑		↑	↑
8	1,75		Pressionar	5000

Como resultado da operação, obteve-se: –577,61.

Portanto: **M = R$ 577,61**

g END

1.52 Cálculo de um montante periódico que incide nos inícios dos períodos de capitalização, conhecido um valor no futuro (Mc/F), realizado por meio da planilha eletrônica Excel

Para informatizarmos o **1.50 (Mc/F)**, adotaremos os mesmos procedimentos e conceitos estabelecidos nos cálculos anteriores.

No programa anexo (site da editora Blucher: <www.blucher.com.br>), apresentamos esse cálculo com a denominação **Mc/F**, e uma formatação de tela semelhante às anteriores, quando utilizamos as células:

C8 para o valor de **F** — **C10** para o valor de **n**

C9 para o valor de **i** — **C13** para o valor de **Mc**

Também para esse cálculo, como para os demais em que a incidência das parcelas for no início de cada período, utilizamos, junto à função **PGTO**, o número **"1"**.

A função PGTO, utilizada para esse cálculo, é transcrita da seguinte forma:

PGTO (taxa ; nper ; vp ; vf ; tipo)

Onde:

PGTO: montante periódico de um pagamento ou investimento;

taxa: taxa percentual de juros por período de capitalização;

nper: número de períodos de capitalização;

vf: valor equivalente no instante futuro;

tipo: indica a posição das parcelas (no final ou início dos períodos);

vp: esta função não se aplica a esse cálculo.

Assim, para efetuarmos o cálculo pretendido, basta utilizar a função **PGTO** na célula **C13**, da seguinte forma:

= PGTO (C9/100 ; C10 ;; –C8 ; 1)

Para os dados constantes no **1.50**, utilizando-se a planilha **Mc/F** do programa anexo (site da editora Blucher: <www.blucher.com.br>), temos:

CÁLCULO DE UM MONTANTE PERIÓDICO – Mc = ?
em função de F, i, n (com valores dos M nos começo dos períodos)

Futuro:	**P**	=	**R$ 5.000,00**	
Taxa percentual:	**i**	=	**1,75**	% a.p.
Número de períodos:	**n**	=	**8**	períodos
Montante periódico: (começo dos períodos)	**Mc**	=	**R$ 577,61**	

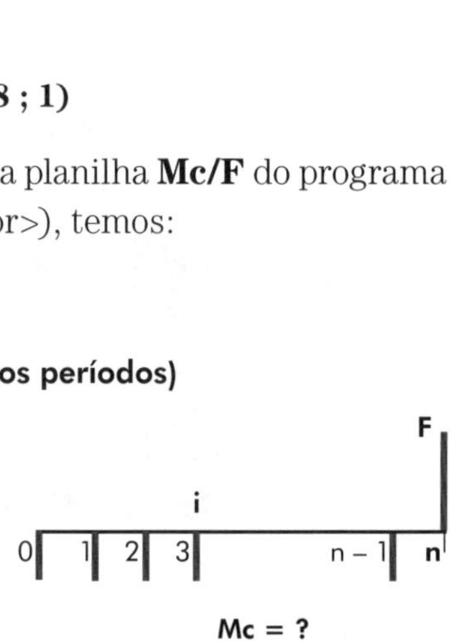

Representação do fluxo de caixa

1.53 Cálculo de um montante periódico que incide nos inícios dos períodos de capitalização, conhecido um valor no futuro (Mc/F), realizado por meio de fatores

Valendo-se dos mesmos procedimentos utilizados nos itens anteriores para cálculos por meio de fatores, calculemos agora um montante periódico que incide nos inícios dos períodos, conhecido um valor no futuro, a taxa de juros e o número de períodos de capitalização (Mc/F).

Da fórmula: $Mc = F\frac{i}{\left[(1+i)^n - 1\right]\times(1+i)}$

transformemos em fator a expressão $\frac{i}{\left[(1+i)^n - 1\right]\times(1+i)}$.

$$\frac{i}{\left[(1+i)^n - 1\right]\times(1+i)} = (Mc / F, i, n)$$

Portanto, tem-se: $\mathbf{Mc = F(Mc / F, i, n)}$

Para se construir a tabela para esse cálculo (Mc/F), seguem-se os mesmos procedimentos dos cálculos anteriores realizados para criação de tabela de fatores.

Assim, para o cálculo em questão (ver tabela de fatores no site da editora Blucher: <www.blucher.com.br>), temos:

$$Mc = 5.000\ (Mc/F,\ 1{,}75\%,\ 8) \quad \Rightarrow \quad P = 5.000 \times 0{,}115521 \quad \Rightarrow \quad \mathbf{P = R\$\ 577{,}61}$$

1.54 Exemplo de aplicação do cálculo de Mc em função de F (Mc/F)

Em um plano de investimentos em 12 parcelas mensais, iguais e sucessivas, com o compromisso de resgatar R$ 8.000,00 no final do 12º mês, sendo o primeiro valor investido no momento do fechamento do negócio e a taxa de juros acertada entre as partes de 2,5% a.m., qual o valor de cada parcela a ser investida mensalmente para que o valor de resgate seja cumprido?

1.54.1 Fluxo de caixa gráfico

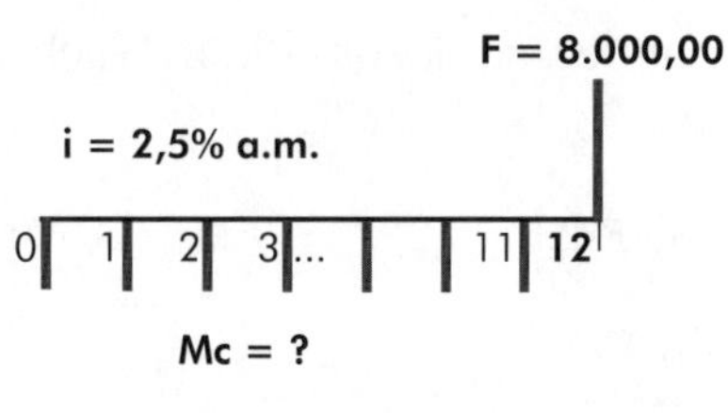

1.54.2 O cálculo pela fórmula

$$Mc = F\frac{i}{\left[(1+i)^{n}-1\right]\times(1+i)} \Rightarrow Mc = 8.000\frac{0,025}{\left[(1+0,025)^{12}-1\right]\times(1+0,025)}$$

Portanto: **Mc = R$ 565,75**

1.54.3 O cálculo por meio da calculadora financeira HP 12C

[f] [CLX]

[g] [BEG]

[n] [i] [PV] [PMT] [FV]

n ↑ 12 ; i ↑ 2,5 ; PMT ↑ Pressionar ; FV ↑ 8000

PMT: –565,75 ⇒ **Mc = R$ 565,75**

[g] [END]

1.54.4 O cálculo informatizado

Da planilha financeira do programa anexo (site da editora Blucher: <www.blucher.com.br>), utilizamos o cálculo **Mc/F**:

CÁLCULO DE UM MONTANTE PERIÓDICO – Mc = ?
em função de F, i, n (com valores dos M nos começo dos períodos)

Futuro:	**F**	=	**R$ 8.000,00**	
Taxa percentual:	**i**	=	**2,5**	% a.p.
Número de períodos:	**n**	=	**12**	períodos
Montante periódico: (começo dos períodos)	**Mc**	=	**R$ 565,75**	

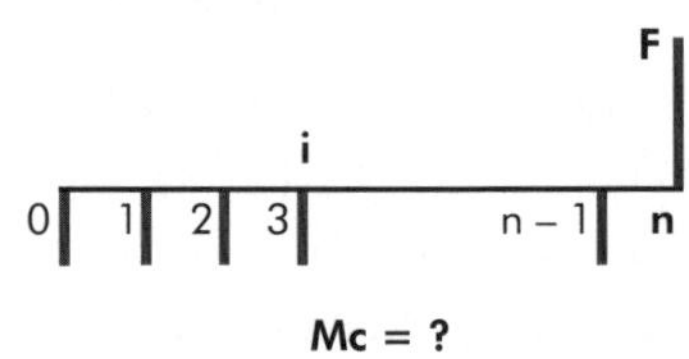

Representação do fluxo de caixa

1.54.5 O cálculo por meio de fatores

Com o auxílio da tabela de fatores, no site da editora Blucher: <www.blucher.com.br> (taxa de 2,5%), temos:

$$Mc = 8.000,00\ (Mc/F,\ 2,5\%,\ 12) \Rightarrow Mc = 8.000,00 \times 0,070719$$

Portanto: **P = R$ 565,75**

1.55 Tabuada financeira para aplicação no sistema de capitalização composto

Conhecidos os conceitos e cálculos financeiros básicos, com base na nomenclatura utilizada, **P** (presente), **F** (futuro), **M** (montante periódico), **i** (taxa percentual de juros periódica) e **n** (número de períodos de capitalização), apresentamos uma espécie de "tabuada" (também disponível no site da editora Blucher: <www.blucher.com.br>) que poderá servir de referência rápida, associando, para cada caso, o fluxo de caixa gráfico e a fórmula matemática.

CÁLCULOS FINANCEIROS APLICADOS – "TABUADA"		
SISTEMA DE CAPITALIZAÇÃO COMPOSTO		
DESCRIÇÃO	**FÓRMULA**	**FLUXO DE CAIXA**
Pagamento Único		
Cálculo de F em função de P, i, n	$F = P(1 + i)^n$	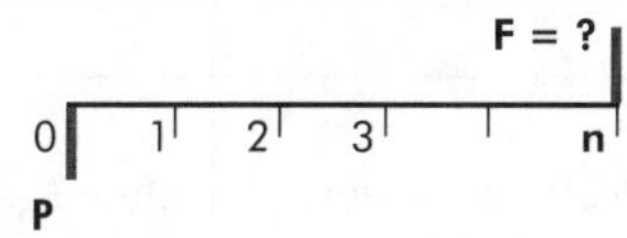
Cálculo de P em função de F, i, n	$P = F\dfrac{1}{(1+i)^n}$	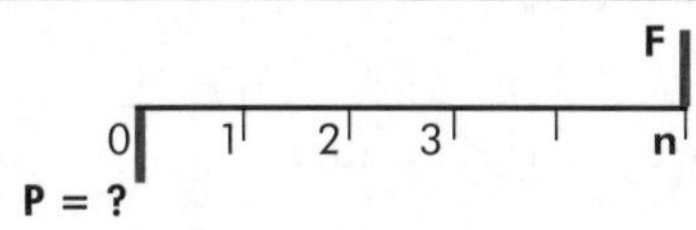
Montante periódico – Valores incidindo nos finais dos períodos de capitalização		
Cálculo de M em função de P, i, n	$M = P\dfrac{(1+i)^n \times i}{(1+i)^n - 1}$	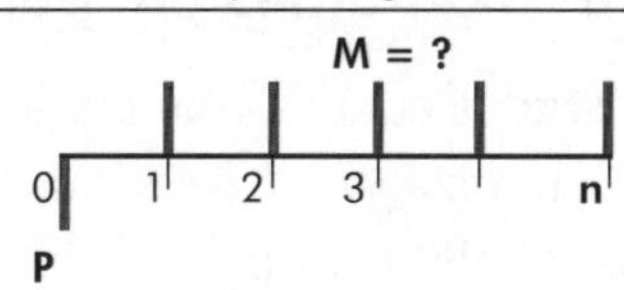
Cálculo de P em função de M, i, n	$P = M\dfrac{(1+i)^n - 1}{(1+i)^n \times i}$	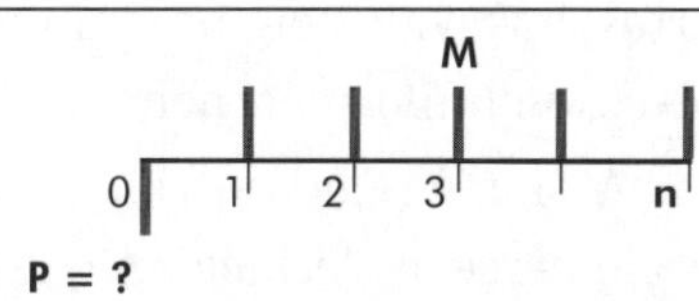
Cálculo de F em função de M, i, n	$F = M\dfrac{(1+i)^n - 1}{i}$	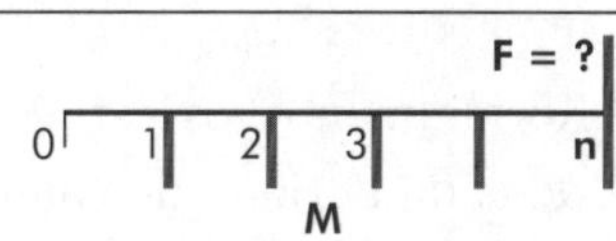
Cálculo de M em função de F, i, n	$M = F\dfrac{i}{(1+i)^n - 1}$	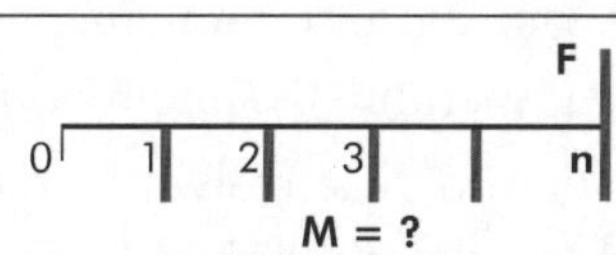

(continua)

CÁLCULOS FINANCEIROS APLICADOS – "TABUADA" (*continuação*)		
DESCRIÇÃO	**FÓRMULA**	**FLUXO DE CAIXA**
Montante periódico – Valores incidindo nos inícios dos períodos de capitalização		
Cálculo de Mc em função de P, i, n	$\mathrm{Mc} = \mathrm{P}\dfrac{(1+i)^{n-1} \times i}{(1+i)^{n} - 1}$	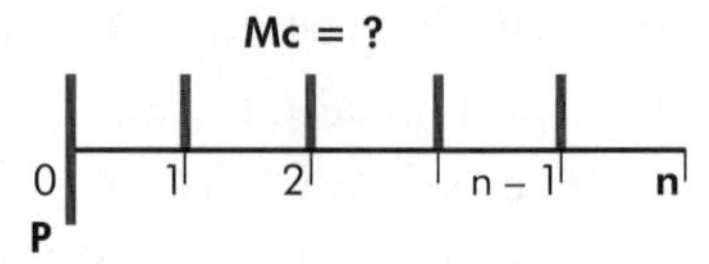
Cálculo de P em função de Mc, i, n	$\mathrm{P} = \mathrm{Mc}\dfrac{(1+i)^{n} - 1}{(1+i)^{n-1} \times i}$	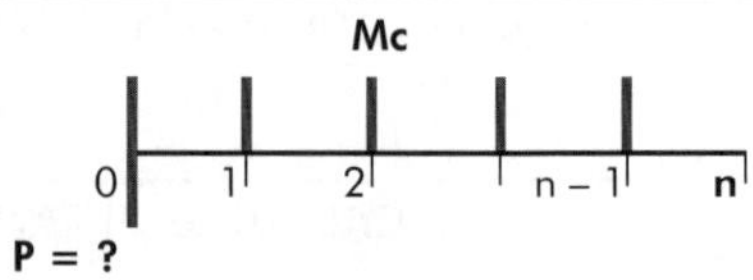
Cálculo de F em função de Mc, i, n	$\mathrm{F} = \mathrm{Mc}\dfrac{(1+i)^{n} - 1}{i} \times (1+i)$	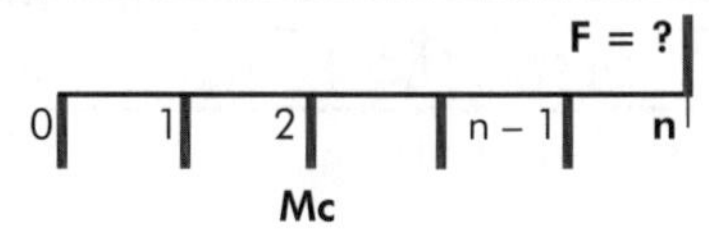
Cálculo de Mc em função de F, i, n	$\mathrm{Mc} = \mathrm{F}\dfrac{i}{\left[(1+i)^{n} - 1\right] \times (1+i)}$	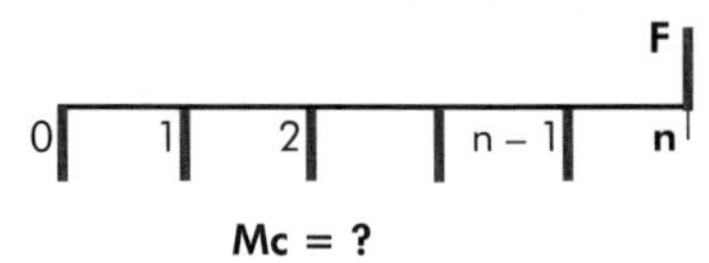

Fonte: VANNUCCI, 2017.

1.56 Montantes em parcelas desiguais

Os estudos com montantes periódicos elaborados nos itens **1.12** a **1.54** consideram a realização de seus valores de investimentos ou pagamentos através de parcelas iguais, periódicas e sucessivas. No entanto, dependendo do interesse das partes envolvidas em uma transação financeira, poderá ocorrer que tais valores não sejam uniformes, nem tampouco tenham uma periodicidade.

Assim, faremos um estudo no qual possamos ter pagamentos ou investimentos em parcelas desiguais e que não guardam necessariamente o mesmo intervalo de tempo entre si.

Normalmente, os estudos baseiam-se em valores financeiros incidindo no final de cada período de capitalização. Para os cálculos desse item manteremos essa base, observando que poderá ocorrer a incidência sobre o valor no instante inicial (instante 0), mantendo-se os demais parâmetros.

Para o desenvolvimento desse estudo, no qual temos valores diferenciados ao longo dos períodos de capitalização e não necessariamente guardando sua periodicidade, chamaremos genericamente de **"Md"** as parcelas desiguais incidentes no final de cada período, de **"Md0"** o valor incidente no instante inicial (presente: n = 0) e relacionaremos com valores equivalentes no instante inicial **(P)**, em um instante futuro **(F)** e com um montante periódico **(M)**, calculado a um certo número de períodos.

1.57 Cálculo de um valor no presente, conhecido um montante desigual (P/Md)

Em se tratando de parcelas que não tenham nenhuma relação de proporcionalidade entre seus valores e períodos, não há como desenvolver uma formulação matemática como nos cálculos anteriores.

O cálculo então será feito pelo acúmulo das respectivas parcelas levadas ao instante inicial dos períodos de capitalização (instante presente), considerando-se a taxa percentual de juros incidente a cada período. Seria a aplicação do 1.7 (P/F) a cada parcela incidente no fluxo de caixa.

Vejamos a seguinte simulação:

- ⇨ pagamentos efetuados em **5 parcelas**, sendo R$ 140,00 no instante inicial e os demais de R$ 100,00, R$ 120,00, R$ 115,00 e R$ 130,00 a partir do primeiro período

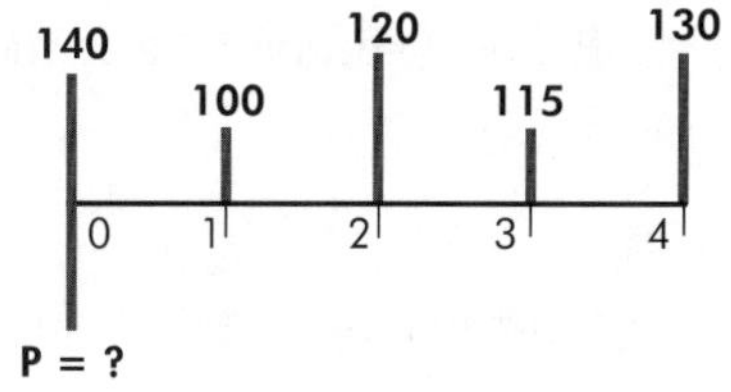

- ⇨ à taxa de juros de **2% a.p.**
- ⇨ qual o valor equivalente no instante inicial **(P)**?

$$P = 140 + \frac{100}{(1+0{,}02)} + \frac{120}{(1+0{,}02)^2} + \frac{115}{(1+0{,}02)^3} + \frac{130}{(1+0{,}02)^4}$$

Resolvendo a equação, temos: **P = R$ 581,85**

De forma genérica, temos:

- ⇨ pagamentos em **n + 1 parcelas**, sendo **Md0** no instante inicial e os demais $\mathbf{Md_1}$, $\mathbf{Md_2}$ até $\mathbf{Md_n}$ a partir do primeiro período

- ⇨ à taxa de juros de **i% a.p.**
- ⇨ qual o valor equivalente no instante inicial **(P)**?

$$P = Md0 + \frac{Md_1}{(1+i)} + \frac{Md_2}{(1+i)^2} + \ldots + \frac{Md_n}{(1+i)^n}$$

1.58 Cálculo de um valor no presente, conhecido um montante desigual (P/Md), realizado por meio da calculadora financeira HP 12C

Com relação aos cálculos envolvendo montantes desiguais, a calculadora financeira HP 12C apresenta uma função diferente das anteriores.

Tal função trata do cálculo do valor presente líquido (VPL), cujos conceitos estudaremos mais adiante, mas que utilizaremos para os cálculos pretendidos do P/Md.

Essas funções são acionadas através as teclas "g", "CFo" e "CFj", para as informações dos dados a serem processados, e das "f" e "NPV" para se obter o resultado, além de outras auxiliares.

Se em algum período não incidir valor financeiro, deverá ser lançado o valor 0 (zero), a fim de se observar a sequência correta dos valores.

Para esse primeiro cálculo, tem-se:

Primeiro limpam-se as memórias da calculadora:

[f] [CLX]

Informemos a taxa de juros:

[i]
↑
2

Em seguida, informam-se os dados, utilizando-se o "CFo" para a informação do valor no instante inicial e CFj para os demais períodos, obedecendo-se à sequência dos valores:

140 [g] [CFo]

100 [g] [CFj]

120 [g] [CFj]

115 [g] [CFj]

130 [g] [CFj]

Para se obter o valor de P:

f NPV

Como resultado da operação, obteve-se: 581,85.

Portanto: **P = R$ 581,85**

1.59 Cálculo de um valor no presente, conhecido um montante desigual (P/Md), realizado por meio da planilha eletrônica Excel

Para informatizarmos o **1.57 (P/Md)**, utilizamos o assistente de função **fx** do aplicativo Excel, escolhemos a categoria financeira, e em seguida buscamos uma função que nos calcule um valor no instante presente equivalente a uma série de pagamentos com valores desiguais.

Notamos, então, que, para esse estudo específico, a função **"VPL"**, além de outras vantagens, fornece-nos esse cálculo levando ao instante inicial dos períodos os valores de uma série de fluxos de caixa calculados a uma determinada taxa percentual de juros.

A função VPL é transcrita da seguinte forma:

VPL (taxa ; valor1 ; valor2 ; valor3 . . . .)

Onde, para o nosso estudo, temos:

VPL: valor equivalente no instante presente para parcelas desiguais;

taxa: taxa percentual de juros por período de capitalização;

valor1; valor2 . . .: valores incidentes nos períodos 1, 2 . . . .

A função VPL utiliza para os seus cálculos a ordem dos valores (valor 1, valor 2 ...), com argumentos de 1 a 29, para interpretar a ordem do fluxo de caixa. Portanto, é preciso fornecer os valores dos pagamentos ou investimentos na sequência correta.

O resultado do VPL encontra-se em um período anterior ao valor 1 e termina com o último fluxo de valor da lista. Se o número de valores envolvidos no fluxo de caixa for **"n"**, o VPL será:

$$\text{VPL} = \sum_{i=1}^{n} \frac{\text{valores}_i}{(1+\text{taxa})^i}$$

Como se pode notar, o cálculo da função VPL não contempla o valor incidente no instante inicial (n = 0). Portanto, para obtermos o valor de **P**, como pretendemos, devemos somar esse valor ao resultado do VPL.

Assim, tratando-se de parcelas desiguais, para determinar o valor do **P** é necessário conhecer os valores envolvidos no cálculo, como a **taxa percentual de juros** e os **valores** das parcelas período a período, inclusive da parcela incidente no instante inicial.

Na utilização da planilha eletrônica para o cálculo, cada valor envolvido deverá ocupar uma célula, quando o resultado final, evidentemente, ocupará a célula do **P**, que deverá conter a função estabelecida.

Para a apresentação desse cálculo, convém que se tenha uma formatação de tela com boa visualização, com todos os dados de forma bem definida e clara, além de um desenho sintetizando o fluxo do movimento financeiro envolvido, para uma melhor visualização e compreensão do cálculo efetuado.

Com essa intenção, criamos a tela com a formatação que ora apresentamos, usando a nossa nomenclatura:

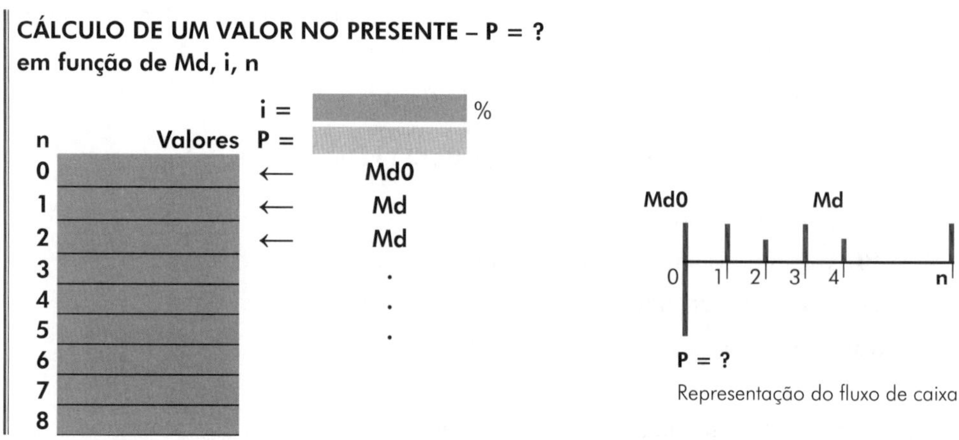

Bastaria agora definirmos as células que contenham os valores **P**, **i**, **Md0** e **Md** para realizarmos os cálculos.

Na planilha apresentada no programa anexo (site da editora Blucher: <www.blucher.com.br>), denominamos esse cálculo de **P/Md** e utilizamos as células:

D6 para o valor de **i** — **D8** para o valor de **P**

B11 a **B39** para os valores de **Md** — **B10** para **Md0**

Assim, para efetuarmos o cálculo pretendido, basta utilizar a função **VPL** na célula **D8**, da seguinte forma:

= VPL ($D$6/100 ; $B$9: $B$39) + B10

Nesta formulação observar:

- Toda fórmula matemática utilizada no Excel deverá iniciar pelo sinal "=".
- Na função **VPL**, bem como nas demais funções financeiras do Excel, a taxa de juros é trabalhada em décimo de percentual. Portanto, para a comodidade de informar a taxa por inteiro, programamos o seu valor dividido por 100.
- As células que contêm os valores estão programadas com o auxílio do "**$**", por uma questão programática da planilha eletrônica.
- Em período(s) que não incidir(em) valor(es) financeiro(s), deverá ser lançado o valor 0 (zero), a fim de se observar a sequência correta dos valores pagos ou investidos.
- Para os dados constantes no **1.57**, utilizando-se a planilha **P/Md** do programa anexo (site da editora Blucher: <www.blucher.com.br>), temos:

CÁLCULO DE UM VALOR NO PRESENTE – P = ?
em função de Md, i, n

i = 2,00 %

n	Valores		P = R$ 581,85
0	140,00	←	Md0
1	100,00	←	Md
2	120,00	←	Md
3	115,00		.
4	130,00		.
5			.
6			

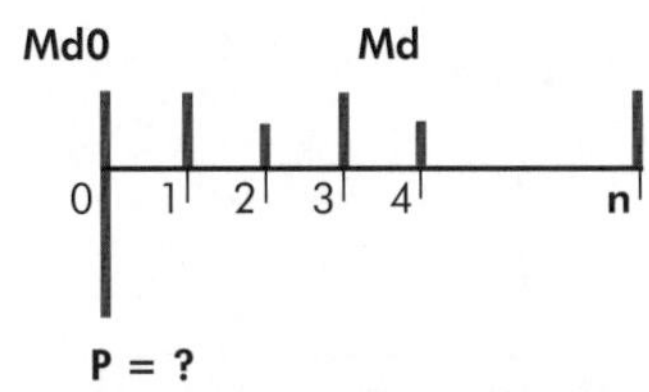

Representação do fluxo de caixa

1.60 Cálculo de um valor no presente, conhecido um montante desigual (P/Md), realizado por meio de fatores

Para o cálculo de um valor no presente conhecidos os montantes desiguais e a taxa de juros (P/Md), transformaremos a equação:

$$P = 140 + \frac{100}{(1+0,02)} + \frac{120}{(1+0,02)^2} + \frac{115}{(1+0,02)^3} + \frac{130}{(1+0,02)^4}$$

em uma equação equivalente, aplicando-se os fatores como estudado nos itens anteriores.

$$P = 140 + 100\,(P/F, 2\%, 1) + 120\,(P/F, 2\%, 2) + 115\,(P/F, 2\%, 3) + 130\,(P/F, 2\%, 4)$$

Consultando a tabela de fatores no site da editora Blucher: <www.blucher.com.br>, temos:

$$P = 140 + 100 \times 0,980392 + 120 \times 0,961169 + 115 \times 0,942322 + 130 \times 0,923845$$

Portanto: **P = R$ 581,85**

1.61 Exemplo de aplicação do cálculo de P em função de Md (P/Md)

Uma empresa, ao adquirir um equipamento, acertou com o representante de vendas o pagamento em um período de 12 meses, feito da seguinte forma:

- ⇨ uma parcela no ato da compra no valor de R$ 4.000,00;
- ⇨ mais 3 parcelas mensais e consecutivas de R$ 2.500,00 cada, ocorrendo o primeiro pagamento dois meses após a compra;
- ⇨ mais R$ 5.000,00 seis meses após a compra;
- ⇨ mais R$ 7.000,00 oito meses após a compra;
- ⇨ e mais 4 parcelas mensais e consecutivas de R$ 3.000,00 cada, ocorrendo o primeiro pagamento nove meses após a compra.

Se o comprador optar por fazer o pagamento à vista, qual seria o seu valor, uma vez que o vendedor trabalha com uma taxa de juros de 3,5% ao mês?

1.61.1 Fluxo de caixa gráfico

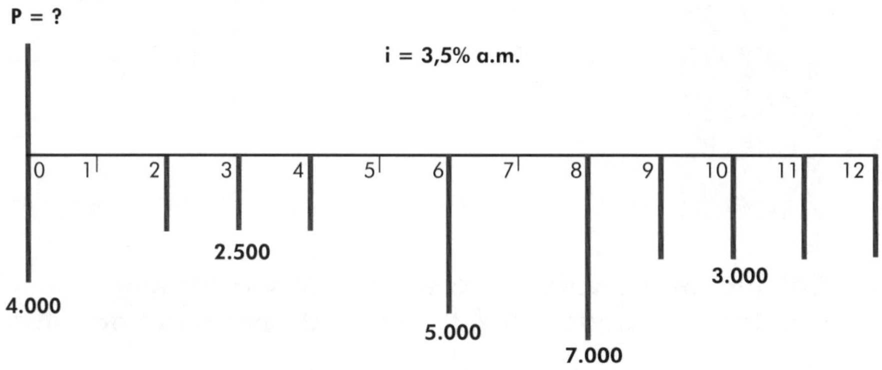

1.61.2 O cálculo por fórmulas

Para facilitar os cálculos, além da forma explicitada no item 1.57, na qual acumulamos valor a valor no instante presente, podemos também utilizar alguns cálculos desenvolvidos para montantes periódicos, trabalhando com grupo de valores e, evidentemente, obedecendo aos conceitos estabelecidos para o cálculo.

Assim temos:

P = P0 + P1 + P2 + P3 + P4, onde:

P0 = 4.000,00

$$P1 = 2.500\frac{(1+0,035)^3-1}{(1+0,035)^3 \times 0,035} + \frac{1}{(1+0,035)} \Rightarrow P1 = 6.767,24$$

$$\Uparrow \qquad\qquad \Uparrow$$

$$(P-M) \qquad\qquad (P-F)$$

$$P2 = \frac{5.000}{(1+0,035)^6} \Rightarrow P2 = 4.067,50$$

$$P3 = \frac{7.000}{(1+0,035)^8} \Rightarrow P3 = 5.315,88$$

$$P4 = 3.000\frac{(1+0,035)^4-1}{(1+0,035)^4 \times 0,035} + \frac{1}{(1+0,035)^8} \Rightarrow P4 = 8.368,14$$

Portanto:

P = 4.000,00 + 6.767,24 + 4.067,50 + 5.315,88 + 8.368,14 **P = 28.518,76**

1.61.3 O cálculo por meio da calculadora financeira HP 12C

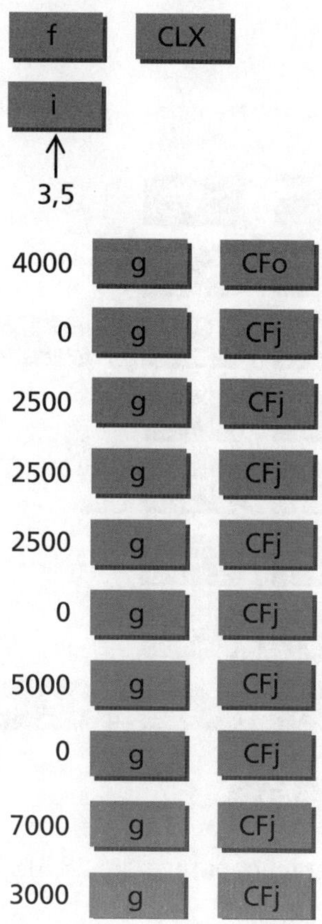

3000 [g] [CFj]

3000 [g] [CFj]

3000 [g] [CFj]

[f] [NPV]

Como resultado da operação, obteve-se: 28.518,76.

Portanto: **P = R$ 28.518,76**

Quando se tem valores iguais e sequentes no fluxo de caixa, as suas informações poderão se efetuar por meio das teclas:

[g] [Nj]

Assim, o cálculo desse fluxo de caixa poderá ser realizado da seguinte forma:

[f] [CLX]

[i]
↑
3,5

4000 [g] [CFo]

0 [g] [CFj]

2500 [g] [CFj] 3 [g] [Nj]

0 [g] [CFj]

5000 [g] [CFj]

0 [g] [CFj]

7000 [g] [CFj]

3000 [g] [CFj] 4 [g] [Nj]

[f] [NPV]

Como resultado da operação, obteve-se: 28.518,76.

Portanto: **P = R$ 28.518,76**

1.61.4 O cálculo informatizado

Da planilha financeira do programa anexo (site da editora Blucher: <www.blucher.com.br>), utilizamos o cálculo P – Md:

CÁLCULO DE UM VALOR NO PRESENTE – P = ?
em função de Md, i, n

i = 3,50 %

n	Valores	P = R$ 28.518,76	
0	4.000,00	←	Md0
1	0,00	←	Md
2	2.500,00	←	Md
3	2.500,00		.
4	2.500,00		.
5	0,00		.
6	5.000,00		
7	0,00		
8	7.000,00		
9	3.000,00		
10	3.000,00		
11	3.000,00		
12	3.000,00		

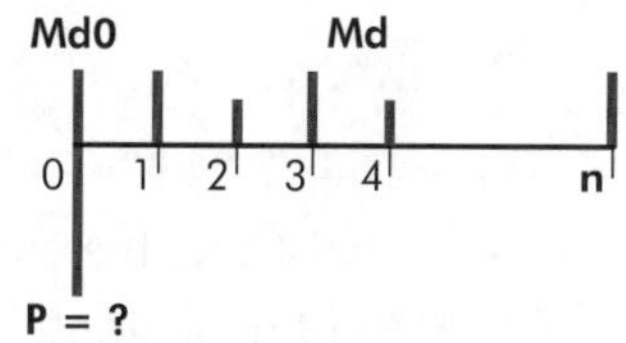

Representação do fluxo de caixa

1.61.5 O cálculo por meio de fatores

Com o auxílio da tabela de fatores, no site da editora Blucher: <www.blucher.com.br> (taxa de 3,5%), temos:

$$P = 4.000 + 2.500\ (P/M, 3{,}5\%, 3) \times (P/F, 3{,}5\%, 1) + 5.000\ (P/F, 3{,}5\%, 6)$$
$$+\ 7.000\ (P/F, 3{,}5\%, 8) + 3.000\ (P/M, 3{,}5\%, 4) \times (P/F, 3{,}5\%, 8)$$

$$P = 4.000 + 2.500 \times 2{,}801637 \times 0{,}966184 + 5.000 \times 0{,}813501 + 7.000 \times 0{,}759412$$
$$+\ 3.000 \times 3{,}673079 \times 0{,}759412$$

Portanto: **P = R$ 28.518,76**

1.62 Cálculo de um valor no futuro, conhecido um montante desigual (F/Md)

Conforme vimos no estudo anterior, tratando-se de cálculos envolvendo parcelas sem relação de proporcionalidade e periodicidade, não há como desenvolver alguma formulação matemática.

Assim, seguindo os mesmos conceitos estabelecidos no **1.57 (P/Md)**, agora para o cálculo de um valor equivalente em um instante futuro em função de parcelas desiguais, acumularemos os montantes investidos em um determinado período de capitalização do fluxo de caixa.

Vejamos a seguinte simulação:

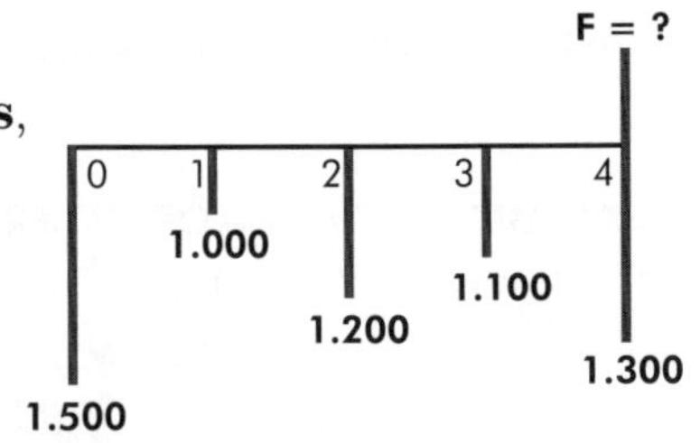

- ⇨ investimentos efetuados em **5 parcelas**, sendo R$ 1.500,00 no instante inicial e os demais de R$ 1.000,00, R$ 1.200,00 e R$ 1.100,00 e R$ 1.300 a partir do primeiro período
- ⇨ a taxa de juros de **1,5% a.p.**
- ⇨ qual o valor equivalente no instante final **(F)**?

$$F = 1.500\,(1 + 0{,}015)^4 + 1.000\,(1 + 0{,}015)^3 + 1.200\,(1 + 0{,}015)^2 + 1.100\,(1 + 0{,}015) + 1.300$$

Resolvendo a equação, temos: **F = R$ 6.290,49**

De forma genérica, temos:

- ⇨ investimentos em **n + 1 parcelas**, sendo **Md0** no instante inicial e os demais $\mathbf{Md_1}$, $\mathbf{Md_2}$ até $\mathbf{Md_n}$ a partir do primeiro período
- ⇨ a taxa de juros de **i% a.p.**
- ⇨ qual o valor equivalente no instante final **(F)**?

Calculando-se o valor no instante futuro, temos:

$$F = Md_0 (1+i)^n + Md_1 (1+i)^{n-1} + Md_2 (1+i)^{n-2} + \cdots + Mdn$$

1.63 Cálculo de um valor no futuro, conhecido um montante desigual (F/Md), realizado por meio da calculadora financeira HP 12C

A calculadora HP 12C não dispõe de uma função específica de cálculo de um valor em um instante futuro em função de um investimento efetuado em montantes desiguais. Então, para efetuar esse cálculo, utilizam-se os mesmos procedimentos quando calculado o VPL (1.58 (P/Md)), por meio das teclas "g", "CFo" e "CFj" para as informações dos dados a serem processados, e das "f" e "NPV" para se obter o resultado, além de outras auxiliares.

Conhecido o VPL, aplica-se o cálculo desenvolvido para F/P (item **1.3**), para se obter o valor no futuro.

Assim temos:

Primeiro limpam-se as memórias da calculadora:

f CLX

Informemos a taxa de juros:

i
↑
1,5

Em seguida, informam-se os dados, utilizando-se o "CFo" para a informação do valor no instante inicial e "CFj" para os demais períodos, obedecendo-se à sequência dos valores:

1500 g CFo

1000 g CFj

1200 g CFj

1100 g CFj

1300 g CFj

Para se obter o valor de P:

f NPV

Como resultado da operação, obteve-se: 5.926,80

n	i	PV	PMT	FV
↑	↑	↑		↑
4	1,5	5926,80		Pressionar

Portanto: **F = R$ 6.290,49**

1.64 Cálculo de um valor no futuro, conhecido um montante desigual (F/Md), realizado por meio da planilha eletrônica Excel

Não há uma função específica de cálculo de um valor em um instante futuro em função de um investimento efetuado em montantes desiguais, em nossa planilha eletrônica de trabalho.

Então, para efetuarmos esse cálculo, utilizaremos a função **VPL** estudada no **1.59 (P/Md)**, pelo qual teremos o valor levado ao instante presente e, através da função utilizada no **1.4 (F/P)**, a um instante futuro **(F)**.

Portanto, para informatizarmos o **1.62** faremos uma combinação entre as funções **VPL** e **F**, adotando os mesmos procedimentos considerados para a informatização dos seus respectivos cálculos.

No programa anexo (no site da editora Blucher: <www.blucher.com.br>), apresentamos esse cálculo com a denominação **F/Md**, e formatação de tela semelhante à do cálculo anterior, quando utilizamos as células:

D6 para o valor de **i** — **D8** para o valor de **P**

B6 para o valor do **n** — **D10** para o valor de **F**

B11 a **B39** para os valores de **Md** — **B10** para o valor de **Md0**

Assim, para efetuarmos o cálculo pretendido, basta utilizar a função **VPL** na célula **D8**, assim:

= VPL ($D$6/100 ; $B$13: $B$41) + B12

e a função **VF** na célula **D10**, da seguinte forma:

= VF (C6/100 ; B6 ; ; –D8)

Para os dados constantes no **1.62**, utilizando-se a planilha F/Md do programa anexo, temos:

CÁLCULO DE UM VALOR NO FUTURO – F = ?
em função de Md, i, n

n:	4	i =	1,50 %
n	Valores	F =	R$ 6.290,49
0	1.500,00	←	Md0
1	1.000,00	←	Md
2	1.200,00	←	Md
3	1.100,00		.
4	1.300,00		.
5			.

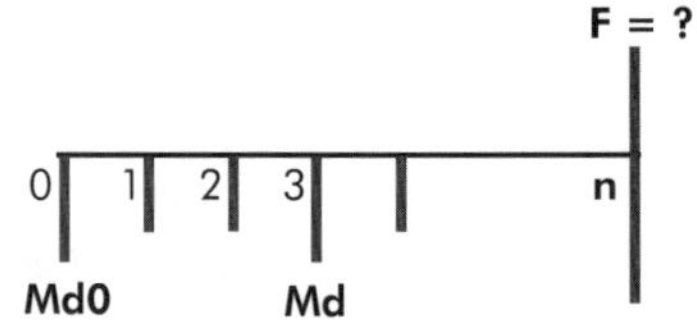

Representação do fluxo de caixa

1.65 Cálculo de um valor no futuro, conhecido um montante desigual (F/Md), realizado por meio de fatores

Para o cálculo de um valor no futuro conhecidos os montantes desiguais e a taxa de juros (F/Md), transformaremos a equação

$$F = 1.500\,(1 + 0{,}015)^4 + 1.000\,(1 + 0{,}015)^3 + 1.200\,(1 + 0{,}015)^2 + 1.100\,(1 + 0{,}015) + 1.300$$

em uma equação equivalente, aplicando-se os fatores como estudado nos itens anteriores:

$$F = 1.500\,(F/P,\ 1{,}5\%,\ 4) + 1.000\,(F/P,\ 1{,}5\%,\ 3) + 1.200\,(F/P,\ 1{,}5\%,\ 2) + 1.100\,(F/P,\ 1{,}5\%,\ 1) + 1.300$$

Consultando a tabela de fatores no site da editora Blucher: <www.blucher.com.br>:

$$F = 1.500 \times 1{,}061364 + 1.000 \times 1{,}045678 + 1.200 \times 1{,}030225 + 1.100 \times 1{,}015000 + 1.300$$

Portanto: **F = R$ 6.290,49**

1.66 Exemplo de aplicação do cálculo de F em função de Md (F/Md)

Vejamos um plano de investimento para 10 meses, com os valores investidos no final de cada mês, da seguinte forma:

- ⇨ um primeiro valor de R$ 1.500,00 no instante inicial;
- ⇨ mais uma parcela de R$ 1.000,00 no final do primeiro mês;
- ⇨ mais 4 parcelas de R$ 1.200,00 mensais e consecutivas, subsequentes à segunda;
- ⇨ e mais 4 parcelas mensais e consecutivas de R$ 1.400,00, ocorrendo a primeira em sequência às anteriores.

Sendo o plano realizado à taxa percentual de juros de 2,75% a.m., qual seria o valor de resgate no final do 10º mês?

1.66.1 Fluxo de caixa gráfico

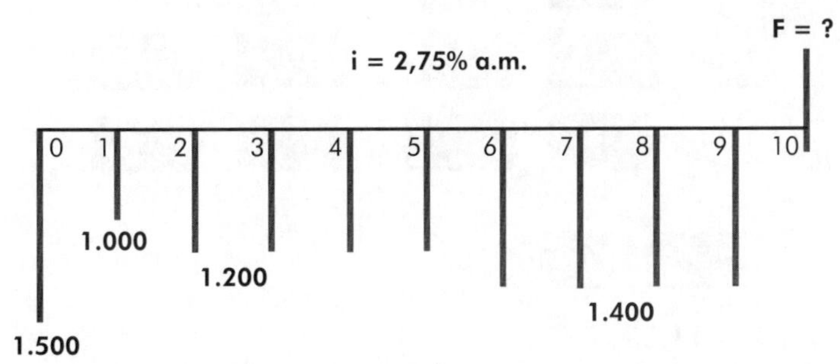

1.66.2 O cálculo por fórmulas

Para facilitar os cálculos, além do recurso de acumular valor a valor em um instante futuro, podemos também utilizar alguns cálculos desenvolvidos para montantes periódicos, trabalhando com grupo de valores e obedecendo, evidentemente, aos conceitos estabelecidos para o cálculo.

Assim, temos:

F = F0 + F1 + F2 + F3, onde:

$$F0 = 1.500(1+0,0275)^{10} \Rightarrow F0 = 1.967,48$$

$$F1 = 1.000(1+0,0275)^{9} \Rightarrow F1 = 1.276,55$$

$$F2 = 1.200\,\frac{(1+0,0275)^4-1}{0,0275} \times (1+0,0275)^5 \Rightarrow F2 = 5.728,26$$

$$\Uparrow \qquad\qquad \Uparrow$$

$$(\mathbf{F-M}) \qquad (\mathbf{F-P})$$

$$F3 = 1.400\,\frac{(1+0,0275)^4-1}{0,0275} \times (1+0,0275) \Rightarrow F3 = 5.995,73$$

Portanto: F = 1967,48 + 1276,55 + 5728,26 + 5995,73 **F = 14.968,02**

1.66.3 O cálculo por meio da calculadora financeira HP 12C

[f] [CLX]

2,75 [i]

1500 [g] [CFo]

1000 [g] [CFj]

1200 [g] [CFj] 4 [g] [Nj]

1400 [g] [CFj] 4 [g] [Nj]

[f] [NPV]

NPV = R$ 11.411,59

Para se obter o valor de F:

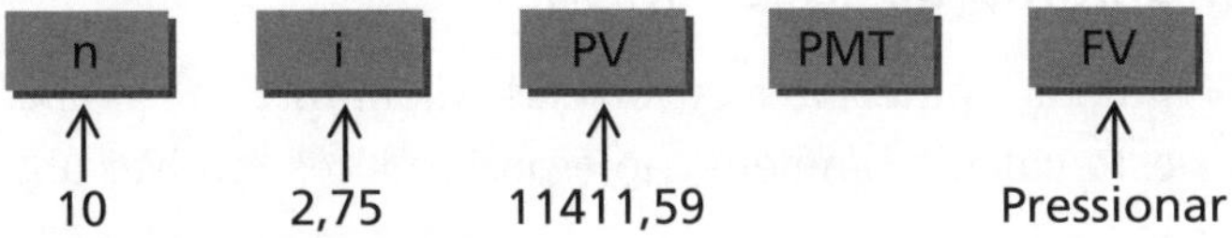

Portanto: **F = R$ 14.968,02**

1.66.4 O cálculo informatizado

Da planilha financeira do programa anexo (site da editora Blucher: <www.blucher.com.br>), utilizamos o cálculo i-F/Md:

CÁLCULO DE UM VALOR NO FUTURO – F = ?
em função de Md, i, n

n:	10	i =	2,75 %
		P =	R$ 11.411,59
n	Valores	F =	R$ 14.968,02
0	1.500,00	←	Md0
1	1.000,00	←	Md
2	1.200,00	←	Md
3	1.200,00		.
4	1.200,00		.
5	1.200,00		.
6	1.400,00		
7	1.400,00		
8	1.400,00		
9	1.400,00		

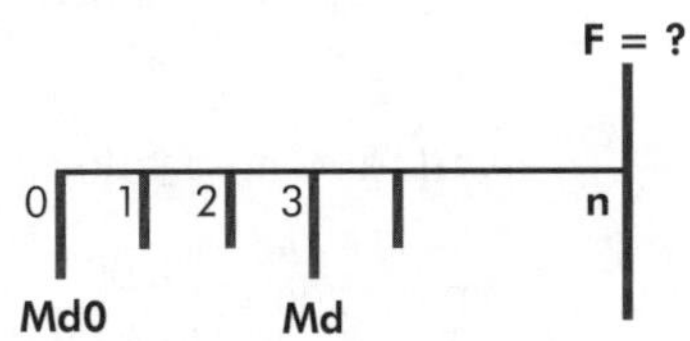

Representação do fluxo de caixa

1.66.5 O cálculo por meio de fatores

Com o auxílio da tabela de fatores no site da editora Blucher: <www.blucher.com.br> (taxa de 2,75%), temos:

$$F = 1.500\ (F/P, 2{,}75\%, 10) + 1.000\ (F/P, 2{,}75\%, 9) + 1.200\ (F/M, 2{,}75\%, 4) \times (F/P, 2{,}75\%, 5)$$
$$+\ 1.400\ (F/M, 2{,}75\%, 4) \times (F/P, 2{,}75\%, 1)$$

$$F = 1.500 \times 1{,}311651 + 1.000 \times 1{,}276546 + 1.200 \times 4{,}168046 \times 1{,}145273$$
$$+\ 1.400 \times 4{,}168046 \times 1{,}0275$$

Portanto: **P = R$ 14.968,02**

1.67 Cálculo de um montante periódico, conhecido um montante desigual (M/Md)

A exemplo dos cálculos anteriores envolvendo montantes desiguais e sem periodicidade, para este cálculo também não é possível desenvolver alguma formulação matemática.

Seguindo os mesmos conceitos estabelecidos naqueles cálculos, agora para calcularmos um valor equivalente de um montante periódico com valores incidentes no final de cada período de capitalização (M) em função de montantes desiguais (Md), faremos o cálculo acumulando os montantes desiguais no instante presente do fluxo de caixa e, com a aplicação do 1.14 (M/P), calcularemos o montante periódico procurado M.

Vejamos a seguinte simulação:

⇨ investimentos efetuados em **5 parcelas**, sendo R$2.500,00 no instante inicial e mais R$ 2.000,00, R$ 3.000,00, R$ 2.000,00 e R$ 3.000,00, a partir do primeiro período

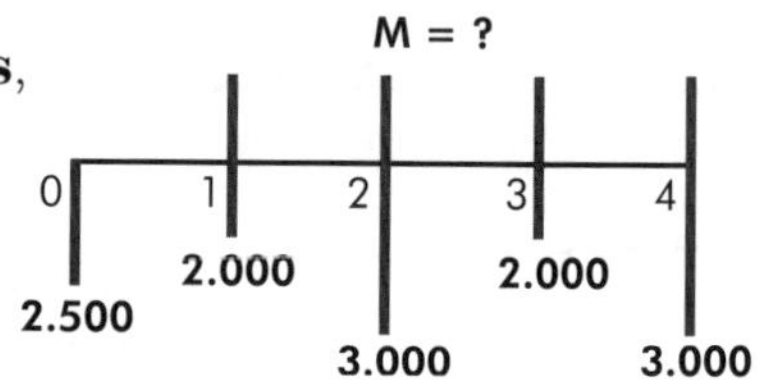

⇨ à taxa de juros de **2,5% a.p.**

⇨ qual o valor equivalente de um montante periódico **(M)**?

Calculando-se o valor equivalente no presente, temos:

$$P = 2.500 + \frac{2.000}{(1+0,025)} + \frac{3.000}{(1+0,025)^2} + \frac{2.000}{(1+0,025)^3} + \frac{3.000}{(1+0,025)^4}$$

Resolvendo a equação, temos: **P = R$ 11.881,71**

Do 1.14 (M / P), temos:

$$M = P\,\frac{(1+i)^n \times i}{(1+i)^n - i} \Rightarrow M = 11.881,71\,\frac{(1+0,025)^4 \times 0,025}{(1+0,025)^4 - 1} \Rightarrow \mathbf{M = R\$\ 3.158,37}$$

De forma genérica, temos:

⇨ investimentos efetuados em **n + 1 parcelas**, sendo Md0 no instante inicial e Md_1 Md_2, Md_3. . . nos períodos subsequentes

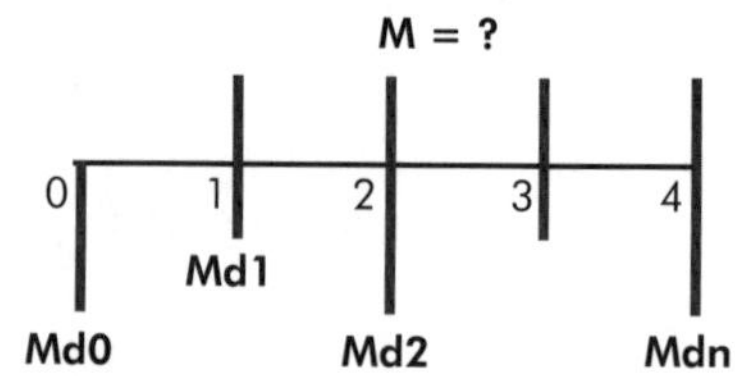

⇨ à taxa de juros de **i% a.p.**

⇨ qual o valor equivalente de um montante periódico **(M)**?

Calculando-se o valor equivalente no presente, temos:

$$P = Md0 + \frac{Md_1}{(1+i)} + \frac{Md_2}{(1+i)^2} + \ldots + \frac{Md_n}{(1+i)^n}$$

Do 1.14, temos: $M = P\,\dfrac{(1+i)^n \times i}{(1+i)^n - i}$

1.68 Cálculo de um montante periódico, conhecido um montante desigual (M/Md), realizado por meio da calculadora financeira HP 12C

A calculadora HP 12C não dispõe de uma função específica de cálculo de um montante periódico em função de um investimento efetuado em montantes desiguais.

Então, para efetuar este cálculo, utilizam-se os mesmos procedimentos quando calculado o VPL (**1.58 (P/Md)**), ou seja, por meio das teclas "g", "CFo" e "CFj" para as informações dos dados a serem processados, e das "f" e "NPV" para se obter o resultado, além de outras auxiliares.

Conhecido o VPL, aplica-se o cálculo desenvolvido para M/P (item **1.15**), para se obter o valor no futuro.

Assim, tem-se:

Primeiro limpam-se as memórias da calculadora:

[f] [CLX]

Informemos a taxa de juros:

[i]
↑
2,5

Em seguida, informam-se os dados, utilizando-se o "CFo" para a informação do valor no instante inicial e CFj para os demais períodos, obedecendo-se à sequência dos valores:

2500 [g] [CFo]

2000 [g] [CFj]

3000 [g] [CFj]

2000 [g] [CFj]

3000 [g] [CFj]

Para se obter o valor de P:

[f] [NPV]

Como resultado da operação, obteve-se: 11.881,71.

n	i	PV	PMT	FV
↑	↑	↑	↑	
4	2,5	11881,71	Pressionar	

Portanto: **M = R$ 3.158,37**

1.69 Cálculo de um montante periódico, conhecido um montante desigual (M/Md), realizado por meio da planilha eletrônica Excel

Como foi visto anteriormente, não há uma função específica de cálculo de um montante periódico (M), para um investimento efetuado em montantes desiguais, em nossa planilha eletrônica de trabalho.

Então, para efetuarmos esse cálculo, utilizaremos o mesmo caminho traçado no **1.64 (F – Md)**, com a diferença de que agora vamos efetuar o cálculo de M em função de Md. Uma vez conhecido o valor dos Mds no instante inicial, calculamos o montante periódico (M) através da função utilizada no **1.16 (M/P)**.

Assim, para informatizarmos o 1.67, faremos uma combinação entre as funções VPL e PGTO, adotando-se os mesmos procedimentos considerados para a informatização dos seus respectivos cálculos.

No programa anexo, apresentamos esse cálculo com a denominação M/Md, e uma formatação de tela semelhante à do cálculo anterior, quando utilizamos as células:

D6 para o valor de **i**

B6 para o valor de **n**

B11 a **B39** para os valores de **Md**

D8 para o valor de **P**

D10 para o valor de **Mc**

B10 para o valor de **Md0**

Assim, para efetuarmos o cálculo pretendido, basta utilizar a função **VPL** na célula **D8**, da seguinte forma:

= VPL ($D$6/100; $B$11: $B$39) + B10

e a função **PGTO** na célula **D10**, da seguinte forma:

= PGTO (C6/100; B6; –D8)

Para os dados constantes no **1.66**, utilizando-se a planilha **M/Md** do programa anexo (site da editora Blucher: <www.blucher.com.br>, temos:

CÁLCULO DE UM MONTANTE PERIÓDICO – M = ?
em função de Md, i, n

n:	4	i =	2,50 %
		P =	R$ 11.881,71
n	Valores	Mc =	R$ 3.158,37
0	2.500,00	←	Md0
1	2.000,00	←	Md
2	3.000,00	←	Md
3	2.000,00		.
4	3.000,00		.
5			.

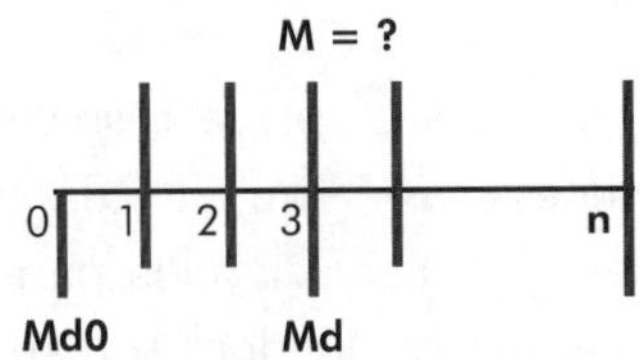

Representação do fluxo de caixa

1.70 Cálculo de um montante periódico, conhecido um montante desigual (M/Md), realizado por meio de fatores

Para o cálculo de um montante periódico, conhecidos os montantes desiguais e a taxa de juros (M/Md), transformaremos a equação

$$P = 2.500 + \frac{2.000}{(1+0,025)} + \frac{3.000}{(1+0,025)^2} + \frac{2.000}{(1+0,025)^3} + \frac{3.000}{(1+0,025)^4}$$

em equação equivalente, aplicando-se os fatores como estudado nos itens anteriores:

$$P = 2.500 + 2.000\ (P/F,\ 2,5\%,\ 1) + 3.000\ (P/F,\ 2,5\%,\ 2) + 2.000\ (P/F,\ 2,5\%,\ 3) + 3.000\ (P/F, 2,5\%, 4)$$

Consultando a tabela de fatores no site da editora Blucher: <www.blucher.com.br>, temos:

$$P = 2.500 + 2.000 \times 0,975610 + 3.000 \times 0,951814 + 2.000 \times 0,928599 + 3.000 \times 0,905951$$

Resolvendo a equação, tem-se: **P = R$ 11.881,71**

Do **1.17 (M/P)**, por meio da tabela, temos:

$$M = P\ (M/P,\ i,\ n) \Rightarrow M = 11.881,71\ (M/P,\ 2,5\%,\ 4) \Rightarrow M = 10.952,83 \times 0,265818$$

Portanto: **M = R$ 3.158,37**

1.71 Exemplo de aplicação do cálculo de M em função de Md (M/Md)

Uma empresa, ao adquirir um equipamento para pagamento em 8 meses, acertou o pagamento com o vendedor da seguinte forma:

- ⇨ primeira parcela de R$ 2.000,00 no instante presente;
- ⇨ mais duas parcelas de R$ 1.500,00 cada, no final dos dois primeiros meses;
- ⇨ mais R$ 3.000,00 no final do quarto mês;
- ⇨ e mais 4 parcelas mensais e consecutivas de R$ 2.500,00 no final dos últimos quatro meses.

Se a empresa resolver realizar o pagamento em parcelas iguais, mensais, sucessivas e sem entrada, mantendo-se o mesmo prazo, qual seria o valor equivalente de cada parcela para se ter o mesmo ganho financeiro, sabendo-se que a empresa vendedora trabalha com uma taxa de juros de 2% a.m. em seus recebimentos parcelados?

1.71.1 Fluxo de caixa

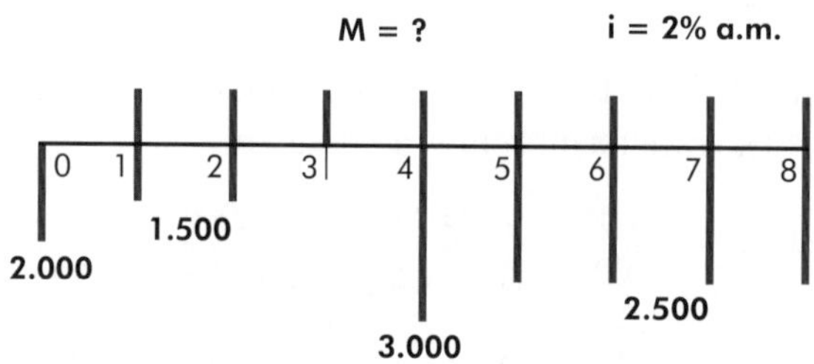

1.71.2 O cálculo por fórmulas

Para facilitar os cálculos, utilizaremos alguns cálculos desenvolvidos para montantes periódicos, trabalhando com grupo de valores e obedecendo, evidentemente, aos conceitos estabelecidos para o cálculo. Assim, temos:

P = P0 + P1 + P2 + P3, onde:

$$P1 = 1.500\frac{(1+0{,}02)^2 - 1}{(1+0{,}02)^2 \times 0{,}02} \Rightarrow P1 = 2.912{,}34$$

$$P2 = \frac{3.000}{(1+0{,}02)^4} \Rightarrow P2 = 2.771{,}54$$

$$P3 = 2.500 \underbrace{\frac{(1+0,02)^4 - 1}{(1+0,02)^4 \times 0,02}}_{\Uparrow \ (P-M)} \times \underbrace{\frac{1}{(1+0,02)^4}}_{\Uparrow \ (P-M)} \Rightarrow P3 = 8.794,38$$

Portanto:

$$P = 2.000,00 + 2.912,34 + 2.771,54 + 8.794,38 \Rightarrow P = R\$\ 16.478,26$$

$$M = P \frac{(1+i)^n \times i}{(1+i)^n - 1} \Rightarrow M = 16.478,26 \frac{(1+0,02)^8 \times 0,02}{(1+0,02)^8 - 1} \Rightarrow \mathbf{M = R\$\ 2.249,44}$$

1.71.3 O cálculo por meio da calculadora financeira HP 12C

[f] [CLX]

[i] ← 2

2000 [g] [CFo]

1500 [g] [CFj] 2 [g] [Nj]

0 [g] [CFj]

3000 [g] [CFj]

2500 [g] [CFj] 4 [g] [Nj]

[f] [NPV]

NPV = R$ 16.478,26

Para se obter o valor de M:

n	i	PV	PMT	FV
↑	↑	↑	↑	
8	2	16478,26	Pressionar	

Portanto: **M = R$ 2.249,44**

1.71.4 O cálculo informatizado

Da planilha financeira do programa anexo, utilizamos o cálculo **M/Md**:

CÁLCULO DE UM MONTANTE PERIÓDICO – M = ?
em função de Md, i, n

n:	8	i =	2,00 %
		P =	R$ 16.478,26
n	Valores	Mc =	R$ 2.249,44
0	2.000,00	←	Md0
1	1.500,00	←	Md
2	1.500,00	←	Md
3	0,00		.
4	3.000,00		.
5	2.500,00		.
6	2.500,00		
7	2.500,00		
8	2.500,00		

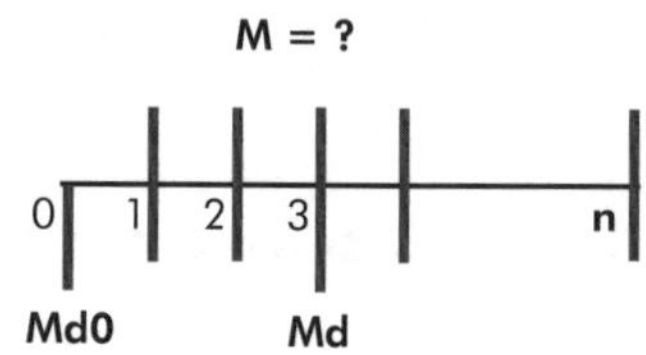

Representação do fluxo de caixa

1.71.5 O cálculo por meio de fatores

Com o auxílio da tabela de fatores no site da editora Blucher: <www.blucher.com.br>, (taxa de 2,%), temos:

$$P = 2.000 + 1.500\ (P/M, 2,\%, 2) + 3.000\ (P/F, 2\%, 4) + 2.500\ (P/M, 2,\%, 4) \times (P/F, 2\%, 4)$$

$$P = 2.000 + 1.500 \times 1,941561 + 3.000 \times 0,923845 + 2.500 \times 3,807729 \times 0,923845$$

$$P = 16.478,26$$

$$M = 16.478,26\ (M/P, 2\%, 8) \quad \Rightarrow \quad M = 16.478,26 \times 0,136510 \quad \Rightarrow \quad \mathbf{M = R\$\ 2.249,44}$$

2

TAXAS PERCENTUAIS DE JUROS

Por ocasião de uma transação financeira, na qual temos bem definidos os valores investidos e recebidos, há sempre o interesse de conhecer a taxa percentual de juros corrente do negócio.

Dentro do que estudamos a respeito dos valores equivalentes calculados no sistema de capitalização composto, apresentaremos os cálculos distribuídos em três partes, em função dos critérios de pagamentos e investimentos normalmente utilizados.

Na primeira parte, veremos o cálculo da taxa percentual de juros utilizada para a definição dos valores envolvidos em um **pagamento único**, onde existem dois valores financeiros equivalentes em duas épocas bem definidas.

Na segunda parte, trataremos dos cálculos da taxa, onde temos pagamentos ou investimentos executados através de **parcelas iguais e periódicas**, equivalentes a um determinado valor no instante presente ou futuro às parcelas.

Na terceira parte, veremos os cálculos da taxa percentual, conhecido um valor equivalente no presente ou no futuro com relação a pagamentos ou investimentos executados através de **parcelas desiguais**, **periódicas ou não**.

Vale salientar que o valor da taxa encontrada se refere ao período de capitalização envolvido no negócio. Assim, se o negócio foi realizado em períodos mensais, a taxa resultante do cálculo será mensal (a.m), aplicando-se o mesmo raciocínio para os demais períodos.

2.1 Taxa percentual com parcela única

Imaginemos um investimento com um único valor e um retorno também com um único valor:

- ⇨ investimos **R$ 1.000,00**
- ⇨ por **um** período
- ⇨ recebendo **R$ 1.100,00**
- ⇨ qual a taxa percentual de juros do período?

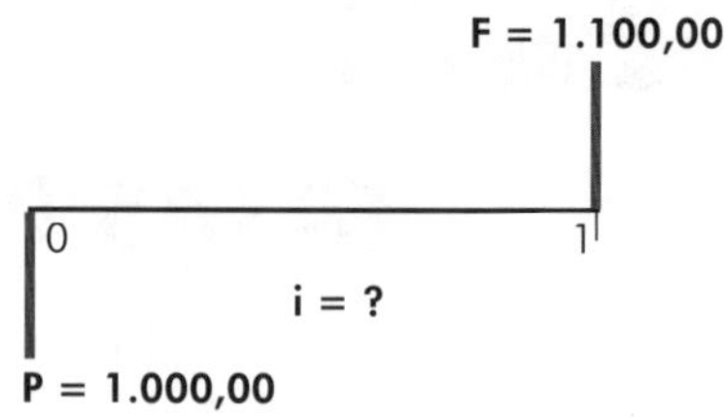

Revendo os conceitos já estabelecidos, temos:

$$F = P + J \text{ e } J = P \times i$$

Portanto:

$$J = 1.100 - 1000 = 100 \Rightarrow i = \frac{100}{1.000} = 0,10 \Rightarrow \mathbf{i = 10\% \text{ a.p.}}$$

2.2 Cálculo da taxa percentual, conhecidos um presente e um futuro (i – P/F)

Para o cálculo da taxa percentual de juros referente a um pagamento único, envolvendo mais de um período de capitalização, utilizaremos os conceitos desenvolvidos no **1.2 (F/P)**, no qual temos:

- ⇨ investimos um valor **P**
- ⇨ por **n** períodos de capitalização
- ⇨ recebendo **F** no final dos períodos
- ⇨ qual a taxa percentual de juros ao período?

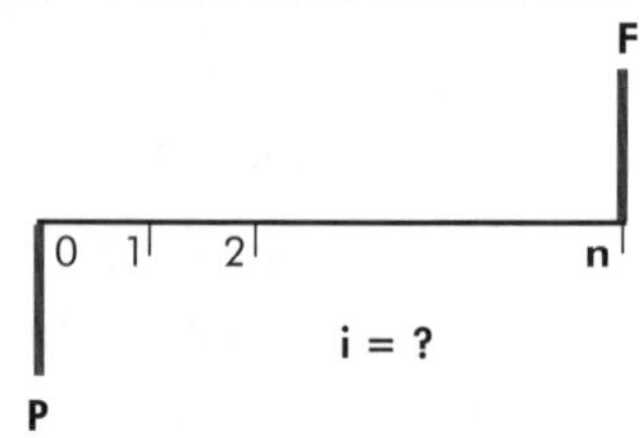

Assim:

$$F = P(1+i)^n \Rightarrow (1+i)^n = F/P \Rightarrow \quad \mathbf{i = [F/P]^{1/n} - 1}$$

Supomos os seguintes valores envolvidos em um investimento:

- ⇨ investimos **R$ 10.000,00**
- ⇨ por **6** meses
- ⇨ para recebemos **R$ 10.900,00**
- ⇨ qual a taxa percentual de juros ao mês?

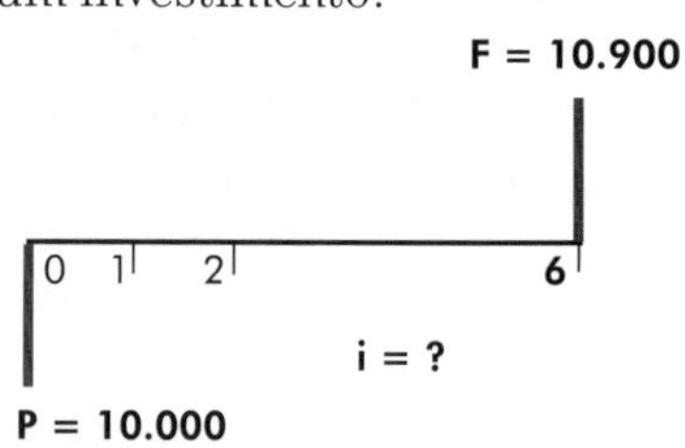

$$i = [F/P]^{1/n} - 1 \Rightarrow i = (10.900/10.000)^{1/6} - 1$$

$$i = 0,014467 \Rightarrow \mathbf{i = 1,4467\% \text{ a.m.}}$$

2.3 Cálculo da taxa percentual de juros, conhecidos um presente, um futuro e o número de períodos de capitalização (i – P/F), realizado por meio da calculadora financeira HP 12C

Para o cálculo da taxa percentual de juros conhecidos um presente, um futuro e o número de períodos, utilizam-se os mesmos procedimentos aplicados nos itens anteriores para cálculos por meio da calculadora financeira HP 12C.

Primeiro limpam-se as memórias da calculadora:

f CLX

Em seguida, informam-se os dados (PV, FV e n) em qualquer ordem.

Porém, por uma questão de "convenção" da calculadora, na qual se trabalha com sinais positivos e negativos para representar as entradas e saídas monetárias do fluxo de caixa, os valores referentes ao PV e ao FV terão sinais contrários. Esse procedimento será utilizado nos demais cálculos em que se procura a taxa i.

Após as informações, pressiona-se a tecla i, que é a tecla utilizada para a função da taxa:

n	i	PV	PMT	FV
↑	↑	↑		↑
6	Pressionar	10000 CHS		10900

Como resultado da operação, obteve-se: 1,4467.

Portanto: **i = 1,4467% a.m.**

2.4 Cálculo da taxa percentual de juros, conhecidos um presente, um futuro e o número de períodos de capitalização (i – P/F), realizado por meio da planilha eletrônica Excel

Para informatizarmos o **2.2 (i – P/F)**, adotaremos os mesmos procedimentos considerados para a informatização dos cálculos anteriores.

No programa anexo (site da editora Blucher: <www.blucher.com.br>), apresentamos esse cálculo com a denominação **i – P/F**, e uma formatação de tela semelhante à dos primeiros cálculos, quando utilizamos as células:

C8 para o valor de **P** — **C10** para o valor de **n**

C9 para o valor de **F** — **C13** para o valor de **i**

A função que calcula o valor da taxa de juros, conhecendo-se, evidentemente, os demais valores envolvidos, é denominada **TAXA** no Excel, e acessada pelo assistente de função **fx**, na categoria **financeira**.

A função TAXA é transcrita da seguinte forma:

TAXA (nper ; pgto ; vp ; vf ; tipo)

Onde:

TAXA: taxa percentual de juros por período de capitalização;

vp: valor investido no instante inicial (presente);

vf: valor no futuro de um investimento;

nper: número de períodos de capitalização;

pgto e tipo: estas funções não se aplicam a esse cálculo.

Assim, para efetuarmos o cálculo pretendido basta utilizar a função **TAXA** na célula **C13**, da seguinte forma:

= TAXA (C10 ; ; –C8 ; C9) * 100

Para os dados constantes no **2.2** utilizando-se a planilha **i – P/F** do programa anexo (site da editora Blucher: <www.blucher.com.br>), temos:

CÁLCULO DA TAXA PERCENTUAL – i = ?
em função de P, F, n

Presente:	**P**	=	**R$ 10.000,00**	
Futuro:	**F**	=	**R$ 10.900,00**	
Número de períodos:	**n**	=	**6**	períodos
Taxa percentual:	**i**	=	**1,4467**	% a.p.

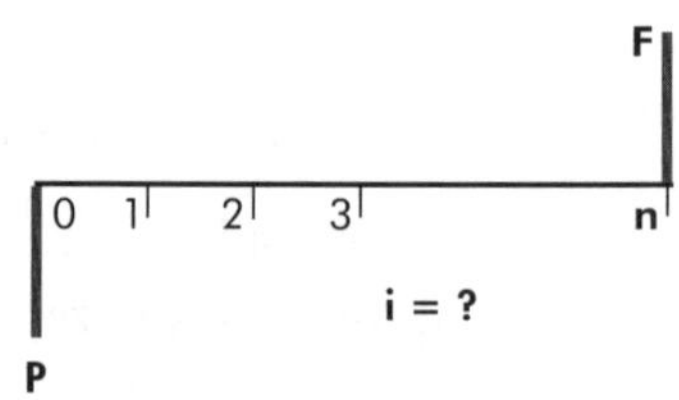

Representação do fluxo de caixa

2.5 Cálculo da taxa percentual de juros, conhecidos um presente, um futuro e o número de períodos de capitalização (i – P/F), realizado por meio de fatores

Com base nos procedimentos utilizados nos itens anteriores para cálculos por meio de fatores, calculemos a taxa percentual de juros conhecidos um presente, um futuro e o número de períodos de capitalização.

Do cálculo aplicado ao item **2.2**, tem-se:

$$F = P\ (F/P, i, n) \quad \Rightarrow \quad 10.900 = 10.000\ (F/P, i, 6) \quad \Rightarrow \quad (F/P, i, 6) = 1{,}09$$

O cálculo da taxa i é realizado com base em procura nas tabelas financeiras por um fator de valor 1,09 combinado com a coluna F/P e n = 6.

Quando não encontrada uma tabela específica que atenda a essa combinação, o cálculo deverá ser realizado utilizando-se tabelas que ofereçam os valores mais próximos ao procurado.

Assim, consultando as tabelas anexas encontradas no site da editora Blucher: <www.blucher.com.br>, tem-se:

$$(F/P, 1{,}25\%, 6) = 1{,}077383$$

$$(F/P, 1{,}50\%, 6) = 1{,}093443$$

Por estes valores, vê-se que a taxa procurada encontra-se no intervalo compreendido entre 1,25% e 1,5%.

Interpolando linearmente os valores encontrados, tem-se:

1,25%	$\Rightarrow$	1,077383		
i%	$\Leftarrow$	**1,09**	$\Rightarrow$	**i = 1,45% a.m.**
1,50%	$\Rightarrow$	1,093443		

Recomenda-se que no resultado encontrado através da interpolação linear com intervalo de 0,25%, executada dentro de uma equação exponencial, sejam considerados no máximo duas casas decimais, pelo fato de o resultado se aproximar satisfatoriamente do valor calculado pelo procedimento informatizado.

2.6 Exemplo de aplicação do cálculo de i em função de P, F (i – P/F)

Para um investimento de R$ 25.000,00 realizado com a condição de se resgatar R$ 31.335,04 de uma só vez, no prazo de um ano, qual seria a taxa percentual mensal de juros considerada?

2.6.1 Fluxo de caixa gráfico

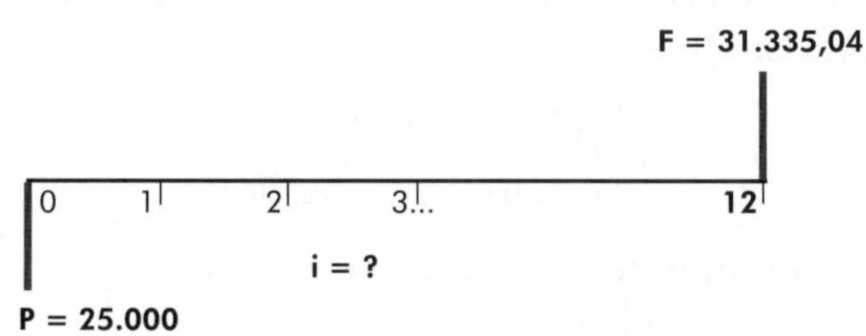

2.6.2 O cálculo pela fórmula

$i = [F/P]^{1/n} - 1 \quad \Rightarrow \quad i = [31.335{,}04 / 25.000{,}00]^{1/12} - 1$

$i = 0{,}01900 \quad \Rightarrow \quad$ **i = 1,900% a m.**

2.6.3 O cálculo por meio da calculadora financeira HP 12C

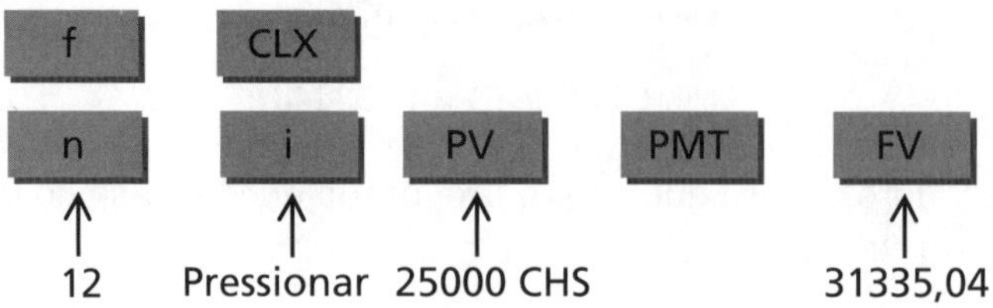

Como resultado da operação, obteve-se: 1,9000.

Portanto: **i = 1,90% a.m.**

2.6.4 O cálculo informatizado

Da planilha financeira do programa anexo (site da editora Blucher: <www.blucher.com.br>), utilizamos o cálculo **i – P/F**:

CÁLCULO DA TAXA PERCENTUAL – i = ?
em função de P, F, n

Presente:	**P**	=	**R$ 25.000,00**	
Futuro:	**F**	=	**R$ 31.335,04**	
Número de períodos:	**n**	=	**12**	períodos
Taxa percentual:	**i**	=	**1,9000**	% a.p.

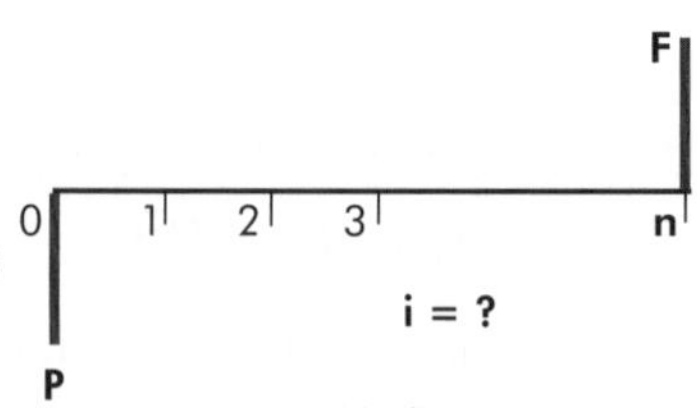

Representação do fluxo de caixa

2.6.5 O cálculo por meio de fatores

$F = P\,(F/P, i, n) \;\Rightarrow\; 31.335{,}04 = 25.000\,(F/P, i, 12) \;\Rightarrow\; (F/P, i, 12) = 1{,}253402$

Consultando as tabelas anexas encontradas no site da editora Blucher: <www.blucher.com.br>, tem-se:

$$(F/P,\ 1{,}75\%,\ 12) = 1{,}109702$$

$$(F/P,\ 2{,}00\%,\ 12) = 1{,}126162$$

Interpolando linearmente os valores encontrados, tem-se:

1,75%	$\Rightarrow$	1,231439		
i%	$\Leftarrow$	**1,253402**	$\Rightarrow$	**i = 1,90% a.m.**
2,00%	$\Rightarrow$	1,268242		

2.7 Taxa com parcelas iguais e periódicas

Em uma transação financeira, quer um financiamento direto, um investimento, quer a aquisição de um bem ou mesmo de um material de consumo, é comum realizar-se pagamentos ou investimentos através de parcelas iguais e periódicas, que denominamos montante periódico.

Quando observamos, por exemplo, que a somatória das parcelas pagas é maior que o valor à vista de um bem adquirido, significa que foram computados juros na dívida contraída, e, obviamente, pretendemos conhecer o seu valor.

Para estudarmos esse assunto, levaremos em consideração as duas situações de incidência de valores nos períodos de capitalização: as parcelas que incidem no final de cada período e as que o fazem no início.

Começaremos pelo cálculo dos valores incidindo no final dos períodos, estudando mais adiante a outra situação.

2.8 Taxa com incidência das parcelas no final de cada período

Tomaremos como base os estudos desenvolvidos com relação às parcelas que incidem no instante final de cada período de capitalização, relacionando-os com os valores equivalentes nos instantes presente e futuro.

2.9 Cálculo da taxa percentual, conhecidos um presente e o montante periódico (i – P/M)

Façamos a simulação de um pagamento em parcelas iguais e sucessivas de um empréstimo realizado em dinheiro:

- ⇨ empréstimo de **R$ 1.000,00**
- ⇨ para pagamento em **4** parcelas iguais
- ⇨ no valor de **R$ 300,00** cada
- ⇨ qual a taxa de juros utilizada?

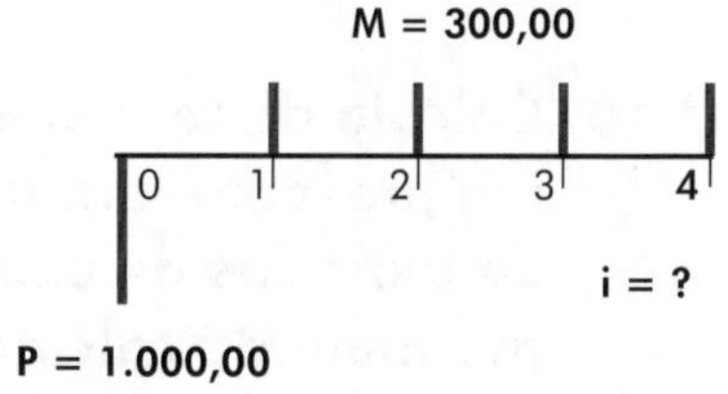

Para esse cálculo, utilizaremos o **1.19 (P/M)**, que trata da relação de um valor no instante inicial com o valor de um montante periódico incidindo no final de cada período.

Assim, de forma genérica, temos:

- ⇨ empréstimo de um valor **P**
- ⇨ para pagamento em **n** parcelas iguais
- ⇨ no valor de **M**
- ⇨ qual a taxa percentual de juros?

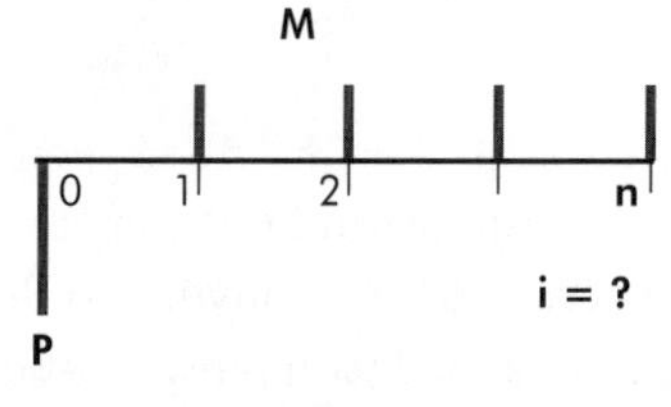

Onde:

$$P = M \frac{(1+i)^n - 1}{(1+i)^n \times i}$$

Para o cálculo da taxa, teríamos que colocar em evidência a incógnita **i**. No entanto, essa equação matemática não oferece essa solução. Assim, para o cálculo desejado usaremos o método de aproximações sucessivas, testando valores para a taxa **i,** até encontrarmos um valor que satisfaça à igualdade da equação, dentro da exatidão pretendida.

Aplicando-se esse procedimento à equação acima, temos:

$$1.000 = 300 \frac{(1+i)^4 - 1}{(1+i)^4 \times i}$$

- para **i** = 6% ⇒ 1.000,00 < 1.039,53
- para **i** = 7% ⇒ 1.000,00 < 1.016,16
- para **i** = 8% ⇒ 1.000,00 > 993,64

Analisando os valores obtidos, notamos que a taxa se situa entre 7% e 8%. Dependendo da exatidão desejada, daremos sequência às tentativas. Se o valor procurado puder se restringir a uma casa decimal após a vírgula, podemos utilizar a interpolação linear com a diferença de um ponto percentual, para simplificar o cálculo, ou seja:

7%	⇒	1.016,16		
i%	⇐	**1.000,00**	⇒	**i = 7,7% a.m.**
8%	⇒	993,64		

2.10 Cálculo da taxa percentual de juros, conhecidos um presente, um montante periódico e o número de períodos de capitalização (i – P/M), realizado por meio da calculadora financeira HP 12C

Para o cálculo da taxa percentual de juros conhecidos um presente, um montante periódico e o número de períodos, utiliza-se dos mesmos procedimentos aplicados nos itens anteriores para cálculos por meio da calculadora financeira HP 12C.

Primeiro limpam-se as memórias da calculadora:

[f] [CLX]

Em seguida, informam-se os dados (PV, PMT e n) em qualquer ordem, observando-se a convenção de sinais da calculadora, e pressiona-se a tecla i, que é a tecla utilizada para a função da taxa:

n	i	PV	PMT	FV
↑	↑	↑	↑	
4	Pressionar	1000 CHS	300	

Como resultado da operação, obteve-se: 7,7138.

Portanto: **i = 7,7138% a.m.**

2.11 Cálculo da taxa percentual de juros, conhecidos um presente, um montante periódico e o número de períodos de capitalização (i – P/M), realizado por meio da planilha eletrônica Excel

Para informatizarmos o **2.9 (i – P/M)**, adotaremos os mesmos procedimentos considerados para a informatização dos cálculos anteriores.

No programa anexo (site da editora Blucher: <www.blucher.com.br>), apresentamos esse cálculo com a denominação **i – P/M,** e uma formatação de tela semelhante à dos primeiros cálculos, quando utilizamos as células:

C8 para o valor de **P** — **C10** para o valor de **n**

C9 para o valor de **PGTO** — **C13** para o valor de **i**

A função que calcula o valor da taxa de juros, conhecendo-se, evidentemente, os demais valores envolvidos, é denominada **TAXA** no Excel, e também acessada pelo assistente de função **fx**, na categoria **financeira**.

A função TAXA, para esse cálculo, é transcrita da seguinte forma:

TAXA (nper ; pgto ; vp ; vf ; tipo)

Onde:

TAXA: taxa percentual de juros por período de capitalização;

vp: valor investido no instante inicial (presente);

pgto: montante periódico de um pagamento ou de um investimento;

nper: número de períodos de capitalização;

vf e tipo: estas funções não se aplicam a esse cálculo.

Assim, para efetuarmos o cálculo pretendido, basta utilizar a função **TAXA** na célula **C13**, da seguinte forma:

= TAXA (C10 ; –C9 ; C8) * 100

Para os dados constantes no **2.9,** utilizando-se a planilha **i – P/M** do programa anexo (site da editora Blucher: <www.blucher.com.br>), temos:

CÁLCULO DA TAXA PERCENTUAL – i = ?
em função de P, M, n

Presente:	**P**	=	**R$ 1.000,00**	
Montante periódico:	**M**	=	**R$ 300,00**	
Número de períodos:	**n**	=	**4**	períodos
Taxa percentual:	**i**	=	**7,7138**	% a.p.

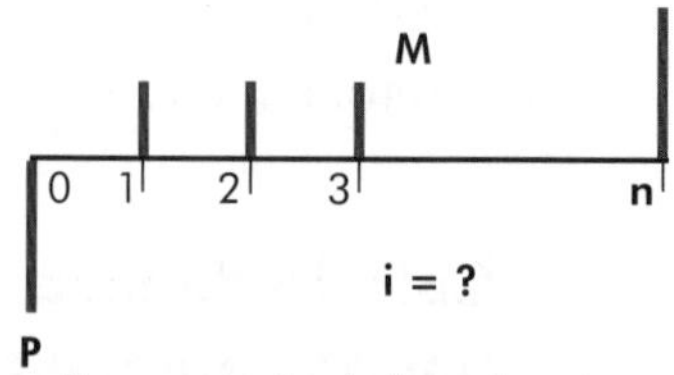

Representação do fluxo de caixa

2.12 Cálculo da taxa percentual de juros, conhecidos um presente, um montante periódico e o número de períodos de capitalização (i – P/M), realizado por meio de fatores

Com base nos procedimentos utilizados nos itens anteriores para cálculos por meio de fatores, calculemos a taxa percentual de juros conhecidos um presente, um montante periódico e o número de períodos de capitalização.

Do cálculo aplicado ao item **2.9**, tem-se

$$P = M\ (P/M, i, n) \quad \Rightarrow \quad 1.000 = 300\ (P/M, i, 4) \quad \Rightarrow \quad (P/M, i, 4) = 3{,}333333$$

O cálculo da taxa i é realizado com base em procura nas tabelas financeiras por um fator de valor 3,3333 combinado com a coluna P/M e n = 4.

Quando não encontrada uma tabela específica que atenda a essa combinação, o cálculo deverá ser realizado utilizando-se tabelas que ofereçam os valores mais próximos ao procurado.

Assim, consultando as tabelas encontradas no site da editora Blucher: <www.blucher.com.br>, tem-se:

$$(P/M, 7{,}50\%, 4) = 3{,}349326$$

$$(P/M, 7{,}75\%, 4) = 3{,}330642$$

Por esses valores, vê-se que a taxa procurada encontra-se no intervalo compreendido entre 7,5% e 7,75%.

Interpolando linearmente os valores encontrados, tem-se:

$$\begin{array}{lclcl} 7{,}50\% & \Rightarrow & 3{,}349326 & & \\ \mathbf{i\%} & \Leftarrow & \mathbf{3{,}333333} & \Rightarrow & \mathbf{i = 7{,}71\%\ a.m.} \\ 7{,}75\% & \Rightarrow & 3{,}330642 & & \end{array}$$

2.13 Exemplo de aplicação do cálculo de i em função de P, M (i – P/M)

Na venda de um microcomputador no valor de R$ 2.450,00 à vista, foi acertado o pagamento da seguinte forma:

- ⇨ entrada de R$ 500,00;
- ⇨ e mais 6 prestações iguais e sucessivas de R$ 357,58 mensais, sendo a primeira parcela um mês após a compra;
- ⇨ qual o valor da taxa percentual de juros embutida no financiamento da dívida?

2.13.1 Fluxo de caixa gráfico

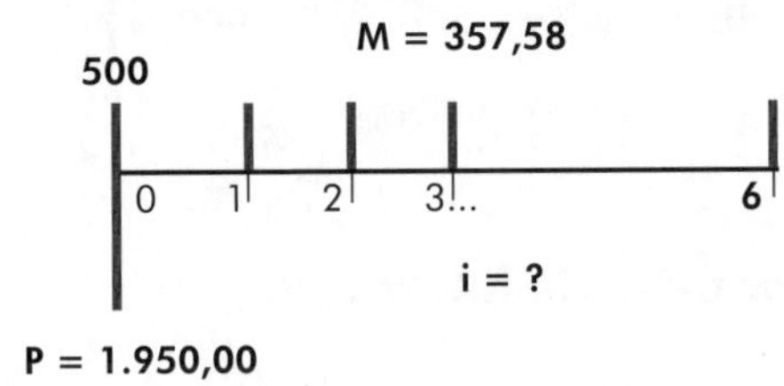

2.13.2 O cálculo pela fórmula

Sendo o valor financiado para a compra de 2.450,00 – 500,00 = 1.950,00, temos:

$$P = M\,\frac{(1+i)^n - 1}{(1+i)^n \times i} \quad \Rightarrow \quad 1.950,00 = 357,58\,\frac{(1+i)^6 - 1}{(1+i)^6 \times i}$$

- para **i** = 2% $\Rightarrow$ 1.950,00 < 2.002,96
- para **i** = 3% $\Rightarrow$ 1.950,00 > 1.937,08

Aplicando-se a interpolação linear para simplificação:

2%	$\Rightarrow$	2.002,96		
i%	$\Leftarrow$	**1.950,00**	$\Rightarrow$	**i = 2,8% a.m.**
3%	$\Rightarrow$	1.937,08		

2.13.3 O cálculo por meio da calculadora financeira HP 12C

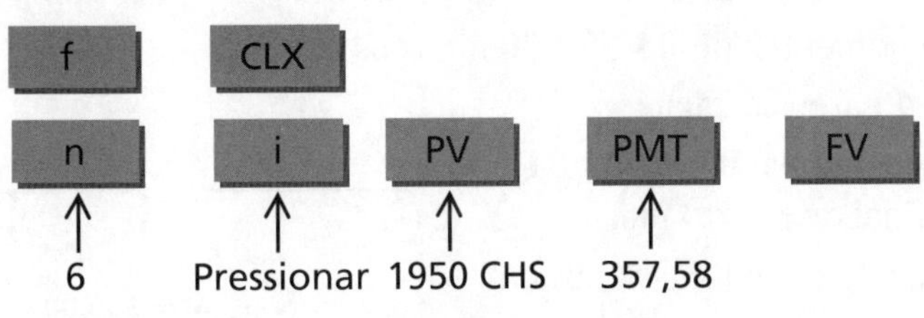

Como resultado da operação, obteve-se: 2,7998.

Portanto: **i = 2,7998% a.m.**

2.13.4 O cálculo informatizado

Da planilha financeira do programa anexo (site da editora Blucher: <www.blucher.com.br>), utilizamos o cálculo **i – P/M**:

CÁLCULO DA TAXA PERCENTUAL – i = ?
em função de P, M, n

Presente:	**P**	=	**R$ 1.950,00**	
Montante periódico:	**M**	=	**R$ 357,58**	
Número de períodos:	**n**	=	**6**	períodos
Taxa percentual:	**i**	=	**2,7998**	% a.p.

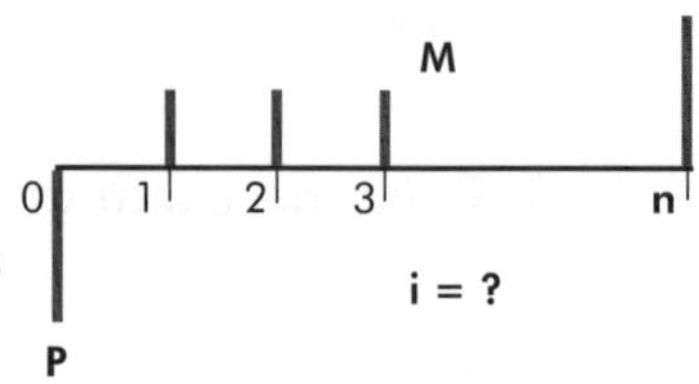

Representação do fluxo de caixa

2.13.5 O cálculo por meio de fatores

$$P = M\,(P/M, i, n) \Rightarrow 1.950 = 357{,}58\,(P/M, i, 6) \Rightarrow (P/M, i, 6) = 5{,}453325$$

Consultando as tabelas encontradas no site da editora Blucher: <www.blucher.com.br>, tem-se:

$$(P/M, 2{,}75\%, 6) = 5{,}432367$$

$$(P/M, 3{,}00\%, 6) = 5{,}417191$$

Interpolando linearmente os valores encontrados, tem-se:

2,75%	⇒	5,462367		
i%	⇐	**5,453325**	⇒	**i = 2,80% a.m.**
3,00%	⇒	5,417191		

2.14 Cálculo da taxa percentual, conhecidos um futuro e o montante periódico (i – F/M)

Iniciaremos este estudo com a simulação de um investimento em parcelas iguais e sucessivas, realizadas no final de cada período de capitalização:

- ⇨ investimentos de **R$ 500,00** mensais
- ⇨ em **4** parcelas iguais
- ⇨ recebendo-se **R$ 2.039,34** no final do quarto mês
- ⇨ qual a taxa de juros utilizada?

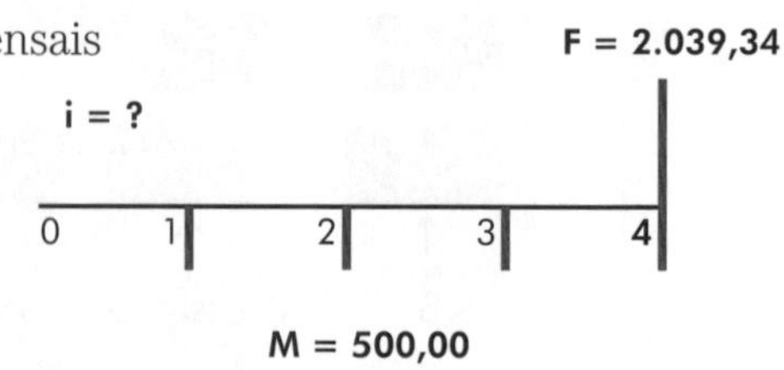

Para esse cálculo, utilizaremos o **1.24 (F/M)**, que trata da relação de um montante periódico incidindo no final de cada período e um determinado valor no final do último período.

Assim, de forma genérica, temos:

⇨ investimentos de **M**

⇨ em **n** parcelas iguais

⇨ recebendo-se um valor **F** no final do enésimo período

⇨ qual a taxa de juros utilizada?

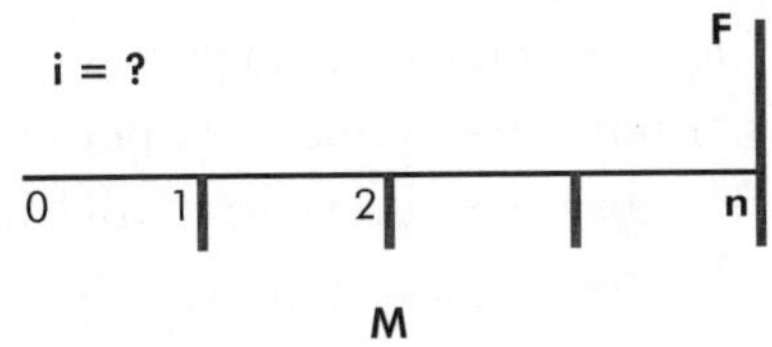

onde:

$$F = M\ \frac{(1+i)^{n}-1}{i}$$

Para o cálculo da taxa, teríamos que colocar em evidência a incógnita **i**. No entanto, essa equação matemática também não oferece solução. Assim, a exemplo do **2.9 (i – P/M)**, para o cálculo desejado usaremos também o método de aproximações sucessivas, testando valores para a taxa **i** até encontrarmos um valor que satisfaça à igualdade da equação, dentro da exatidão pretendida.

Aplicando-se esse procedimento ao cálculo acima, temos:

$$2.039{,}34 = 500{,}00\ \frac{(1+i)^{4}-1}{i}$$

- para **i** = 1% ⇒ 2.039,34 > 2.030,20
- para **i** = 2% ⇒ 2.039,34 < 2.060,80

Analisando os valores obtidos, notamos que a taxa se situa entre 1% e 2%. Dependendo da exatidão desejada, daremos sequência às tentativas. Se o valor procurado puder se restringir a uma casa decimal após a vírgula, podemos utilizar a interpolação linear com a diferença de um ponto percentual, para simplificar o cálculo, ou seja:

1% ⇒ 2.030,20

i% ⇐ **2.039,34** ⇒ **i = 1,3% a.m.**

2% ⇒ 2.060,80

2.15 Cálculo da taxa percentual de juros, conhecidos um futuro, um montante periódico e o número de períodos de capitalização (i – F/M), realizado por meio da calculadora financeira HP 12C

Para o cálculo da taxa percentual de juros conhecidos um presente, um montante periódico e o número de períodos, utiliza-se dos mesmos procedimentos aplicados nos itens anteriores para cálculos por meio da calculadora financeira HP 12C.

Primeiro limpam-se as memórias da calculadora:

[f] [CLX]

Em seguida, informam-se os dados (FV, PMT e n) em qualquer ordem, observando-se a convenção de sinais da calculadora e pressiona-se a tecla i, que é a tecla utilizada para a função da taxa:

n	i	PV	PMT	FV
↑	↑		↑	↑
4	Pressionar		500	2039,34 CHS

Como resultado da operação, obteve-se: 1,3.

Portanto: **i = 1,3% a.m**.

2.16 Cálculo da taxa percentual de juros, conhecidos um futuro, um montante periódico e o número de períodos de capitalização (i – F/M), realizado por meio da planilha eletrônica Excel

Para informatizarmos o **2.14** (**i – F/M**), adotaremos os mesmos procedimentos usados para a informatização do cálculo anterior.

No programa anexo (site da editora Blucher: <www.blucher.com.br>), apresentamos esse cálculo com a denominação **i – F/M,** e uma formatação de tela semelhante à do cálculo anterior, quando utilizamos as células:

C8 para o valor de **F** — **C10** para o valor de **n**

C9 para o valor de **PGTO** — **C13** para o valor de **i**

A função que calcula o valor da taxa de juros, conhecendo-se, evidentemente, os demais valores envolvidos, é denominada **TAXA** no Excel, e também acessada pelo assistente de função **fx**, na categoria **financeira**.

A função TAXA, para esse cálculo, é transcrita da seguinte forma:

TAXA (nper ; pgto ; vp ; vf ; tipo)

Onde:

TAXA: taxa percentual de juros por período de capitalização;

pgto: montante periódico de um pagamento ou de um investimento;

vf: valor equivalente investido no instante final;

nper: número de períodos de capitalização;

vp e tipo: estas funções não se aplicam a esse cálculo.

Assim, para efetuarmos o cálculo pretendido, basta utilizar a função **TAXA** na célula **C13**, da seguinte forma:

= TAXA (C10 ; –C9 ; C8) * 100

Para os dados constantes no **2.14,** utilizando-se a planilha **i – F/M** do programa anexo (site da editora Blucher: <www.blucher.com.br>), temos:

CÁLCULO DA TAXA PERCENTUAL – i = ?
em função de F, M, n

Futuro:	**F**	=	**R$ 2.039,34**	
Montante periódico:	**M**	=	**R$ 500,00**	
Número de períodos:	**n**	=	**4**	períodos
Taxa percentual:	**i**	=	**1,3000**	% a.p.

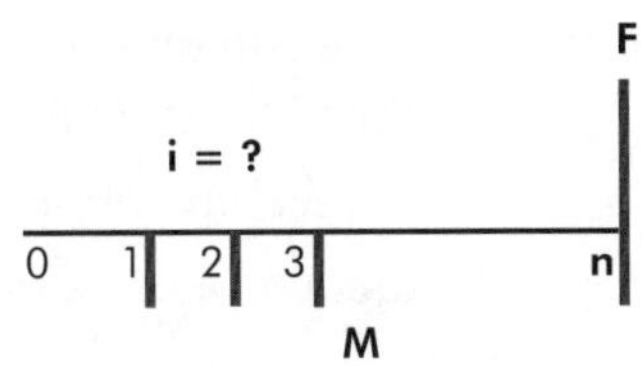

Representação do fluxo de caixa

2.17 Cálculo da taxa percentual de juros, conhecidos um futuro, um montante periódico e o número de períodos de capitalização (i – F/M), realizado por meio de fatores

Com base nos procedimentos utilizados nos itens anteriores para cálculos por meio de fatores, calculemos a taxa percentual de juros conhecidos um futuro, um montante periódico e o número de períodos de capitalização.

Do cálculo aplicado ao item **2.14**, tem-se:

$$F = M\,(F/M, i, n) \;\Rightarrow\; 2.039{,}34 = 500\,(F/M, i, 4) \;\Rightarrow\; (F/M, i, 4) = 4{,}07868$$

O cálculo da taxa i é realizado com base em procura nas tabelas financeiras por um fator de valor 4,07868 combinado com a coluna F/M e n = 4.

Quando não encontrada uma tabela específica que atenda a essa combinação, o cálculo deverá ser realizado utilizando-se tabelas que ofereçam os valores mais próximos ao procurado.

Assim, consultando as tabelas encontradas no site da editora Blucher: <www.blucher.com.br>, tem-se:

$$(F/M,\ 1{,}25\%,\ 4) = 4{,}075627$$

$$(F/M,\ 1{,}50\%,\ 4) = 4{,}090903$$

Por esses valores, vê-se que a taxa procurada encontra-se no intervalo compreendido entre 1,25% e 1,50%.

Interpolando linearmente os valores encontrados, tem-se

1,25%	$\Rightarrow$	4,075627		
i%	$\Leftarrow$	**4,07868**	$\Rightarrow$	**i = 1,30% a.m.**
1,50%	$\Rightarrow$	4,090903		

2.18 Exemplo de aplicação do cálculo de i em função de F, M (i – F/M)

Para um investimento a ser realizado em uma instituição financeira com os valores:

- ⇨ investimento de R$ 2.000,00 mensais, em 12 parcelas consecutivas e incidentes no final de cada mês;
- ⇨ e recebimento no final do 12º mês da quantia de R$ 27.127,88;
- ⇨ qual o valor da taxa percentual de juros embutida no investimento?

2.18.1 Fluxo de caixa gráfico

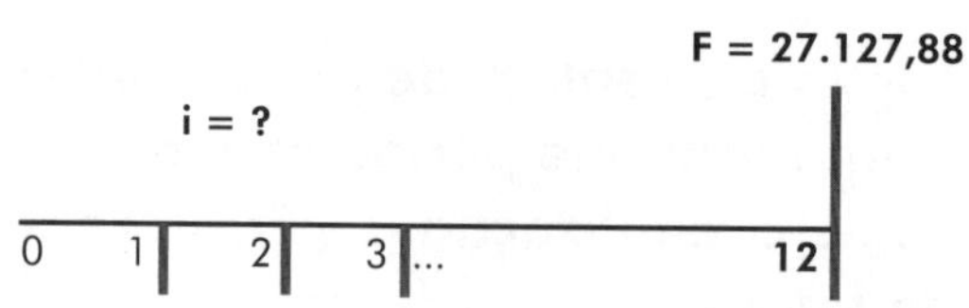

2.18.2 O cálculo pela fórmula

$$F = M\ \frac{(1+i)^n - 1}{i} \quad \Rightarrow \quad 27.127{,}88 = 2.000{,}00\ \frac{(1+i)^{12} - 1}{i}$$

- para **i** = 2% $\Rightarrow$ $27.127{,}88 > 26.824{,}18$
- para **i** = 3% $\Rightarrow$ $27.127{,}88 < 28.384{,}06$

Aplicando-se a interpolação linear para simplificação:

2%	⇒	26.824,18		
i%	⇐	**27.127,88**	⇒	**i = 2,2% a.m.**
3%	⇒	28.384,06		

2.18.3 O cálculo por meio da calculadora financeira HP 12C

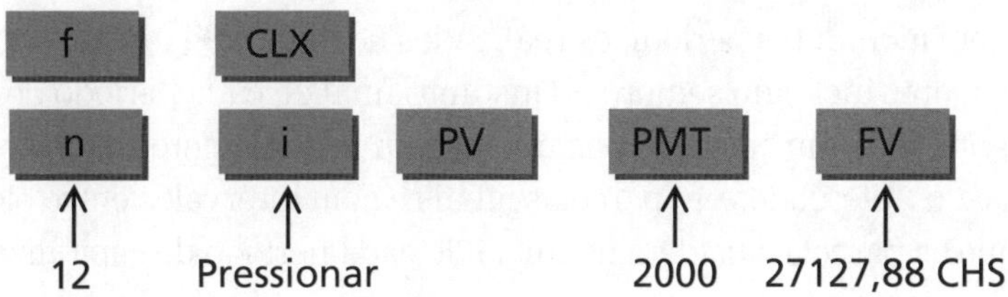

Como resultado da operação, obteve-se: 2,2.

Portanto: **i = 2,2% a.m.**

2.18.4 O cálculo informatizado

Da planilha financeira do programa anexo (site da editora Blucher: <www.blucher.com.br>), utilizamos o cálculo **i – F/M**:

CÁLCULO DA TAXA PERCENTUAL – i = ?
em função de F, M, n

Futuro:	**F**	=	**R$ 27.127,88**	
Montante periódico:	**M**	=	**R$ 2.000,00**	
Número de períodos:	**n**	=	**12**	períodos
Taxa percentual:	**i**	=	**2,2000**	% a.p.

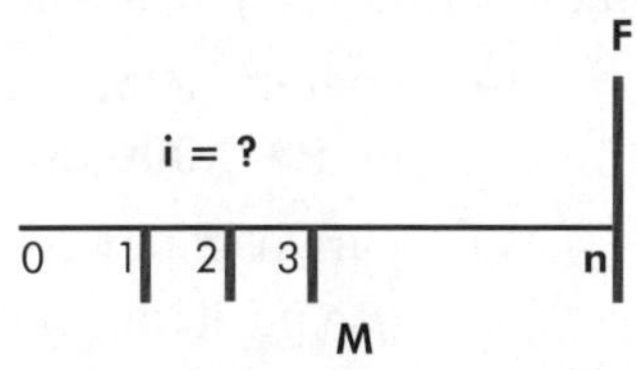

Representação do fluxo de caixa

2.18.5 O cálculo por meio de fatores

$$F = M\ (P/M, i, n) \Rightarrow 27.127{,}88 = 2.000\ (F/M, i, 12) \Rightarrow (F/M, i, 12) = 13{,}563940$$

Consultando as tabelas encontradas no site da editora Blucher: <www.blucher.com.br>, tem-se:

$$(F/M, 2{,}00\%, 12) = 13{,}412090$$

$$(F/M, 2{,}25\%, 12) = 13{,}602222$$

Interpolando linearmente os valores encontrados, tem-se

2,00% $\Rightarrow$ 13,412090

i% $\Leftarrow$ **13,563940** $\Rightarrow$ **i = 2,20% a.m.**

2,25% $\Rightarrow$ 13,602222

2.19 Taxa com incidência das parcelas no início de cada período

Os estudos com montantes periódicos realizados no item **2.9 (i-P/M)** consideraram que os seus valores incidiam sempre no instante final de cada período de capitalização. No entanto, existem casos de pagamentos ou investimentos, como os anteriormente analisados, efetuados em parcelas iguais e com intervalos entre eles também iguais, em que as parcelas incidem no início de cada período de capitalização.

Assim, tomando como base os estudos elaborados nos itens **1.35 (Mc/P)** e **1.45 (F/Mc)**, calcularemos a taxa percentual de juros em função de valores equivalentes envolvendo montantes periódicos incidindo no início de cada período de capitalização (Mc).

2.20 Cálculo da taxa percentual, conhecidos um presente e o montante periódico (i – P/Mc)

Iniciaremos os cálculos pela simulação da aquisição de um bem qualquer, com o pagamento sendo realizado em parcelas iguais e sucessivas, incidindo no início de cada período de pagamento:

- compra de um bem no valor de **R$ 2.000,00** à vista
- para pagamento em **4** parcelas iguais (no início dos períodos)
- no valor de **R$ 526,00** cada
- qual o valor da taxa de juros?

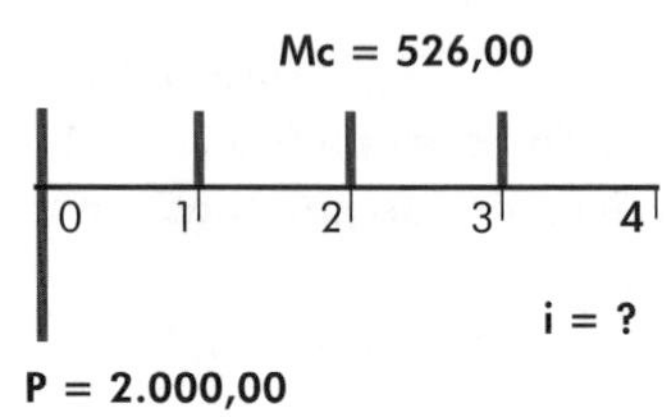

Para esse cálculo, utilizaremos o **1.40 (P/Mc)**, que trata da relação de um valor no instante inicial com o valor de um montante periódico incidindo no início de cada período.

Assim, de forma genérica, temos:

- aquisição de um bem valor **P**
- para pagamento em **n** parcelas iguais
- no valor de **Mc**
- qual a taxa percentual de juros?

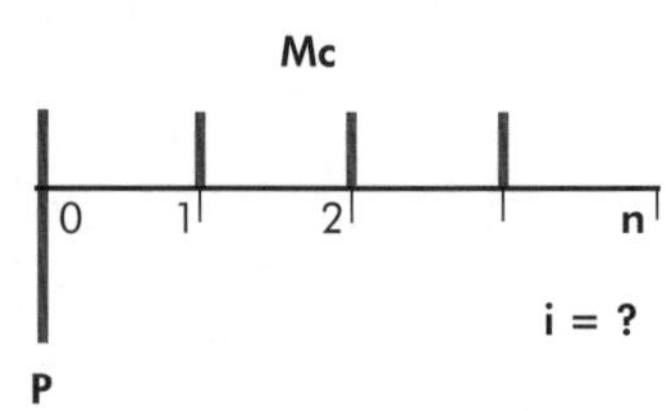

Também para esse cálculo, usaremos o método de aproximações sucessivas, testando valores para a taxa **i**, até encontrarmos um valor que satisfaça à igualdade da equação, dentro da exatidão pretendida, por não podermos colocar a incógnita **i** em evidência.

$$P = Mc\ \frac{(1+i)^n - 1}{(1+i)^{n-1} \times i} \quad \Rightarrow \quad 2.000 = 526,00\ \frac{(1+i)^4 - 1}{(1+i)^3 \times i}$$

- para **i** = 3% $\Rightarrow$ 2.000,00 < 2.013,85
- para **i** = 4% $\Rightarrow$ 2.000,00 > 1.985,70

Analisando os valores obtidos, notamos que a taxa se situa entre 3% e 4%. Dependendo da exatidão desejada, daremos sequência às tentativas. Se o valor procurado puder se restringir a uma casa decimal após a vírgula, podemos utilizar a interpolação linear com a diferença de um ponto percentual, para simplificar o cálculo, ou seja:

3% $\Rightarrow$ 2.013,85
i% $\Leftarrow$ **2.000,00** $\Rightarrow$ **i = 3,49% a.m.**
4% $\Rightarrow$ 1.985,70

2.21 Cálculo da taxa percentual de juros, conhecidos um valor no presente, um montante periódico que incide nos inícios dos períodos de capitalização e o número de períodos (i – P/Mc), realizado por meio da calculadora financeira HP 12C

Valendo-se dos mesmos procedimentos utilizados nos itens anteriores para cálculos por meio da calculadora financeira HP 12C, principalmente aos que se referem ao montante periódico que incide nos inícios dos períodos, calculemos a taxa percentual de juros, conhecidos um presente e um montante periódico que incide nos inícios dos períodos de capitalização e o número de períodos (i – P/Mc).

Primeiro limpam-se as memórias da calculadora:

[f] [CLX]

Aciona-se então, a função "BEGIN":

[g] [BEG]

Em seguida, informam-se os dados em qualquer ordem e pressiona-se a tecla i, que é a tecla utilizada para a função da taxa.

Salientamos, mais uma vez, que por uma questão de "convenção" da calculadora, que trabalha com sinais positivos e negativos para representar as entradas e saídas monetárias do fluxo de caixa, os valores referentes ao PV e PMT terão sinais contrários:

n	i	PV	PMT	FV
↑	↑	↑	↑	
4	Pressionar	2000 CHS	526	

Como resultado da operação, obteve-se: 3,4880.

Portanto: **i = 3,4880% a.m.**

g	END

2.22 Cálculo da taxa percentual de juros, conhecidos um valor no presente, um montante periódico que incide nos inícios dos períodos de capitalização e o número de períodos (i – P/Mc), realizado por meio da planilha eletrônica Excel

Para informatizarmos o **2.20** (**i – P/Mc**), adotaremos os mesmos procedimentos considerados para a informatização dos cálculos anteriores.

No programa anexo, apresentamos esse cálculo com a denominação **i – P/Mc**, e uma formatação de tela semelhante à do cálculo anterior, quando utilizamos as células:

C8 para o valor de **P** | **C10** para o valor de **n**

C9 para o valor de **PGTO** | **C13** para o valor de **i**

A função que calcula o valor da taxa de juros, conhecendo-se, evidentemente, os demais valores envolvidos, é denominada **TAXA** no Excel, e também acessada pelo assistente de função **fx**, na categoria **financeira**.

A função TAXA, para esse cálculo, é transcrita da seguinte forma:

TAXA (nper ; pgto ; vp ; vf ; tipo)

Onde, para esse cálculo, temos:

TAXA: taxa percentual de juros por período de capitalização;

pgto: montante periódico de um pagamento ou de um investimento;

vp: valor equivalente no instante presente (inicial);

tipo: indica a posição das parcelas (no final ou no início dos períodos);

nper: número de períodos de capitalização;

vf: esta função não se aplica a esse cálculo.

Assim, para efetuarmos o cálculo pretendido, basta utilizar a função **TAXA** na célula **C13**, da seguinte forma:

= TAXA (C10 ; –C9 ; C8 ; 1) * 100

Para os dados constantes no **2.20,** utilizando-se a planilha **i – P/Mc** do programa anexo (site da editora Blucher: <www.blucher.com.br>), temos:

CÁLCULO DA TAXA PERCENTUAL – i = ?
em função de P, Mc, n (com os valores de M no começo dos períodos)

Presente:	**P**	=	**R$ 2.000,00**	
Montante periódico:	**Mc**	=	**R$ 526,00**	
Número de períodos:	**n**	=	**4**	períodos
Taxa percentual:	**i**	=	**3,4880**	% a.p.

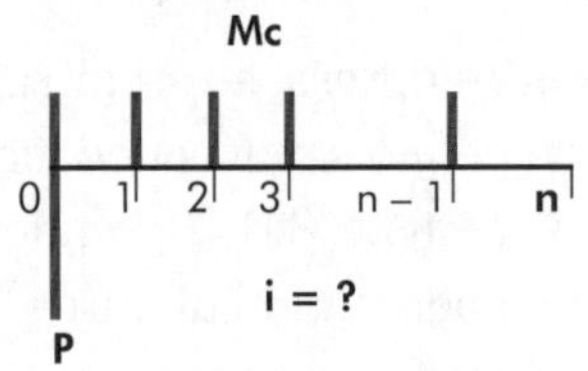

Representação do fluxo de caixa

2.23 Cálculo da taxa percentual de juros, conhecidos um valor no presente, um montante periódico que incide nos inícios dos períodos de capitalização e o número de períodos (i – P/Mc), realizado por meio de fatores

Com base nos procedimentos utilizados nos itens anteriores para cálculos por meio de fatores, calculemos a taxa percentual de juros conhecidos um presente, um montante periódico que incide nos inícios dos períodos e o número de períodos de capitalização.

Do cálculo aplicado ao item **1.43**, tem-se:

$$P = Mc\,(P/Mc, i, n) \quad \Rightarrow \quad 2.000 = 526\,(P/Mc, i, 4) \quad \Rightarrow \quad (P/Mc, i, 4) = 3{,}802281$$

O cálculo da taxa i é realizado com base em procura nas tabelas financeiras por um fator de valor 3,802281 combinado com a coluna P/Mc e n=4.

Quando não encontrada uma tabela específica que atenda a essa combinação, o cálculo deverá ser realizado utilizando-se tabelas que ofereçam os valores mais próximos ao procurado.

Assim, consultando as tabelas encontradas no site da editora Blucher: <www.blucher.com.br>, tem-se:

$$(P/Mc, 3{,}25\%, 4) = 3{,}815070$$

$$(P/Mc, 3{,}50\%, 4) = 3{,}801637$$

Por esses valores, vê-se que a taxa procurada encontra-se no intervalo compreendido entre 3,25% e 3,50%.

Interpolando linearmente os valores encontrados, tem-se:

3,25% ⇒ 3,815070

i% ⇐ **3,802281** ⇒ **i = 3,49% a.m.**

3,5% ⇒ 3,801637

2.24 Exemplo de aplicação do cálculo de i em função de P, Mc (i – P/Mc)

Uma empresa, ao adquirir um equipamento no valor de R$ 30.000,00 à vista, acertou com o seu fornecedor o pagamento em 12 parcelas mensais iguais e sucessivas de R$ 2.841,70, sendo a primeira parcela no ato da aquisição. Qual o valor da taxa percentual de juros embutida no financiamento da dívida?

2.24.1 Fluxo de caixa gráfico

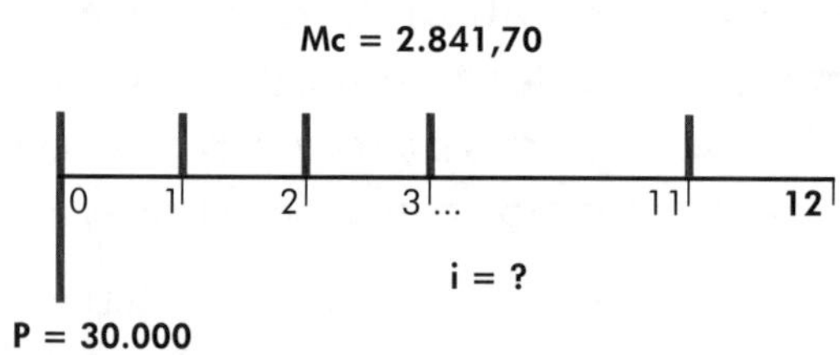

2.24.2 O cálculo pela fórmula

Podemos notar que esta forma de pagamento se configura como um montante periódico, pago em 12 períodos, com seus valores incidindo no início de cada um.

Portanto, temos:

$$P = Mc\ \frac{(1+i)^n - 1}{(1+i)^{n-1} \times i} \Rightarrow 30.000,00 = 2.841,70\ \frac{(1+i)^{12} - 1}{(1+i)^{11} \times i}$$

- para i = 2% ⇒ 30.000,00 < 30.652,97
- para i = 3% ⇒ 30.000,00 > 29.134,88

Aplicando-se a interpolação linear para simplificação:

2% ⇒ 30.652,97

i% ⇐ **30.000,00** ⇒ **i = 2,4% a.m.**

3% ⇒ 29.134,88

2.24.3 O cálculo por meio da calculadora financeira HP 12C

f CLX

g BEG

n	i	PV	PMT	FV
↑	↑	↑	↑	
12	Pressionar	30000 CHS	2841,70	

Portanto: **i = 2,4200% a.m.**

g END

2.24.4 O cálculo informatizado

Da planilha financeira do programa anexo, utilizamos o cálculo – **i P/Mc**:

CÁLCULO DA TAXA PERCENTUAL – i = ?
em função de P, Mc, n (com os valores de M no começo dos períodos)

Presente:	**P**	=	**R$ 30.000,00**	
Montante periódico:	**Mc**	=	**R$ 2.841,70**	
Número de períodos:	**n**	=	**12**	períodos
Taxa percentual:	**i**	=	**2,4200**	% a.p.

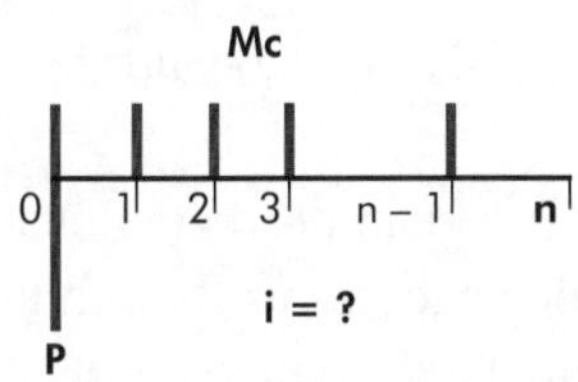

Representação do fluxo de caixa

2.24.5 O cálculo por meio de fatores

$$P = Mc\ (P/Mc, i, n) \Rightarrow 30.000 = 2.841{,}70(P/Mc, i, 12) \Rightarrow (P/Mc, i, 12) = 10.557061$$

$$(P/Mc, 2{,}25\%, 12) = 3{,}815070$$

$$(P/Mc, 2{,}50\%, 12) = 3{,}801637$$

Por esses valores, vê-se que a taxa procurada encontra-se no intervalo compreendido entre 3,25% e 3,50%.

Interpolando linearmente os valores encontrados, tem-se:

2,25%	⇒	10,649111		
i%	⇐	**10,557061**	⇒	**i = 2,42% a.m.**
2,5%	⇒	10,514209		

2.25 Cálculo da taxa percentual, conhecidos um futuro e o montante periódico (i – F/Mc)

Iniciaremos os cálculos pela simulação de um investimento realizado em parcelas iguais e sucessivas, incidindo seus valores no início de cada período de capitalização:

- ⇨ investimento de **R$ 1.000,00**
- ⇨ em **4** parcelas iguais e sucessivas (no início dos períodos)
- ⇨ para receber **R$ 4.165,68**
- ⇨ qual o valor da taxa de juros?

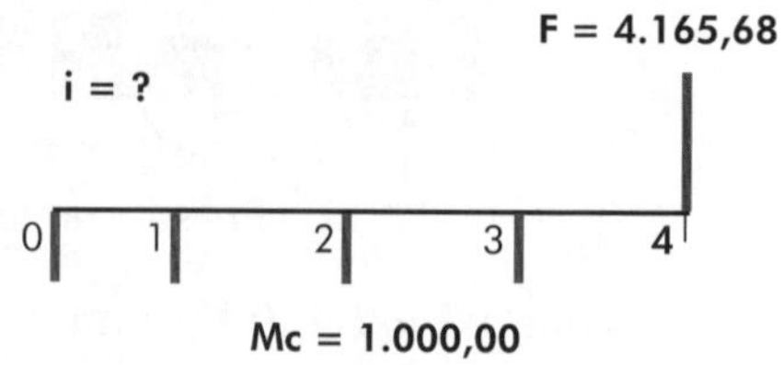

Para esse cálculo, utilizaremos o **1.45 (F/Mc)**, que trata da relação de um investimento de um montante periódico incidindo no início de cada período, com um valor equivalente no instante final do último período.

Assim, de forma genérica, temos:

- ⇨ investimento de **Mc**
- ⇨ em **n** parcelas iguais e sucessivas (no início dos períodos)
- ⇨ para receber **F**
- ⇨ qual o valor da taxa de juros?

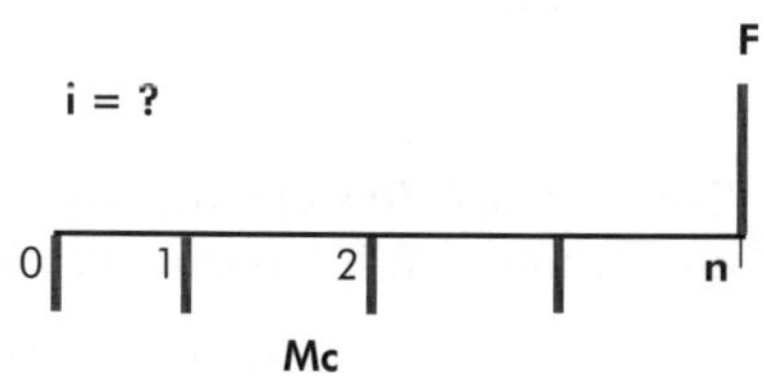

Como nos cálculos anteriores, para esse usaremos o método de aproximações sucessivas, testando valores para a taxa **i** até encontrarmos um valor que satisfaça à igualdade da equação, dentro da exatidão pretendida, por não podermos colocar em evidência a incógnita **i**.

$$F = Mc \ \frac{(1+i)^n - 1}{i} \times (1+i) \quad \Rightarrow \quad 4.165{,}68 = 1.000{,}00 \ \frac{(1+i)^4 - 1}{i} \times (1+i)$$

- para **i** = 1% $\Rightarrow$ 4.165,68 > 4.101,00
- para **i** = 2% $\Rightarrow$ 4.165,68 < 4.204,04

Analisando os valores obtidos, notamos que a taxa se situa entre 1% e 2%. Dependendo da exatidão desejada, daremos sequência às tentativas. Se o valor procurado puder se restringir a uma casa decimal após a vírgula, podemos utilizar a interpolação linear com a diferença de um ponto percentual, para simplificar o cálculo, ou seja:

1%	$\Rightarrow$	4.101,00		
i%	$\Leftarrow$	**4.165,68**	$\Rightarrow$	**i = 1,6% a.m.**
2%	$\Rightarrow$	4.204,04		

2.26 Cálculo da taxa percentual de juros, conhecidos um valor no futuro, um montante periódico que incide nos inícios dos períodos de capitalização e o número de períodos (i – F/Mc), realizado por meio da calculadora financeira HP 12C

Valendo-se dos mesmos procedimentos utilizados nos itens anteriores para cálculos por meio da calculadora financeira HP 12C, calculemos a taxa percentual de juros, conhecidos um futuro e um montante periódico que incide nos inícios dos períodos de capitalização e o número de períodos (i – F/Mc).

Primeiro limpam-se as memórias da calculadora:

[f] [CLX]

Aciona-se então, a função "BEGIN":

[g] [BEG]

Em seguida, informam-se os dados em qualquer ordem e pressiona-se a tecla i, que é a tecla utilizada para a função da taxa:

[n]	[i]	[PV]	[PMT]	[FV]
↑	↑		↑	↑
4	Pressionar		1000 CHS	4165,68

Como resultado da operação, obteve-se: 1,6300.

Portanto: **i = 1,63% a.m.**

[g] [END]

2.27 Cálculo da taxa percentual de juros, conhecidos um valor no futuro, um montante periódico que incide nos inícios dos períodos de capitalização e o número de períodos (i – F/Mc), realizado por meio da planilha eletrônica Excel

Para informatizarmos o **2.25 (i – F/Mc)**, adotaremos os mesmos procedimentos usados para a informatização dos cálculos anteriores.

No programa anexo (site da editora Blucher: <www.blucher.com.br>), apresentamos esse cálculo com a denominação **i – F/Mc**, e uma formatação de tela semelhante à do cálculo anterior, quando utilizamos as células:

C8 para o valor de **F** | **C10** para o valor de **n**

C9 para o valor de **Mc** | **C13** para o valor de **i**

A função que calcula o valor da taxa de juros, conhecendo-se, evidentemente, os demais valores envolvidos, é denominada **TAXA** no Excel, e também acessada pelo assistente de função **fx**, na categoria **financeira**.

A função TAXA, para esse cálculo, é transcrita da seguinte forma:

TAXA (nper ; pgto ; vp ; vf ; tipo)

onde, para esse cálculo, temos:

TAXA: taxa percentual de juros por período de capitalização;

pgto: montante periódico de um pagamento ou de um investimento;

vf: valor equivalente no instante futuro;

nper: número de períodos de capitalização;

tipo: indica a posição das parcelas (no final ou início dos períodos);

vp: esta função não se aplica a esse cálculo.

Assim, para efetuarmos o cálculo pretendido, basta utilizar a função **TAXA** na célula **C13**, da seguinte forma:

= TAXA (C10 ; -C9 ; C8 ; 1) * 100

Para os dados constantes no **2.25**, utilizando-se a planilha **i – F/Mc** do programa anexo (site da editora Blucher: <www.blucher.com.br>), temos:

CÁLCULO DA TAXA PERCENTUAL – i = ?
em função de F, Mc, n (com os valores de M no começo dos períodos)

Futuro:	F	=	R$ 4.165,68	
Montante periódico:	Mc	=	R$ 1.000,00	
Número de períodos:	n	=	4	períodos
Taxa percentual:	i	=	1,6300	% a.p.

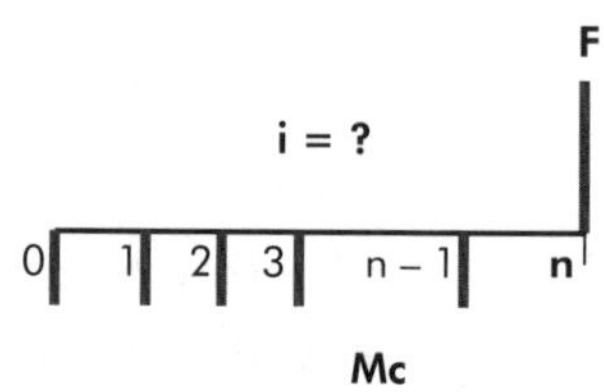

Representação do fluxo de caixa

2.28 Cálculo da taxa percentual de juros, conhecidos um valor no futuro, um montante periódico que incide nos inícios dos períodos de capitalização e o número de períodos (i – F/Mc), realizado por meio de fatores

Com base nos procedimentos utilizados nos itens anteriores para cálculos por meio de fatores, calculemos a taxa percentual de juros conhecidos um futuro, um montante periódico que incide nos inícios dos períodos e o número de períodos de capitalização.

Do cálculo aplicado ao item **2.25**, tem-se:

$$F = Mc\ (F/Mc, i, n) \quad \Rightarrow \quad 4.165{,}68 = 1000\ (F/Mc, i, 4) \quad \Rightarrow \quad (F/Mc, i, 4) = 4{,}16568$$

O cálculo da taxa i é realizado com base em procura nas tabelas financeiras por um fator de valor 4,16568 combinado com a coluna F/Mc e n = 4.

Quando não encontrada uma tabela específica que atenda a essa combinação, o cálculo deverá ser realizado utilizando-se tabelas que ofereçam os valores mais próximos ao procurado.

Assim, consultando as tabelas encontradas no site da editora Blucher: <www.blucher.com.br>, tem-se:

$$(F/Mc, 1{,}50\%, 4) = 4{,}152267$$

$$(F/Mc, 1{,}75\%, 4) = 4{,}178089$$

Por esses valores, vê-se que a taxa procurada encontra-se no intervalo compreendido entre 1,50% e 1,75%.

Interpolando linearmente os valores encontrados, tem-se:

1,50% $\Rightarrow$ 4,152267

i% $\Leftarrow$ **4,16568** $\Rightarrow$ **i = 1,63% a.m.**

1,75% $\Rightarrow$ 4,178089

2.29 Exemplo de aplicação do cálculo de i em função de F, Mc (i – F/Mc)

Elaborando-se um plano em uma instituição financeira para investir 12 parcelas iguais e mensais no valor de R$ 1.500,00 cada uma, ocorrendo os depósitos no início de cada mês e acertando o valor do recebimento de R$ 20.278,00 no instante final do 12º mês, qual a taxa percentual de juros mensal considerada?

2.29.1 Fluxo de caixa gráfico

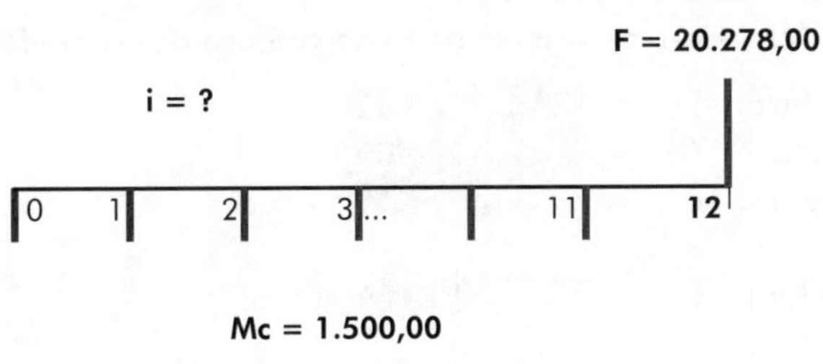

2.29.2 O cálculo pela fórmula

$$F = Mc\ \frac{(1+i)^n - i}{i} \times (1+i) \Rightarrow 20.278,00 = 1.500,00\ \frac{(1+i)^{12} - 1}{i} \times (1+i)$$

- para **i** = 1% $\Rightarrow$ 20.278,00 > 19.213,99
- para **i** = 2% $\Rightarrow$ 20.278,00 < 20.520,50

Aplicando-se a interpolação linear para simplificação:

1% $\Rightarrow$ 19.213,99

i% $\Leftarrow$ **20.278,00** $\Rightarrow$ **i = 1,8% a.m.**

2% $\Rightarrow$ 20.520,50

2.29.3 O cálculo por meio da calculadora financeira HP 12C

[f] [CLX]

[g] [BEG]

[n] [i] [PV] [PMT] [FV]

n ↑ 12; i ↑ Pressionar; PMT ↑ 1500; FV ↑ 20278 CHS

Portanto: **i = 1,8199% a.m.**

[g] [END]

2.29.4 O cálculo informatizado

Da planilha financeira do programa anexo (site da editora Blucher: <www.blucher.com.br>), utilizamos o cálculo **i – F/Mc**:

CÁLCULO DA TAXA PERCENTUAL – i = ?
em função de F, Mc, n (com os valores de M no começo dos períodos)

Futuro:	**F**	=	**R$ 20.278,00**	
Montante periódico:	**Mc**	=	**R$ 1.500,00**	
Número de períodos:	**n**	=	**12**	períodos
Taxa percentual:	**i**	=	**1,8199**	% a.p.

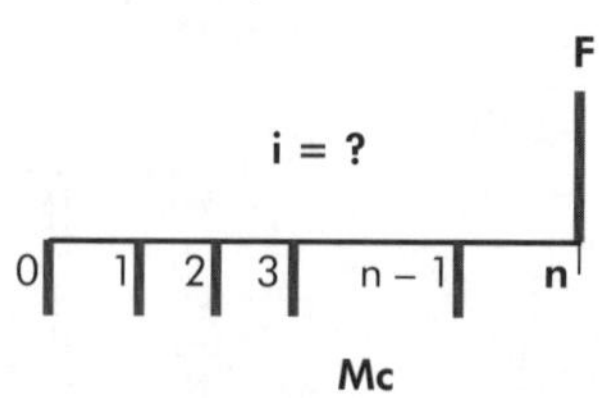

Representação do fluxo de caixa

2.29.5 O cálculo por meio de fatores

$$F = Mc\ (F/Mc, i, n) \Rightarrow 20.278 = 1.500(F/Mc, i, 12) \Rightarrow (F/Mc, i, 4) = 13.518667$$

$$(F/Mc, 1{,}75\%, 12) = 13{,}456243$$

$$(F/Mc, 2{,}00\%, 12) = 13{,}680332$$

Interpolando linearmente os valores encontrados, tem-se:

1,75%	⇒	13,456243		
i%	⇐	**10,557061**	⇒	**i = 1,82% a.m.**
2,00%	⇒	13,680332		

2.30 Taxa percentual com parcelas desiguais

Os estudos para o cálculo da taxa envolvendo montantes periódicos elaborados no item **2.7** consideraram a realização de seus valores de investimentos ou de pagamentos através de parcelas iguais, periódicas e sucessivas. No entanto, como foi visto, em uma transação financeira poderá ocorrer que tais valores não sejam uniformes ou tenham uma periodicidade.

Assim, faremos um estudo para o cálculo da taxa percentual de juros pelo qual possamos ter pagamentos ou investimentos em parcelas desiguais e que não guardem necessariamente o mesmo intervalo de tempo entre si.

Inicialmente estudaremos o cálculo dentro da relação entre os montantes desiguais **(Md)** e o seu valor equivalente no instante inicial **(P)**. Em um segundo momento, faremos a mesma relação com um valor em instante futuro **(F)**.

Taxa percentual – montantes em parcelas desiguais e o seu valor equivalente no instante inicial

Normalmente esses estudos se baseiam em valores financeiros incidindo no final de cada período de capitalização. Para os cálculos desse item, manteremos essa base, observando que o instante inicial (instante 0) será ocupado pelo valor **P**.

Para esse desenvolvimento, onde podemos ter valores diferenciados ao longo dos períodos e não necessariamente guardando sua periodicidade, denominaremos genericamente "**Md**" as parcelas incidentes sobre certo número de períodos, relacionando-os com um valor equivalente no instante inicial **(P)**.

2.31 Cálculo da taxa percentual, conhecidos um presente e o montante desigual (i – P/Md)

Tratando-se de parcelas que não tenham nenhuma relação de proporcionalidade entre seus valores e períodos, não há como desenvolver uma formulação matemática. O cálculo então será feito pelo acúmulo das respectivas parcelas levadas ao instante inicial dos períodos de capitalização (instante presente), considerando-se a taxa percentual de juros incidente sobre cada período, e observando-se, evidentemente, a equivalência dos valores financeiros. Seria a aplicação do **1.56 (P/Md)**, agora procurando-se a taxa **i.**

Vejamos a seguinte simulação:

- ⇨ pagamentos efetuados em **4 parcelas**, sendo R$ 100,00 no primeiro período e as demais de R$ 120,00, R$ 115,00 e R$ 130,00 nos períodos subsequentes
- ⇨ com um valor equivalente de **R$ 450,00** no instante inicial
- ⇨ qual o valor da taxa de juros?

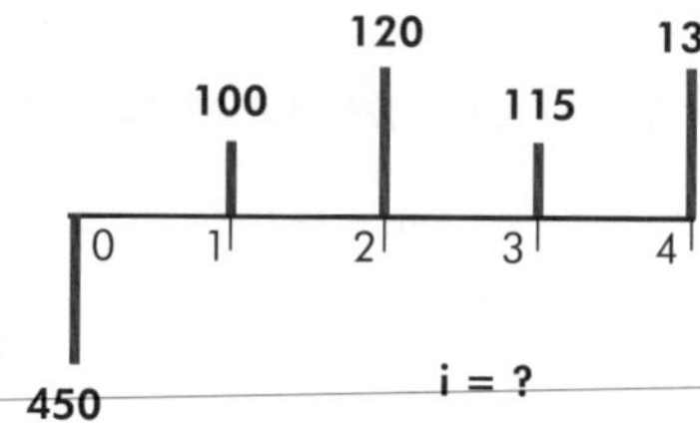

$$450 = \frac{100}{(1+i)} + \frac{120}{(1+i)^2} + \frac{115}{(1+i)^3} + \frac{130}{(1+i)^4}$$

De forma genérica, temos:

- ⇨ pagamentos efetuados em **n parcelas**, sendo $\mathbf{Md_1}$ no primeiro período e os demais de $\mathbf{Md_2}$, $\mathbf{Md_3}$ até $\mathbf{Md_n}$ nos períodos subsequentes
- ⇨ com um valor de **P** equivalente
- ⇨ no instante inicial
- ⇨ qual o valor da taxa de juros?

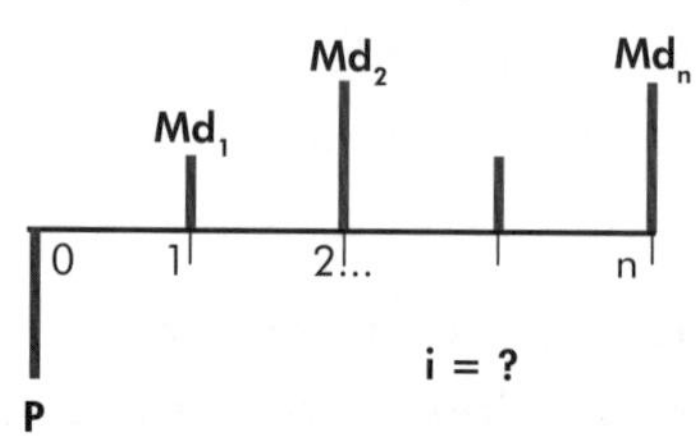

$$P = \frac{Md_1}{(1+i)} + \frac{Md_2}{(1+i)^2} + \ldots + \frac{Md_n}{(1+i)^n}$$

Para o cálculo da taxa usaremos, também para esse caso, o método de aproximações sucessivas, testando valores para a taxa **i** até encontrarmos um valor que satisfaça à igualdade da equação, dentro da exatidão pretendida.

Assim, para o cálculo acima, temos:

$$450 = \frac{100}{(1+i)} + \frac{120}{(1+i)^2} + \frac{115}{(1+i)^3} + \frac{130}{(1+i)^4}$$

- para i = 1% $\Rightarrow$ $450{,}00 < 453{,}19$
- para i = 2% $\Rightarrow$ $450{,}00 > 441{,}85$

Analisando os valores obtidos, notamos que a taxa se situa entre 1% e 2%. Dependendo da exatidão desejada, daremos sequência às tentativas. Se o valor procurado puder se restringir a uma casa decimal após a vírgula, podemos utilizar a interpolação linear com a diferença de um ponto percentual, para simplificar o cálculo, ou seja:

1%	$\Rightarrow$	453,19		
i%	$\Leftarrow$	**450,00**	$\Rightarrow$	**i = 1,3% a.m.**
2%	$\Rightarrow$	441,85		

2.32 Cálculo da taxa percentual de juros, conhecidos um valor no presente e um montante desigual (i – P/Md), realizado por meio da calculadora financeira HP 12C

Com relação a este cálculo, utilizam-se praticamente os mesmos procedimentos quando trabalhado com a relação ao **P/Md**, estudado no item **1.58**.

Os valores a serem processados são informados através as teclas "g", "CFo" e "CFj" e o resultado é obtido pelas teclas "f" e "IRR" .

Para esse cálculo, tem-se:

Primeiro limpam-se as memórias da calculadora:

f CLX

Em seguida, informam-se os dados, utilizando-se o "CFo" para a informação do valor no instante inicial e CFj para os demais períodos, obedecendo-se à sequência dos valores.

Se em algum período não incidir valor financeiro, deverá ser lançado o valor 0 (zero), a fim de se observar a sequência correta dos valores.

Aplica-se para essas funções também a "convenção" vista em alguns cálculos anteriores, pelo qual se trabalha com sinais positivos e negativos para representar as entradas e saídas monetárias do fluxo de caixa.

Para esse cálculo, trabalharemos com sinal negativo na entrada do "CFo".

Assim, tem-se:

450 CHS [g] [CFo]

100 [g] [CFj]

120 [g] [CFj]

115 [g] [CFj]

130 [g] [CFj]

Para se obter o valor de i:

[f] [IRR]

Como resultado da operação, obteve-se: 1,2772.

Portanto: **i = 1,2772% a.m.**

2.33 Cálculo da taxa percentual de juros, conhecidos um valor no presente e um montante desigual (i – P/Md), realizado por meio da planilha eletrônica Excel

Para informatizarmos este cálculo, adotaremos os mesmos procedimentos usados no **1.59 (P/Md)**, considerando-se que, agora, a incógnita procurada é a taxa **i**.

Assim, utilizando o assistente de função **fx**, escolhemos a categoria **financeira** e, em seguida, buscamos uma função que nos calcule a taxa percentual de juros, conhecido o valor no instante presente equivalente a uma série de pagamentos com valores desiguais.

Notamos que para esse estudo específico a função **"TIR"**, além de outras vantagens, fornece-nos esse cálculo, considerando a equivalência dos valores entre o valor existente no instante inicial e os valores de uma série de fluxos de caixa.

A função **TIR** é transcrita da seguinte forma:

TIR (valores; estimativa)

Onde, para o nosso estudo, temos:

TIR: calcula a taxa de juros de uma sequência de fluxos de caixa valores: é uma referência a células que contêm valores incidentes nos períodos 1,2 ...

estimativa: é um valor estimado pelo programa, para o cálculo iterativo.

A função TIR, intimamente ligada à função VPL, utiliza para os seus cálculos a ordem dos valores (valor 1, valor 2 ...), com argumentos de 1 a 29, para interpretar a ordem do fluxo de caixa. Portanto, é necessário fornecer os valores dos pagamentos ou de investimentos na sequência correta.

Em função da forma programada, para obtermos o cálculo desejado é preciso entrar com o **sinal negativo** junto ao valor incidente no instante inicial (instante 0).

Caso haja algum valor referente a **Md** incidindo no instante inicial, deverá ser descontado do valor **P**.

Para a apresentação desse cálculo, criamos uma tela com boa visualização, semelhante a **1.59 (P/Md)**, em que temos todos os dados de forma bem definida e clara, com cada valor envolvido ocupando uma determinada célula, bem como um desenho sintetizando o fluxo do movimento financeiro, para uma melhor visualização e compreensão do cálculo efetuado.

Assim, usando a nossa nomenclatura usual, temos:

CÁLCULO DA TAXA PERCENTUAL – i = ?
em função de P, Md, i

n	Valores		
		i =	%
0		←	P (negativo)
1		←	Md
2		←	Md
3			.
4			.
5			.
6			
7			

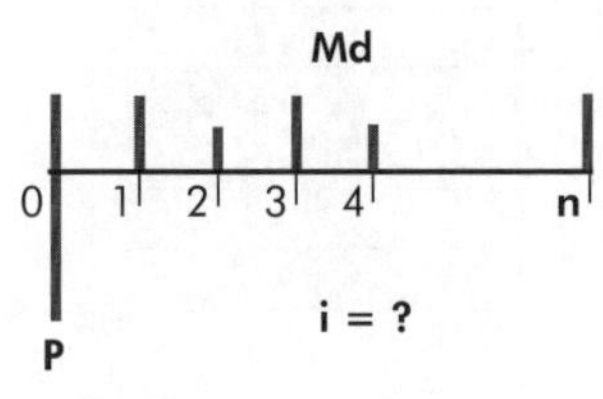

Representação do fluxo de caixa

Bastaria agora definirmos as células que contenham os valores **P**, **Md** e **i** para efetuar os cálculos.

Na planilha apresentada no programa anexo (site da editora Blucher: <www.blucher.com.br>), denominamos esse cálculo **i – P/Md** e utilizamos as células:

B8 para o valor de **P** **D6** para o valor de **i**

B9 a **B37** para os valores de Md

Assim, para efetuarmos o cálculo pretendido basta utilizar a função TIR na célula D6, da seguinte forma:

= TIR ($B$8: $B$37)*100

Nessa formulação, observar:

- Toda fórmula matemática utilizada no Excel deverá iniciar pelo sinal "=".
- Na função **TIR**, bem como nas demais funções financeiras do Excel, a taxa de juros é trabalhada em décimo de percentual. Portanto, para facilitar a obtenção da taxa por inteiro, programamos o seu valor multiplicado por 100.
- As células que contêm os valores estão programadas com o auxílio do **"$"**, por uma questão programática da planilha eletrônica.
- Em período(s) em que não incidir(em) valor(es) financeiro(s), deverá ser lançado o valor 0 (zero), a fim de se observar a sequência correta dos valores pagos ou investidos.

Para os dados constantes no **2.31**, utilizando-se a planilha **i – P/Md** do programa anexo, temos:

CÁLCULO DA TAXA PERCENTUAL – i = ?
em função de P, Md, n

n	Valores	i =	1,2772 %
0	(450,00)	←	P (negativo)
1	100,00	←	Md
2	120,00	←	Md
3	115,00		.
4	130,00		.
5			.
6			
7			

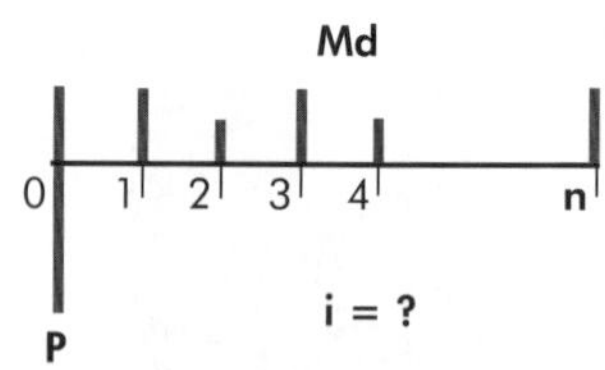

Representação do fluxo de caixa

2.34 Cálculo da taxa percentual de juros, conhecidos um valor no presente e um montante desigual (i – P/Md), realizado por meio de fatores

Para o cálculo da taxa percentual, o presente e os montantes desiguais (i – P/Md), transformaremos a equação

$$450 = \frac{100}{(1+i)} + \frac{120}{(1+i)^2} + \frac{115}{(1+i)^3} + \frac{130}{(1+i)^4}$$

em uma equação equivalente, aplicando-se os fatores como estudado nos itens anteriores:

$$450 = 100\ (P/F, i, 1) + 120\ (P/F, i, 2) + 115\ (P/F, i, 3) + 130\ (P/F, i, 4)$$

O cálculo da taxa i é realizado com base em procura nas tabelas financeiras, testando valores para a taxa, até que se encontre a igualdade da equação.

Consultando a tabela de fatores encontrada no site da editora Blucher: <www.blucher.com.br>, temos:

- para **i** = 1,25% ⇒ 450,31
- para **i** = 1,50% ⇒ 447,46

Analisando os valores obtidos, notamos que a taxa se situa entre 1,25% e 1,5%. Se o valor procurado puder se restringir a duas casas decimais após a vírgula, podemos utilizar a interpolação linear, ou seja:

1,25% ⇒ 450,31

i% ⇐ **450,00** ⇒ **i = 1,28% a.m.**

1,50% ⇒ 447,46

2.35 Exemplo de aplicação do cálculo de i em função de P, Md (i – P/Md)

Uma empresa, ao adquirir um equipamento no valor de R$ 26.750,00 à vista, acertou com o representante de vendas o pagamento em um período de 12 meses, feito da seguinte forma:

- ⇨ 3 parcelas mensais e consecutivas de R$ 2.500,00 cada, ocorrendo o primeiro pagamento dois meses após a compra;
- ⇨ mais R$ 5.000,00 seis meses após a compra;
- ⇨ mais R$ 7.000,00 oito meses após a compra;
- ⇨ e mais 4 parcelas mensais e consecutivas de R$ 3.000,00 cada, ocorrendo o primeiro pagamento nove meses após a compra;
- ⇨ qual o valor da taxa percentual de juros embutida no financiamento?

2.35.1 Fluxo de caixa gráfico

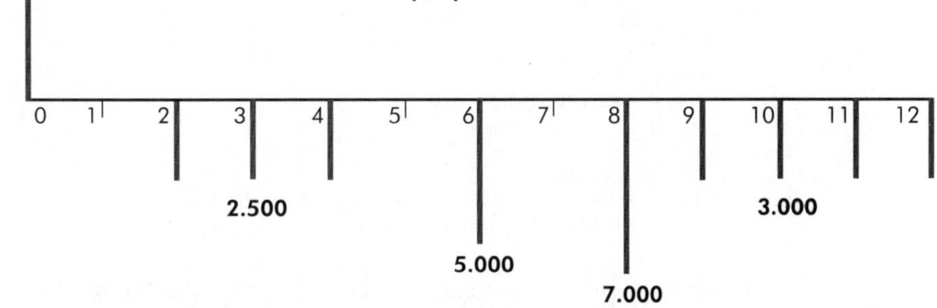

2.35.2 O cálculo por fórmulas

Como vimos anteriormente, além da forma já explicitada, pela qual acumulamos valor a valor no instante presente, podemos, para facilitar, utilizar alguns cálculos desenvolvidos para montantes periódicos, trabalhando com grupo de valores, e obedecendo, evidentemente, aos conceitos estabelecidos para cada cálculo.

Assim, observando-se a equivalência dos valores financeiros, temos:

$$26.750{,}00 = P1 + P2 + P3 + P4$$

Testando valores para i, temos:

Para **i = 2%**

$$P1 = 2.500\ \underset{\Uparrow \atop (P-M)}{\frac{(1+0{,}02)^3 - 1}{(1+0{,}02)^3 \times 0{,}02}} \times \underset{\Uparrow \atop (P-F)}{\frac{1}{(1+0{,}02)}} \Rightarrow P1 = 7.068{,}34$$

$$P2 = \frac{5.000}{(1+0{,}02)^6} \Rightarrow P2 = 4.439{,}86$$

$$P3 = \frac{7.000}{(1+0{,}02)^8} \Rightarrow P3 = 5.974{,}43$$

$$P4 = 3.000\ \frac{(1+0{,}02)^4 - 1}{(1+0{,}02)^4 \times 0{,}02} + \frac{1}{(1+0{,}02)^8} \Rightarrow P4 = 9.749{,}58$$

Portanto: P = 7.068,34 + 4.439,86 + 5.974,43 + 9.749,58 $\Rightarrow$ **P = 27.232,21**

De onde temos: **26.750,00 < 27.232,21**

Para **i = 3%**

$$P1 = 2.500\ \underset{\Uparrow \atop (P-M)}{\frac{(1+0{,}03)^3 - 1}{(1+0{,}03)^3 \times 0{,}03}} \times \underset{\Uparrow \atop (P-F)}{\frac{1}{(1+0{,}03)}} \Rightarrow P1 = 6.865{,}56$$

$$P2 = \frac{5.000}{(1+0{,}03)^6} \Rightarrow P2 = 4.187{,}42$$

$$P3 = \frac{7.000}{(1+0{,}03)^8} \Rightarrow P3 = 5.525{,}86$$

$$P4 = 3.000\ \frac{(1+0{,}03)^4 - 1}{(1+0{,}03)^4 \times 0{,}03} + \frac{1}{(1+0{,}03)^8} \Rightarrow P4 = 8.802{,}93$$

Portanto: P = 6.865,56 + 4.187,42 + 5.525,86 + 8.802,93 $\Rightarrow$ **P = 25.381,77**

De onde temos: **26.750,00 > 25.381,77**

Assim:

- para **i** = 2% ⇒ 26.750,00 < 27.232,21
- para **i** = 3% ⇒ 26.750,00 > 25.381,77

Analisando os valores obtidos, notamos que a taxa se situa entre 2% e 3%. Dependendo da exatidão desejada, daremos sequência às tentativas. Se o valor procurado puder se restringir a uma casa decimal após a vírgula, podemos utilizar a interpolação linear com a diferença de um ponto percentual, para simplificar o cálculo, ou seja:

2%	⇒	27.232,21		
i%	⇐	**26.750,00**	⇒	**i = 2,2% a.m.**
3%	⇒	25.381,77		

2.35.3 O cálculo por meio da calculadora financeira HP 12C

[f] [CLX]

26750 CHS [g] [CFo]

0 [g] [CFj]

2500 [g] [CFj] 3 [g] [Nj]

0 [g] [CFj]

5000 [g] [CFj]

0 [g] [CFj]

7000 [g] [CFj]

3000 [g] [CFj] 4 [g] [Nj]

Para se obter o valor de i:

[f] [IRR]

Como resultado da operação, obteve-se: 2,2518.

Portanto: **i = 2,2518% a.m.**

2.35.4 O cálculo informatizado

Da planilha financeira do programa anexo (site da editora Blucher: <www.blucher.com.br>), utilizamos o cálculo **i – P, Md:**

CÁLCULO DA TAXA PERCENTUAL – i = ?
em função de P, Md, n

i = 2,2518 %

n	Valores		
0	(26.750,00)	←	P (negativo)
1	0,00	←	Md
2	2.500,00	←	Md
3	2.500,00		.
4	2.500,00		.
5	0,00		.
6	5.000,00		
7	0,00		
8	7.000,00		
9	3.000,00		
10	3.000,00		
11	3.000,00		
12	3.000,00		

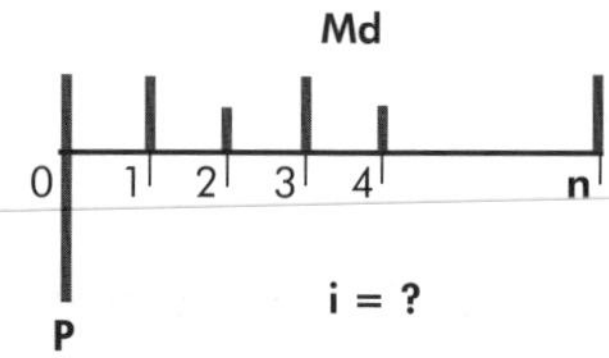

Representação do fluxo de caixa

2.35.5 O cálculo por meio de fatores

$$26.750 = 2.500\ (P/M, i, 3) \times (P/F, i, 1) + 5.000\ (P/F, i, 6) + 7.000\ (P/F, i, 8) + 3.000\ (P/M, i, 4) \times (P/F, i, 8)$$

Consultando a tabela de fatores encontrada no site da editora Blucher: <www.blucher.com.br>, temos:

- para **i** = 2,25% ⇒ 26.753,34
- para **i** = 2,75% ⇒ 25.828,42

2,25%	⇒	26.753,34		
i%	⇐	**26.750,00**	⇒	**i = 2,25% a.m.**
2,75%	⇒	25.828,42		

2.36 Taxa percentual – montantes em parcelas desiguais e o seu valor equivalente em um instante futuro

Mantendo-se os mesmos procedimentos do item anterior para esse desenvolvimento, em que também podemos ter valores diferenciados ao longo dos períodos e não necessariamente guardando sua periodicidade, denominaremos genericamente de **"Md"** as parcelas incidentes em um certo número de períodos e de **"Md0"** a parcela incidente no instante inicial, fazendo agora o relacionamento financeiro com um valor equivalente em um instante futuro **(F)**.

2.37 Cálculo da taxa percentual, conhecidos um futuro e os montantes desiguais (i – F/Md)

A exemplo do **2.31 (i - P/Md)**, por ser impossível desenvolver uma formulação matemática, desenvolveremos o cálculo de forma semelhante, agora pelo acúmulo das respectivas parcelas levadas ao instante **n** pretendido, considerando-se a taxa percentual de juros incidente sobre cada período e observando, evidentemente, a equivalência dos valores financeiros. Seria a aplicação do **1.62 (F/Md)**, agora procurando pela taxa **i**.

Vejamos a seguinte simulação:

- ⇨ investimentos efetuados em **4** parcelas, sendo **R$ 800,00** no instante inicial, **R$ 1.000,00** no primeiro período e **R$ 1.200,00** e **R$ 1.100,00** nos períodos subsequentes
- ⇨ para recebermos **R$ 4.330,00** no 4º período
- ⇨ qual o valor da taxa de juros?

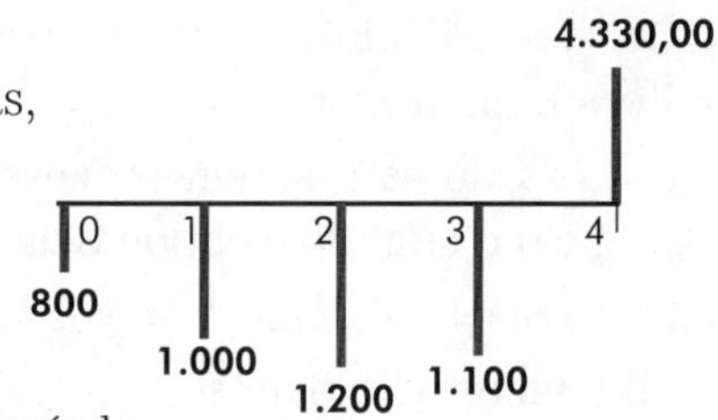

$$4.330,00 = 800\ (1 + i)^4 + 1.000\ (1 + i)^3 + 1.200\ (1 + i)^2 + 1.100\ (1 + i)$$

De forma genérica, temos:

- ⇨ investimentos efetuados em **n** parcelas, sendo $\mathbf{Md_0}$ no instante inicial e os demais de $\mathbf{Md_1}$, $\mathbf{Md_2}$, $\mathbf{Md_3}$, . . ., $\mathbf{Md_n}$ nos períodos subsequentes
- ⇨ para recebermos **F** no enésimo período
- ⇨ qual o valor da taxa de juros?

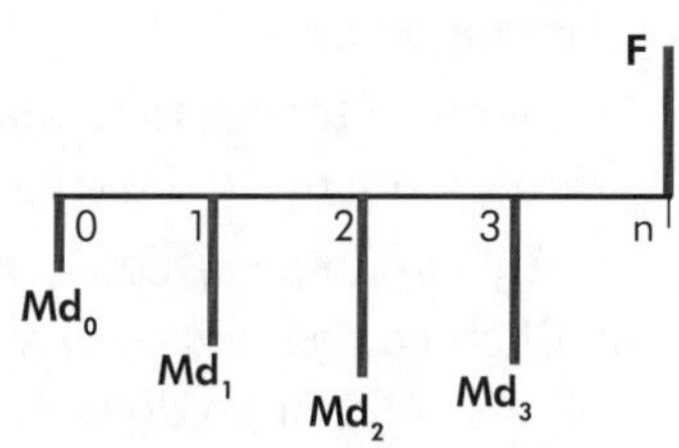

$$F = Md_0\ (1+ i)^n + Md_1\ (1 + i)^{n-1} + Md_2\ (1 + i)^{n-2} + .\ .\ .\ . \ + Md_{n-1}\ (1 + i) + Md_n$$

Para o cálculo da taxa, usaremos também o método de aproximações sucessivas, testando valores para a taxa **i**, até encontrarmos um valor que satisfaça à igualdade da equação, dentro da exatidão pretendida.

Assim, para o cálculo acima, temos:

$$4.330,00 = 800\ (1 + i)^4 + 1.000\ (1 + i)^3 + 1.200\ (1 + i)^2 + 1.100\ (1 + i)$$

- para i = 2% ⇒ 4.330,00 > 4.297,63
- para i = 3% ⇒ 4.330,00 < 4.399,21

Analisando os valores obtidos, notamos que a taxa se situa entre 2% e 3%. Dependendo da exatidão desejada, daremos sequência às tentativas. Se o valor procurado puder se restringir a uma casa decimal após a vírgula, podemos utilizar a interpolação linear com a diferença de um ponto percentual, para simplificar o cálculo, ou seja:

2%	⇒	4.297,63		
i%	⇐	**4.330,00**	⇒	**i = 2,3% a.m.**
3%	⇒	4.399,21		

2.38 Cálculo da taxa percentual de juros, conhecidos um valor no futuro e um montante desigual (i – F/Md), realizado por meio da calculadora financeira HP 12C

Para este cálculo utilizam-se praticamente os mesmos procedimentos do item anterior, quando trabalhado com a relação ao i-P/Md.

Os valores a serem processados são informados pelas teclas "g", "CFo" e "CFj", e o resultado é obtido pelas teclas "f" e "IRR".

Para esse cálculo, tem-se:

Primeiro limpam-se as memórias da calculadora:

[f] [CLX]

Em seguida, informam-se os dados, utilizando-se o "CFo" para a informação do valor no instante inicial e CFj para os demais períodos, obedecendo-se à sequência dos valores.

Se em algum período não incidir valor financeiro, deverá ser lançado o valor 0 (zero), a fim de se observar a sequência correta dos valores.

Aplicando-se a "convenção" vista em alguns cálculos anteriores, quando se trabalhou com sinais positivos e negativos para representar as entradas e saídas monetárias do fluxo de caixa, o faremos agora com sinal negativo na entrada do valor futuro.

Assim, tem-se:

800 [g] [CFo]

1000 [g] [CFj]

1200 [g] [CFj]

1100 [g] [CFj]

4330 CHS [g] [CFj]

Para se obter o valor de i:

[f] [IRR]

Como resultado da operação, obteve-se: 2,3206.

Portanto: **i = 2,3206% a.m.**

2.39 Cálculo da taxa percentual de juros, conhecidos um valor no futuro e um montante desigual (i – F/Md), realizado por meio da planilha eletrônica Excel

Para informatizarmos este cálculo, adotaremos os mesmos procedimentos usados no **1.64 (F/Md)**, considerando-se que agora a incógnita procurada é a taxa i, bem como as considerações quanto ao cálculo anterior, o **2.33, (i – P/Md)**, pela sua equivalência de conceitos.

Assim como no **2.33 (i – P/Md)**, utilizaremos a função **"TIR"**, encontrada na categoria **financeira** do assistente de função **fx**, que nos calcula também a taxa percentual de juros, conhecido o valor no instante futuro equivalente a uma série de investimentos com valores desiguais.

Utilizaremos os mesmos procedimentos do cálculo anterior **(i – P, Md)**, com a diferença de que agora podemos ter um valor de investimento no instante inicial (Md0), assim como nos demais períodos (Md), sendo que o valor conhecido em um período **n (F)** deverá conter o **sinal negativo**.

Quando houver um valor de investimento no instante final do período n, este deverá ser subtraído do valor **F**, para constar um único valor negativo em **n**.

Assim, trabalhando-se com a mesma função "TIR" **(= TIR ($B$8: $B$37)*100 – na célula D6)** e a mesma formatação de tela do cálculo anterior, faremos esse cálculo de forma semelhante ao do 2.33 (i/P, Md).

Para os dados constantes no 2.37, utilizando-se a planilha i – F/Md do programa anexo (site da editora Blucher: <www.blucher.com.br>), temos:

CÁLCULO DA TAXA PERCENTUAL – i = ?
em função de F, Md, i

i = 2,320624 %

n	Valores		
0	800,00	←	Md0
1	1.000,00	←	Md
2	1.200,00	←	Md
3	1.100,00		.
4	–4.330,00		.
5			
6			

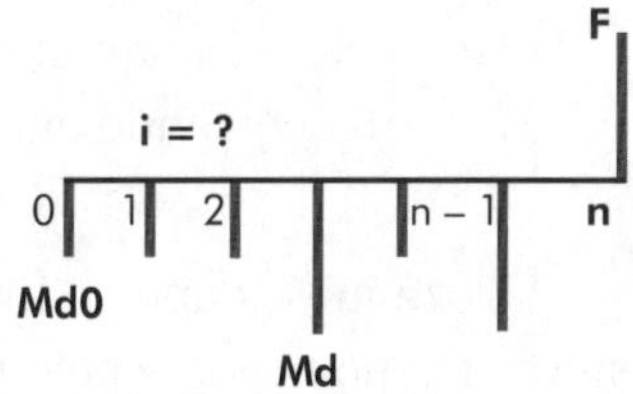

Representação do fluxo de caixa

2.40 Cálculo da taxa percentual de juros, conhecidos um valor no futuro e um montante desigual (i – F/Md), realizado por meio de fatores

Para o cálculo da taxa percentual, o presente e os montantes desiguais (i – F/Md), transformaremos a equação

$$4.330{,}00 = 800\,(1 + i)^4 + 1.000\,(1 + i)^3 + 1.200\,(1 + i)^2 + 1.100\,(1 + i)$$

em uma equação equivalente, aplicando-se os fatores como estudado nos itens anteriores:

$$4.330 = 800\,(F/P, i, 4) + 1000\,(F/P, i, 3) + 1.200\,(F/P, i, 2) + 1.100\,(F/P, i, 1)$$

O cálculo da taxa i é realizado com base em procura nas tabelas financeiras, testando valores para a taxa até que se encontre a igualdade da equação.

Consultando as tabelas de fatores anexas:

- para **i** = 2,25% ⇒ 4.322,85
- para **i** = 2,50% ⇒ 4.348,19

Analisando os valores obtidos, notamos que a taxa se situa entre 1,25% e 1,5%. Se o valor procurado puder se restringir a duas casas decimais após a vírgula, podemos utilizar a interpolação linear, ou seja:

2,25%	⇒	4.322,85		
i%	⇐	**4.330,00**	⇒	**i = 2,32% a.m.**
2,50%	⇒	4.348,19		

2.41 Exemplo de aplicação do cálculo de i em função de F e Md (i – F/Md)

Uma pessoa investiu os seguintes valores em um grupo financeiro:

- ⇨ uma primeira parcela de R$ 1.500,00 no instante inicial;
- ⇨ mais R$ 1.000,00 após um mês;
- ⇨ outras 4 parcelas de R$ 1.200,00 mensais e consecutivas, a partir do segundo mês;
- ⇨ e ainda 4 parcelas mensais e consecutivas de R$ 3.000,00, com a primeira ocorrendo em sequência às anteriores.

Doze meses após o investimento inicial, a pessoa resolveu vender ao grupo sua parte no negócio pelo valor de R$ 21.670,00. Qual a taxa percentual de juros mensal do investimento realizado no período em questão?

2.41.1 Fluxo de caixa gráfico

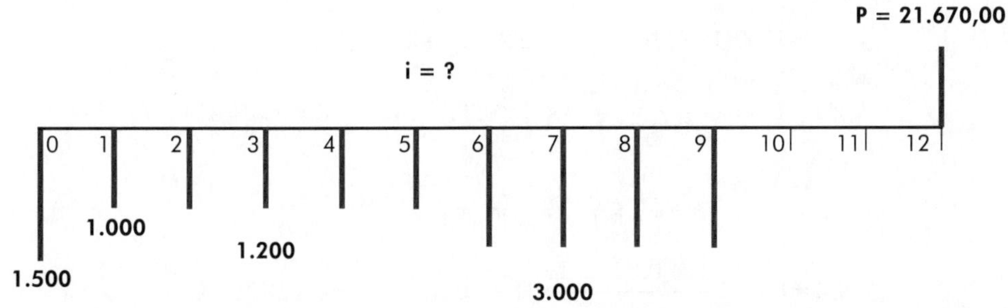

2.41.2 O cálculo por fórmulas

Para facilitar os cálculos, além da forma explicitada anteriormente, quando acumulamos valor a valor em um instante futuro, podemos também utilizar alguns cálculos desenvolvidos para montantes periódicos, trabalhando-se com grupo de valores, e obedecendo, evidentemente, aos conceitos estabelecidos para o cálculo.

Assim, observando-se a equivalência dos valores financeiros, temos:

21.670,00 = F1 + F2 + F3 + F4

Testando valores para **i**, temos:

Para **i = 1%**

$$F1 = 1.500(1+0,01)^{12} \quad \Rightarrow \quad F1 = 1.690,24$$

$$F2 = 1.000(1+0,01)^{11} \quad \Rightarrow \quad F2 = 1.115,67$$

$$F3 = 1.200\ \frac{(1+0,01)^{4}-1}{0,01} \times (1+0,01)^{7} \quad \Rightarrow \quad F3 = 5.223,95$$

$$\begin{matrix} \Uparrow & \Uparrow \\ (F-M) & (F-P) \end{matrix}$$

$$F4 = 3.000\ \frac{(1+0,01)^{4}-1}{0,01} \times (1+0,01)^{3} \quad \Rightarrow \quad F4 = 20.580,16$$

Portanto: F = 1.690,24 + 1.115,67 + 5.223,95 + 12.550,30 $\Rightarrow$ **F = 20.580,16**

De onde temos: 21.670,00 > 20.580,16

Para **i = 2%**

$$F1 = 1.500(1+0,02)^{12} \Rightarrow F1 = 1.902,36$$

$$F2 = 1000(1+0,02)^{11} \Rightarrow F2 = 1.243,37$$

$$F3 = 1.200 \; \underset{\underset{(F-M)}{\Uparrow}}{\frac{(1+0,01)^4 - 1}{0,02}} \times \underset{\underset{(F-P)}{\Uparrow}}{(1+0,02)^7} \Rightarrow F3 = 5.681,31$$

$$F4 = 3.000 \; \frac{(1+0,02)^4 - 1}{0,02} \times (1+0,02)^3 \Rightarrow F4 = 13.121,62$$

Portanto: F = 1.902,36 + 1.243,37 + 5.681,31 + 13.121,62 $\Rightarrow$ **F = 21.948,66**

De onde temos: 21.670,00 < 21.948,66

- para **i** = 1% $\Rightarrow$ 21.670,00 > 20.580,16
- para **i** = 2% $\Rightarrow$ 21.670,00 < 21.948,66

1%	$\Rightarrow$	20.580,16		
i%	$\Leftarrow$	**21.670,00**	$\Rightarrow$	**i = 1,80% a.m.**
2%	$\Rightarrow$	21.948,66		

2.41.3 O cálculo por meio da calculadora financeira HP 12C

f CLX

1500 g CFo

1000 g CFj

1200 g CFj 4 g Nj

3000 g CFj 4 g Nj

0 g CFj

0 g CFj

21670 CHS g CFj

Para se obter o valor de i:

[f] [IRR]

Como resultado da operação, obteve-se: 1,8017.

Portanto: **i = 1,8017% a.m.**

2.41.4 O cálculo informatizado

Da planilha financeira do programa anexo (site da editora Blucher: <www.blucher.com.br>), utilizamos o cálculo **i – F/Md**:

CÁLCULO DA TAXA PERCENTUAL – i = ?
em função de F, Md, i

i = 1,8017 %

n	Valores	
0	1.500,00	← Md (inst. inicial)
1	1.000,00	← Md
2	1.200,00	← Md
3	1.200,00	.
4	1.200,00	.
5	1.200,00	.
6	3.000,00	
7	3.000,00	
8	3.000,00	O valor de F em um determinado
9	3.000,00	período deverá ser negativo
10	0,00	
11	0,00	
12	(21.670,00)	

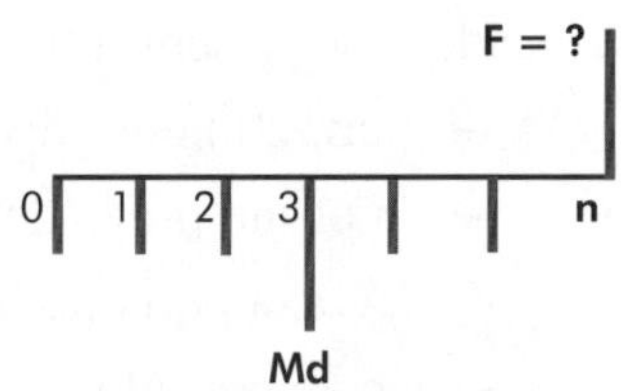

Representação do fluxo de caixa

2.41.5 O cálculo por meio de fatores

$$1.500\,(F/P, i, 12) + 1.000\,(F/P, i, 11) + 1.200\,(F/M, i, 4) \times (F/P, i, 7)$$
$$+ 3.000\,(F/M, i, 4) \times (F/P, i, 3) = 21.670$$

Consultando a tabela de fatores encontrada no site da editora Blucher: <www.blucher.com.br>, temos:

- para **i** = 1,75% ⇒ 21.597,95
- para **i** = 2,00% ⇒ 21.948,71

1,75%	⇒	21.597,95		
i%	⇐	**21.670,00**	⇒	**i = 1,80% a.m.**
2,00%	⇒	21.948,71		

2.42 Taxa percentual equivalente

Em nossos cálculos financeiros, consideramos que a taxa percentual de juros sempre esteve associada ao período de capitalização utilizado.

Assim, quando tínhamos um período de capitalização mensal, a taxa utilizada era mensal; quando tínhamos um período anual, a taxa era anual, sendo sempre mantida essa relação.

No entanto, podemos ter outra taxa percentual que esteja fora do período de capitalização, que produza o mesmo resultado obtido pela primeira.

Dizemos então que duas taxas são equivalentes quando se referem a períodos de tempos diferentes, e produzam o mesmo resultado final em um mesmo prazo de aplicação para um mesmo valor inicial investido.

2.43 Cálculo da taxa equivalente para um período de tempo maior (i(eq) – maior)

Consideremos a seguinte situação de investimento:

- ⇨ investimento de R$ 1.000,00;
- ⇨ por um prazo de 12 meses;
- ⇨ à taxa percentual de juros de 2% a.m.;
- ⇨ com período de capitalização mensal;
- ⇨ qual a taxa anual equivalente para se receber o mesmo valor após 1 ano?

Vamos executar os cálculos em duas etapas.

Inicialmente, calculamos o valor a ser recebido no final dos 12 meses, considerando a taxa de 2% a.m.

Do **1.2 (F/P)**, temos:

$$F = P\,(1 + i)^n \quad \Rightarrow \quad F = 1.000\,(1 + 0{,}02)^{12} \quad \Rightarrow \quad F = R\$\ 1.268{,}24$$

Agora, calculamos uma taxa percentual anual que produza o mesmo resultado, ou seja:

$$1.268{,}24 = 1.000{,}00\,(1 + i) \quad \Rightarrow \quad (1 + i) = 1{,}2682 \quad \Rightarrow \quad i = 0{,}2682 \quad \Rightarrow \quad i = 26{,}82\%\ \text{a a.}$$

Portanto, concluímos que as taxas percentuais

i = 2% a m. e i = 26,82% a.a. são equivalentes.

De forma genérica, temos:

- ⇨ investimento de um determinado valor **P**;
- ⇨ por um prazo de **n** períodos;

⇨ à taxa percentual de juros de **i% a.p.**;

⇨ com período de capitalização **p**;

⇨ qual a taxa equivalente para um período maior **t** para produzir o mesmo resultado?

Considerando que **n** seja parte inteira de **t**, temos:

$$P\,(1 + i_n)^n = P\,(1 + i_t) \Rightarrow (1 + i_n)^n = (1 + i_t)$$

Onde:

i_n = taxa percentual ao período menor (de capitalização)

i_t = taxa percentual ao período maior

n = número de períodos de capitalização

Assim, temos: $\mathbf{i_t = (1 + i_n)^n - 1}$

Considerando os dados acima, temos:

$$i_t = (1 + i_n)^n - 1 \Rightarrow i_t = (1 + 0{,}02)^{12} - 1 \Rightarrow i_t = 0{,}2682$$

Portanto: $\mathbf{i_t}$ **= 26,82% a.a.**

2.44 Formas de cálculos empregados

Pelas características dos cálculos executados para a equivalência de taxas percentuais, esses cálculos serão elaborados por meio de fórmulas matemáticas e por processo informatizado, após conhecer os conceitos financeiros envolvidos.

2.45 Cálculo da (i(eq) – maior) realizado por meio da planilha eletrônica Excel

Para informatizarmos este cálculo, usaremos os procedimentos convencionados na planilha eletrônica para o desenvolvimento de uma fórmula matemática.

Assim, trabalharemos com uma fórmula cuja incógnita denominamos **i(t)**, programando as células de maneira a obter o resultado desejado.

Para a apresentação desse cálculo informatizado, criamos uma tela com boa visualização, com cada valor envolvido ocupando uma determinada célula. Utilizando uma nomenclatura específica, temos:

CÁLCULO DA TAXA EQUIVALENTE PARA UM PERÍODO DE TEMPO MAIOR i(t) = ?
em função de uma taxa i(n) em período menor

Taxa ao período menor:	**i(n)**	=		% a.p. (menor)
Número de períodos:	**n**	=		períodos
Taxa equivalente:	**i(t)**	=		% a.p. (maior)

Para efetuarmos os cálculos, bastaria agora definir as células que contenham os valores **i(n)**, **n** e **i(t).**

Na planilha apresentada no programa anexo (site da editora Blucher: <www.blucher.com.br>), denominamos esse cálculo **i(eq) – maior** e utilizamos as células:

D9 para o valor da taxa de juros ao período menor i(n);

D11 para o número de períodos de capitalização **n**;

D14 para a taxa de juros ao período maior **i(t)**.

Assim, para efetuarmos o cálculo pretendido basta utilizar a fórmula **i(t)** na célula **D14**, da seguinte forma:

= (((1 + D9/100) ^ D11) – 1) * 100

Para os dados constantes no **2.43**, utilizando-se a planilha **i(eq) – maior** do programa anexo, temos:

CÁLCULO DA TAXA EQUIVALENTE PARA UM PERÍODO DE TEMPO MAIOR i(t) = ?
em função de uma taxa i(n) em período menor

Taxa ao período menor:	**i(n)**	=	**2**	% a.p. (menor)
Número de períodos:	**n**	=	**12**	períodos
Taxa equivalente:	**i(t)**	=	**26,8242**	% a.p. (maior)

2.46 Exemplo de aplicação do cálculo de i(t) em função de i(n) (i(eq) – maior)

Uma empresa, ao financiar a compra de um equipamento, acertou com o fornecedor uma taxa percentual de juros de 2,85% a.m. para o pagamento parcelado. Qual a taxa de juros semestral equivalente?

2.46.1 O cálculo por fórmula

$$i_t = (1 + i_n)^n - 1 \Rightarrow i_t = (1 + 0{,}0285)^6 - 1 \Rightarrow i_t = 0{,}1836$$

Portanto: **i (t) = 18,36% a.s.**

2.46.2 O cálculo informatizado

Da planilha financeira do programa anexo (site da editora Blucher: <www.blucher.com.br>), utilizamos o cálculo **i(eq) – maior**:

CÁLCULO DA TAXA EQUIVALENTE PARA UM PERÍODO DE TEMPO MAIOR i(t) = ?
em função de uma taxa i(n) em período menor

Taxa ao período menor:	**i(n)**	=	**2,85**	% a.p. (menor)
Número de períodos:	**n**	=	**6**	períodos
Taxa equivalente:	**i(t)**	=	**18,3657**	% a.p. (maior)

2.47 Cálculo da taxa equivalente para um período de tempo menor (i(eq) – menor)

Uma vez entendido o conceito de taxas equivalentes de juros, o seu cálculo torna-se relativamente simples, não havendo a necessidade de uma apresentação aos moldes do cálculo anterior.

Bastaria apenas calcular a taxa de juros equivalente a um determinado período, em função de outra taxa conhecida a outro período.

Portanto, o cálculo agora pretendido é o inverso do cálculo anterior, ou seja:

$$i_t = (1 + i_n)^n - 1 \quad \Rightarrow \quad \mathbf{i_n = (1 + i_t)^{1/n} - 1}$$

onde:

i_n = taxa percentual ao período menor (de capitalização);
i_t = taxa percentual ao período maior;
n = número de períodos de capitalização.

Imaginemos a seguinte situação:

⇨ conhecida a taxa percentual de juros de 20% a. a. (ao ano);
⇨ com período de capitalização mensal;
⇨ qual a sua taxa mensal equivalente?

$$i_n = (1 + i_t)^{1/n} - 1 \Rightarrow i_n = (1 + 0{,}2)^{1/12} - 1 \Rightarrow i = 0{,}0153$$

Portanto: **i = 1,53% a.m.**

2.48 Cálculo da (i(eq) – menor) realizado por meio da planilha eletrônica Excel

Para informatizarmos este cálculo, usaremos os mesmos procedimentos utilizados para o cálculo anterior, quando calculamos a taxa equivalente para um período maior.

Agora trabalharemos com a fórmula do **in**, programando as células de modo a obter o resultado desejado.

Utilizando a mesma formatação e nomenclatura da tela anterior, denominamos esse cálculo **i(eq) – menor** e utilizamos as células:

D9 para o valor da taxa de juros ao período maior **i(t)**;

D11 para o número de períodos de capitalização **n**;

D14 para a taxa de juros referentes ao período menor **i(n)**.

Assim, para efetuarmos o cálculo pretendido basta utilizar a fórmula **i(n)** na célula **D14**, da seguinte forma:

= ((1 + D9/100) ^ (1/D11) – 1) * 100

Para os dados constantes no **2.47**, utilizando-se a planilha **i(eq) – menor** do programa anexo (site da editora Blucher: <www.blucher.com.br>), temos:

CÁLCULO DA TAXA EQUIVALENTE PARA UM PERÍODO DE TEMPO MENOR i(n) = ?
em função de uma taxa i(t) em período maior

Taxa ao período maior:	**i(t)**	=	**20**	% a.p. (maior)
Número de períodos:	**n**	=	**12**	períodos
Taxa equivalente:	**i(n)**	=	**1,5309**	% a.p. (menor)

2.49 Exemplo de aplicação no cálculo de i(n) em função de i(t) (i(eq – menor)

Em um empréstimo realizado por um prazo de um mês, no qual foi cobrada uma taxa de juros de 4,36%, qual a taxa de juros equivalente diária, considerando um mês de 30 dias?

2.49.1 O cálculo por fórmula

$$i_n = (1 + i_t)^{1/n} - 1 \Rightarrow i_n = (1 + 0{,}0436)^{1/30} - 1 \Rightarrow i = 0{,}00142$$

Portanto: **i = 0,142% a.d.**

2.49.2 O cálculo informatizado

Da planilha financeira do programa anexo (site da editora Blucher: <www.blucher.com.br), utilizamos o cálculo **i(eq) – menor**:

CÁLCULO DA TAXA EQUIVALENTE PARA UM PERÍODO DE TEMPO MENOR i(n) = ?
em função de uma taxa i(t) em período maior

Taxa ao período maior:	**i(t)**	=	**4,36**	% a.p. (maior)
Número de períodos:	**n**	=	**30**	períodos
Taxa equivalente:	**i(n)**	=	**0,1424**	% a.p. (menor)

2.50 Taxa efetiva e taxa nominal

Sobre a taxa efetiva e a taxa nominal, utilizadas em algumas áreas financeiras, apresentaremos um conceito que poderá diferir um pouco da forma tradicional.

Os cálculos financeiros realizados em nossos estudos consideram uma taxa percentual que obedece ao período de capitalização em questão.

Mesmo que o objetivo seja uma taxa percentual fora do período de capitalização, o que pode parecer uma incoerência teórica, na prática é comum estabelecer uma taxa equivalente a um determinado período.

Como foi visto no item anterior, a equivalência de taxas se traduz pelo mesmo resultado de um valor aplicado a taxas e períodos diferentes. Isso só é possível com taxas que efetivamente produzam o mesmo resultado.

Uma taxa de 2% a.m., por exemplo, com período de capitalização mensal (o que nos parece uma redundância), possui uma taxa equivalente à anual de 26,82%. Entendemos, assim, como um rendimento efetivo anual da taxa estipulada mensal.

Portanto, à taxa anual nesse parâmetro denominamos **taxa efetiva**.

No entanto, poderá aparecer as seguintes situações:

- taxa percentual de juros de 36% ao ano, com período de capitalização mensal, entendendo-se, desta maneira, uma taxa de 3% ao mês;
- o resultado é obtido pela simples divisão, ou seja, por uma variação linear, enquanto a taxa equivalente é calculada segundo uma variação exponencial.

Para essas situações, entendemos ter uma taxa anual proporcional àquela do período de capitalização, o que denominamos **taxa nominal**.

Nota-se, então, que a taxa nominal anual, por exemplo, com período de capitalização mensal, é menor que a taxa efetiva anual, tendo-se como base de cálculo a mesma taxa mensal.

2.51 Cálculo da taxa efetiva, conhecida uma taxa nominal (i(ef) – i(nom))

Consideremos a seguinte situação:

- ⇨ conhecida a taxa de juros nominal de 36% ao ano;
- ⇨ com período de capitalização mensal;
- ⇨ qual a taxa efetiva anual?

Chamemos de **i (ef)** a taxa efetiva anual e de **i (nom)** a taxa nominal anual. Inicialmente calcularemos a taxa em seu período de capitalização:

$$i = \frac{\mathbf{36}}{\mathbf{12}} \quad \Rightarrow \quad i = 3\%\ \text{a.m.}$$

Agora, calcularemos a taxa efetiva anual, utilizando-se o **2.43 (i(eq) – maior)**

$$i_t = (1 + i_n)^n - 1 \quad \Rightarrow \quad i_t = (1 + 0{,}03)^{12} - 1 \quad \Rightarrow \quad i_t = 0{,}4258$$

Portanto: **i (ef) = 42,58% a.a.**

Genericamente temos:

- ⇨ conhecida a taxa de juros nominal **i (nom)**;
- ⇨ a um determinado número de períodos de capitalização **n**;
- ⇨ com período de capitalização **p** (parte inteira de n);
- ⇨ qual a taxa efetiva correspondente a **n?**

Calculando-se a taxa nominal em seu período de capitalização **p**, temos:

$$i = \frac{\mathbf{i(nom)}}{\mathbf{n}}$$

Agora, calculemos a taxa efetiva ao número de períodos **n**, utilizando-se o **2.43 (i (eq) – maior)**:

$$i_t = (1 + i_n)^n - 1 \quad \Rightarrow \quad \mathbf{i(ef) = \left[1 + \frac{i(nom)}{n}\right]^n - 1}$$

Para os dados acima, temos:

$$i(ef) = \left[1 + \frac{i(nom)}{n}\right]^n - 1 \quad \Rightarrow \quad i(ef) = \left[1 + \frac{0{,}36}{12}\right]^{12} - 1$$

Portanto: i (ef) = 0,4258 ⇒ **i (ef) = 42,58% a.a.**

2.52 Cálculo do i(ef) – i(nom) realizado por meio da planilha eletrônica Excel

Para informatizarmos este cálculo, usaremos os mesmos procedimentos utilizados para o cálculo das taxas equivalentes.

Trabalharemos com a fórmula do **i(ef),** programando as células de maneira a obter o resultado desejado.

Utilizando a mesma formatação das telas referentes aos cálculos das taxas equivalentes e uma nomenclatura própria, denominamos esse cálculo **i(ef) – i(nom)** e utilizamos as células:

D8 para o valor da taxa de juros nominal ao período maior **i(nom)**

D10 para o número de períodos de capitalização **n**

D13 para a taxa de juros efetiva ao período maior **i(ef)**

Assim, para efetuarmos o cálculo pretendido, basta utilizar a fórmula i(ef) na célula D13, da seguinte forma:

= ((1 + D8/100/D10) ^ (D10) – 1) * 100

Para os dados constantes no **2.51**, utilizando-se a planilha **i(ef) – i(nom)** do programa anexo, temos:

CÁLCULO DA TAXA EFETIVA i (ef)
em função de uma taxa nominal i(nom)

Taxa de juros nominal:	**i(nom)**	=	**36**	% a.p. (maior)
Número de períodos:	**n**	=	**12**	períodos
Taxa de juros efetiva:	**i(ef)**	=	**42,5761**	% a.p. (maior)

2.53 Exemplo de aplicação do cálculo de i(ef) em função de i(nom) – (i(ef) – i(nom))

Ao realizar um financiamento bancário, uma empresa acertou com a gerência que a taxa de juros a ser cobrada para o pagamento do empréstimo seria de 48% ao ano. Sabendo-se que a taxa fornecida é nominal e que o período de capitalização é mensal, qual a taxa anual efetivamente paga?

2.53.1 O cálculo por fórmula

$$i(ef) = \left[1 + \frac{i(nom)}{n}\right]^{n} - 1 \quad \Rightarrow \quad i(ef) = \left[1 + \frac{0,48}{12}\right]^{12} - 1$$

Portanto: i (ef) = 0,6010 $\Rightarrow$ **i (ef) = 60,10% a.a.**

2.53.2 O cálculo informatizado

Da planilha financeira do programa anexo (site da editora Blucher: <www.blucher.com.br), utilizamos o cálculo **i(ef) – i(nom)**:

CÁLCULO DA TAXA EFETIVA i (ef)
em função de uma taxa nominal i(nom)

Taxa de juros nominal:	**i(nom)**	=	**48**	% a.p. (maior)
Número de períodos:	**n**	=	**12**	períodos
Taxa de juros efetiva:	**i(ef)**	=	**60,1032**	% a.p. (maior)

2.54 Sistema Price

O Sistema Price, também conhecido como Tabela Price, possui as seguintes características:

- ⇨ taxa de juros nominal anunciada ao ano;
- ⇨ com período de capitalização mensal.

O sistema assim proposto considera uma taxa de juros anual proporcional, obtendo-se, portanto, a taxa mensal pela simples divisão.

A partir daí, os cálculos são elaborados normalmente, observando-se os procedimentos que devem ser obedecidos a cada cálculo.

Como decorrência do cálculo, percebe-se que a taxa anual efetivamente utilizada, a taxa efetiva, é superior à taxa anunciada, podendo ser calculada com a aplicação do **2.51 (i(ef) – i(nom))**.

A Tabela Price, como se percebe, consiste basicamente em uma situação específica da relação taxa nominal – taxa efetiva, que estudamos no item anterior, ou seja:

Taxa de juros de 12% a.a. pela Tabela Price – i(ef) = 12,68% a.a.

Assim, para qualquer cálculo no qual se utiliza a Tabela Price, basta transformar a taxa anunciada anual em mensal, dentro do período de capitalização financeiro, por uma simples divisão, e efetuar qualquer cálculo utilizando-se os problemas aqui desenvolvidos.

2.55 Exemplo de aplicação do cálculo com Sistema Price

Um financiamento foi efetuado nas seguintes condições:

- ⇨ valor do empréstimo de R$ 10.000,00
- ⇨ para pagamento em 24 parcelas mensais
- ⇨ com taxa de juros de 12% a.a., segundo Tabela Price.
- ⇨ qual o valor da parcela a pagar?

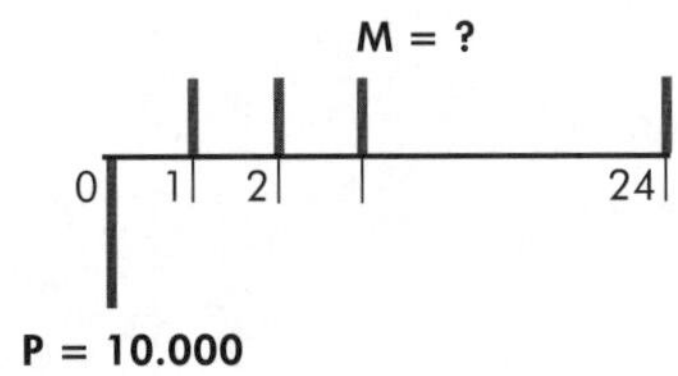

2.55.1 O cálculo por fórmula

Inicialmente transformamos a taxa anual em mensal:

$$i = \frac{12}{12} \quad \Rightarrow \quad \mathbf{i = 1\%\ a.m.}$$

Aplicando-se o **1.14 (M – P)**, temos:

$$M = P\,\frac{(1+i)^n \times i}{(1+i)^n - 1} \quad \Rightarrow \quad M = 10.000,00\,\frac{(1+0,01)^{12} \times 0,01}{(1+0,01)^{12} - 1} \quad \Rightarrow \quad \mathbf{M = R\$\ 888,49}$$

2.55.2 O cálculo informatizado

Com o auxílio do **1.16 (M/P)** informatizado no programa anexo (site da editora Blucher: <www.blucher.com.br), temos:

CÁLCULO DE UM MONTANTE PERIÓDICO – M = ?
em função de P, i, n

Presente:	**P**	=	**R$ 10.000,00**	
Taxa percentual:	**i**	=	**1**	% a.p.
Número de períodos:	**n**	=	**12**	períodos
Montante periódico:	**M**	=	**R$ 888,49**	

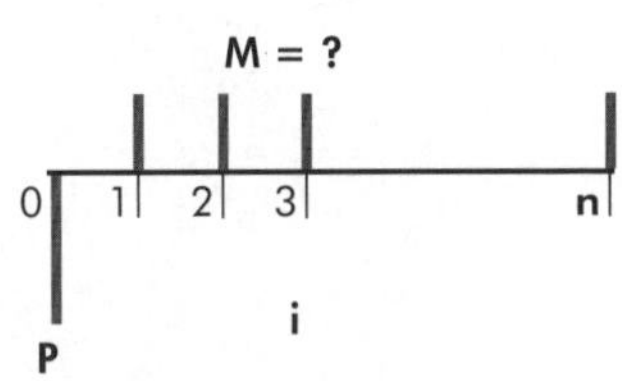

Representação do fluxo de caixa

3

AMORTIZAÇÃO DE DÍVIDA

Uma dívida contraída por um determinado prazo deverá ser saldada considerando-se o pagamento do valor tomado acrescido dos juros.

As partes envolvidas podem estipular qualquer tipo de acordo para a quitação da dívida, o que nos levaria ao desenvolvimento de vários cálculos específicos, respeitando-se, evidentemente, o princípio da equivalência.

Em nosso estudo, abordaremos com mais propriedade duas das modalidades mais usuais de resgate de uma dívida:

- Um sistema de extinção da dívida, conhecido por **sistema de pagamentos constantes (SPC)**, no qual a quitação é realizada por meio de uma série de pagamentos iguais e sucessivos, compondo cada parcela do capital e dos juros, ou seja, a dívida é amortizada por meio do montante periódico.

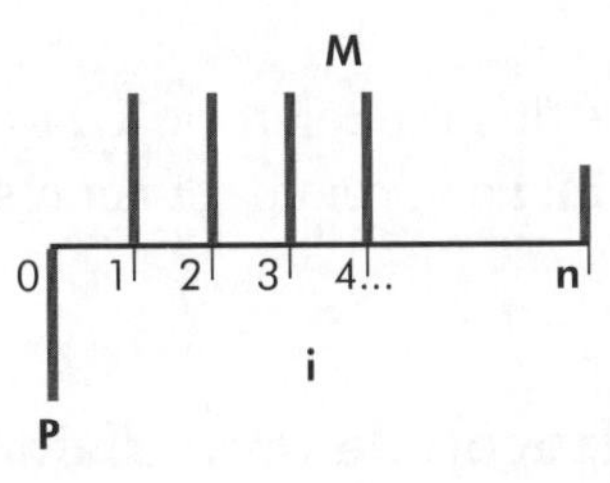

- Um outro sistema com as mesmas características básicas, conhecido por **sistema de amortizações constantes (SAC)**, com a diferença de que as parcelas para amortizar o saldo devedor é que são constantes. Com os juros também calculados sobre o saldo devedor, os valores das parcelas pagas são traduzidos não mais como constantes, mas decrescentes ao longo dos períodos.

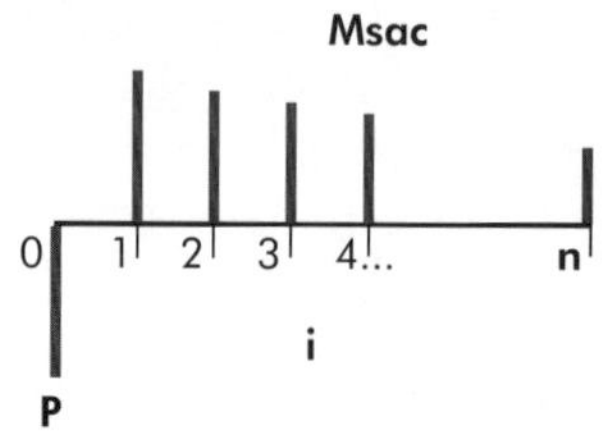

Além do SPC e do SAC, mostraremos outras duas modalidades, que também podem, evidentemente, compor esse assunto: o SAM e o SAV.

3.1 Sistema de pagamentos constantes (SPC) para amortização de uma dívida

Durante o prazo de quitação da dívida, cada parcela do montante periódico **(M)** será composta pelos pagamentos do valor emprestado, que denominamos **amortização (AM)**, e do valor correspondente aos juros do período **(J)**.

Assim, temos:

$$\mathbf{M = AM + J}$$

Com o pagamento da primeira parcela ocorrendo um período após a data em que se contraiu a dívida e os demais de forma sucessiva, visualizamos o fluxo de caixa:

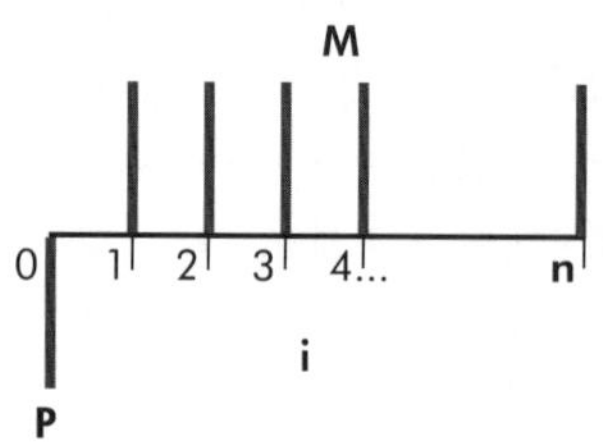

Conforme foi visto, esse fluxo se refere ao **1.14 (M/P)**, onde se tem uma relação bem definida entre **P**, **M**, **i** e **n**, com pagamentos incidentes no final de cada período de capitalização.

3.2 Cálculo da amortização de uma dívida através do SPC

Para entendermos melhor este procedimento, vejamos a seguinte situação:

- ⇨ empréstimo de **R$ 10.000,00**
- ⇨ para pagamento em **12** parcelas iguais
- ⇨ à taxa percentual de juros de **4% a.p.**

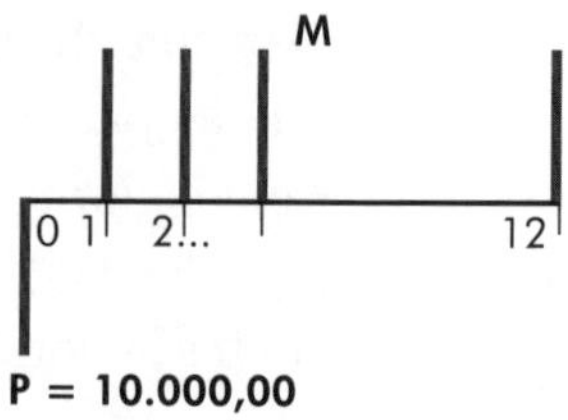

Com relação ao estudo das amortizações, deseja-se saber:

1. Qual o valor do montante periódico para se quitar a dívida **(M)**?
2. Qual o valor dos juros de cada parcela paga **(J)**?
3. Qual o valor da amortização de cada parcela paga **(AM)**?
4. Qual o valor do saldo devedor após cada parcela paga **(SD)**?
5. Qual o valor dos juros acumulados após cada parcela paga **(Jac)**?
6. Qual o valor das amortizações acumuladas após cada parcela paga **(AMac)**?
7. Qual o valor dos juros acumulados nos quatro períodos compreendidos entre t1 = 3 (exclusive) e t2 = 7 (inclusive) **(Jac (t1 a t2))**?
8. Qual o valor das amortizações acumuladas nos quatro períodos compreendidos entre t1 = 3 (exclusive) e t2 = 7 (inclusive) **(AMac (t1 a t2))**?

3.3 Cálculo da amortização (SPC) através de um quadro

Se pretendermos ter todos esses valores em evidência, é preciso elaborar um quadro no qual possamos visualizar os cálculos de forma prática.

Assim, apresentamos o seguinte quadro para a demonstração dos valores pretendidos:

CÁLCULO DA AMORTIZAÇÃO

Presente:	**P**	=	**10.000,00**	(R$)
Taxa percentual:	**i**	=	**4,00**	% a.p.
Número de períodos:	**n**	=	**12**	períodos

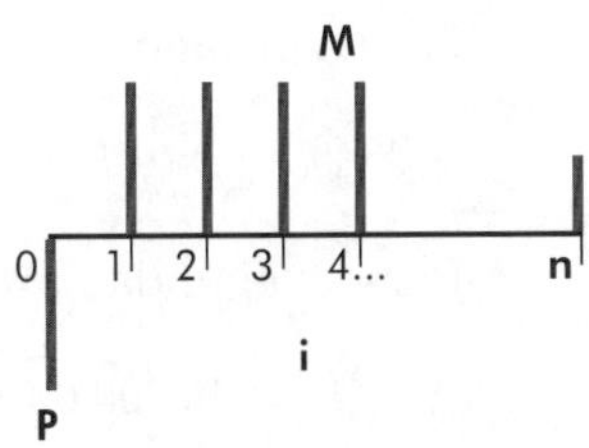

SOMA:	12.786,26	2.786,26	10.000,00			
n	**M**	**JUROS**	**AMORT.**	**SAL. DEV.**	**J (acum.)**	**AM (acum.)**
0				10.000,00		
1	1.065,52	400,00	665,52	9.334,48	400,00	665,52
2	1.065,52	373,38	692,14	8.642,34	773,38	1.357,66
3	1.065,52	345,69	719,83	7.922,51	1.119,07	2.077,49
4	1.065,52	316,90	748,62	7.173,89	1.435,97	2.826,11
5	1.065,52	286,96	778,57	6.395,32	1.722,93	3.604,68
6	1.065,52	255,81	809,71	5.585,61	1.978,74	4.414,39
7	1.065,52	223,42	842,10	4.743,51	2.202,17	5.256,49
8	1.065,52	189,74	875,78	3.867,73	2.391,91	6.132,27
9	1.065,52	154,71	910,81	2.956,92	2.546,62	7.043,08
10	1.065,52	118,28	947,24	2.009,67	2.664,89	7.990,33
11	1.065,52	80,39	985,13	1.024,54	2.745,28	8.975,46
12	1.065,52	40,98	1.024,54	0,00	2.786,26	10.000,00

Com o quadro preenchido para facilitar nosso estudo, passamos a demonstrar os cálculos efetuados.

3.4 Cálculo da amortização (SPC) através de itens

3.4.1 Cálculo do valor do montante periódico para se quitar a dívida (M)

Do **1.14. (M/P)**, temos:

$$M = P\,\frac{(1+i)^n \times i}{(1+i)^n - 1} \quad \Rightarrow \quad M = 10.000{,}00\,\frac{(1+0{,}04)^{12} \times 0{,}04}{(1+0{,}04)^{12} - 1} \quad \Rightarrow \quad \mathbf{M = R\$\ 1.065{,}52}$$

3.4.2 Cálculo do valor dos juros de cada parcela paga (J)

O valor do juro de uma determinada parcela é o produto do saldo devedor após o pagamento da parcela anterior pela taxa de juros, uma vez que o juro correspondente a um período de capitalização se aplica ao saldo existente no seu início, percorrendo todo o respectivo período, até seu instante final.

Assim, para uma determinada parcela t, o cálculo seria:

$$\mathbf{J\ (t) = SD\ (t-1) \times i}$$

Para a primeira parcela, temos:

$$J\ (1) = SD\ (0) \times i \quad \Rightarrow \quad j\ (1) = 10.000{,}00 \times 0.04 \quad \Rightarrow \quad \mathbf{J\ (1) = R\$\ 400{,}00}$$

Para a segunda parcela, temos:

$$SD\ (1) = (10.000{,}00 + 4\%\ \text{de}\ 10.000{,}00) - 1.065{,}52 \quad \Rightarrow \quad \mathbf{SD\ (1) = 9.334{,}48}$$

$$J\ (2) = SD\ (1) \times i \quad \Rightarrow \quad j\ (2) = 9.334{,}48 \times 0.04 \quad \Rightarrow \quad \mathbf{J\ (2) = R\$\ 373{,}38}$$

Para a obtenção dos valores dos juros ocorridos nas demais parcelas, basta dar sequência aos cálculos.

3.4.3 Cálculo do valor da amortização de cada parcela paga (AM)

O valor da amortização de cada parcela, por se tratar de um Sistema de Pagamento constante, ou seja, em parcelas iguais, pode ser calculado pela diferença entre o valor da parcela e o valor do juro correspondente.

Assim, para uma parcela t, temos:

$$\mathbf{AM(t) = M(t) - J(t)}$$

Para a primeira parcela, temos:

$$AM\ (1) = M\ (1) - J\ (1) \Rightarrow AM\ (1) = 1.065{,}52 - 400{,}00 \Rightarrow \mathbf{AM = R\$\ 665{,}52}$$

Para a segunda parcela, temos:

$$AM\ (2) = M\ (2) - J\ (2) \Rightarrow AM\ (2) = 1.065{,}52 - 373{,}38 \Rightarrow \mathbf{AM = R\$\ 692{,}14}$$

Para as demais parcelas, seguir o mesmo procedimento.

3.4.4 Cálculo do valor do saldo devedor após cada parcela paga (SD)

O cálculo do saldo devedor, elemento muito importante nesse estudo, pois permite conhecer o valor restante de uma dívida em um determinado período, inclusive para uma eventual quitação antes do prazo final do empréstimo, poderá ser feito conforme descrito no item **3.4.2**, ou sobre as parcelas restantes a pagar.

Nesse último caso, o valor do saldo devedor, após o pagamento de uma determinada parcela **t**, seria igual ao valor presente **(P)** calculado nessa época sobre o número de parcelas restantes a pagar e à taxa de juros considerada.

Assim, com base no **1.19 (P/M)**, temos:

$$\mathbf{SD(t) = M\ \frac{(1+i)^{n-t} - 1}{(1+i)^{n-t} \times i}}$$

Para a primeira parcela, temos:

$$SD(1) = M\ \frac{(1+i)^{12-1} - 1}{(1+i)^{12-1} \times i} \Rightarrow SD(1) = 1.065{,}52\ \frac{(1+0{,}04)^{11} - 1}{(1+0{,}04)^{11} \times 0{,}04}$$

Portanto: **SD (1) = 9.334,48**

Para o cálculo do saldo devedor das demais parcelas, seguir o mesmo procedimento.

3.4.5 Cálculo do valor dos juros acumulados após cada parcela paga (Jac)

Este cálculo se efetua simplesmente acumulando-se os valores dos juros a cada período.

Assim, para o cálculo dos juros acumulados até uma parcela t, temos:

$$\mathbf{Jac(t) = Jac(t-1) + J(t)}$$

Conforme calculado no item anterior, para o valor acumulado até a segunda parcela, temos:

$$\text{Jac (2)} = \text{Jac (1)} + \text{J (2)} \Rightarrow \text{Jac (2)} = 400{,}00 + 373{,}38 \Rightarrow \mathbf{Jac\ (2) = 773{,}38}$$

Para o cálculo das demais parcelas, seguir o mesmo procedimento.

Poderíamos também executar o cálculo sem o auxílio do quadro, com a seguinte fórmula matemática:

$$\mathbf{Jac\ (t) = t \times M + SD\ (t) - P}$$

Para o cálculo dos juros acumulados até a parcela 2, como exemplo, temos:

$$\text{Jac (2)} = 2 \times 1.065{,}52 + 8.642{,}34 - 10.000{,}00 \Rightarrow \mathbf{Jac = R\$\ 773{,}38}$$

3.4.6 Cálculo do valor das amortizações acumulados após cada parcela paga (AMac)

A exemplo do item anterior, este cálculo se efetua simplesmente acumulando-se os valores das amortizações a cada período.

Assim, para o cálculo das amortizações acumuladas até uma determinada parcela **t**, temos:

$$\mathbf{AMac\ (t) = AMac\ (t - 1) + AM\ (t)}$$

Conforme calculado no item anterior, para o valor acumulado até a segunda parcela, temos:

$$\text{AMac (2)} = \text{AMac (1)} + \text{AM (2)} \Rightarrow \text{AMac (2)} = 665{,}52 + 692{,}14$$

Portanto: **AMac (2) = R$ 1.357,66**

Para os demais cálculos, seguir o mesmo procedimento.

Sem a disposição do quadro, calcularíamos as amortizações acumuladas pela diferença entre o valor acumulado do montante periódico pago até **t** e o valor acumulado dos juros pagos no mesmo intervalo entre períodos.

Ou seja:

$$\mathbf{AMac\ (t) = t \times M - Jac\ (t)}$$

Para o cálculo das amortizações acumuladas até a parcela 2, como exemplo, temos:

$$\text{AMac (2)} = 2 \times 1.065{,}52 - 773{,}38 \Rightarrow \mathbf{AMac\ (2) = R\$\ 1.357{,}66}$$

3.4.7 Cálculo do valor dos juros acumulados nos 4 períodos compreendidos entre t1 = (exclusive) e t2 = 7 (inclusive) (Jac (t1 a t2))?

Trabalhando-se o quadro da amortização, temos:

Jac (3 a 7) = 316,90 + 286,96 + 255,81 + 223,42 ⇒ **Jac (3 a 7) = R$ 1.083,09**

Sem o auxílio do quadro, faríamos o cálculo pela diferença entre o valor dos juros acumulados até as parcelas t1 e t2.

Com o cálculo efetuado no item **3.4.5** anterior para juros acumulados, temos:

$$\text{Jac (t)} = \text{t} \times \text{M} + \text{SD (t)} - \text{P}$$

Para t = 7 períodos:

$$\text{Jac}(7) = 7 \times 1.065{,}52 + 1.065{,}52 \; \frac{(1+0{,}04)^{12-7} - 1}{(1+0{,}04)^{12-7} \times 0{,}04} - 10.000{,}00$$

$$\text{Jac}(7) = \text{R\$ } 2.202{,}16$$

Para t = 3 períodos:

$$\text{Jac}(3) = 3 \times 1.065{,}52 + 1.065{,}52 \; \frac{(1+0{,}04)^{12-3} - 1}{(1+0{,}04)^{12-3} \times 0{,}04} - 10.000{,}00$$

$$\text{Jac}(3) = \text{R\$ } 1.119{,}0$$

Para o valor dos juros acumulados entre t1 = 3 (exclusive) e t2 = 7 (inclusive), temos:

$$\text{Jac (3 a 7)} = \text{Jac (7)} - \text{Jac (3)} = \text{Jac (3 a 7)} = 2.202{,}16 - 1.119{,}07$$

Portanto: Jac(3 a 7) = R$ 1.083,09

3.4.8 Cálculo do valor das amortizações acumuladas nos 4 períodos compreendidos entre t1 = 3 (exclusive) e t2 = 7 (inclusive) (AMac (t1 a t2))?

Trabalhando-se o quadro da amortização, temos:

AMac (3 a 7) = 748,62 + 778,57 + 809,71 + 842,10 ⇒ **AMac (3 a 7) = R$ 3.179,00**

Sem a disposição do quadro, calcularíamos as amortizações acumuladas pela diferença entre o valor acumulado do montante periódico pago entre os períodos t1 e t2 e o valor acumulado dos juros pagos no mesmo intervalo entre períodos. Ou seja:

$$\textbf{AMac (t1 a t2)} = \textbf{(t2} - \textbf{t1)} \times \textbf{M} - \textbf{Jac (t1 a t2)}$$

Para o cálculo das amortizações acumuladas entre a parcela t1 = 3 (exclusive) e a parcela t2 = 7 (inclusive), temos:

$$\text{AMac (3 a 7)} = (7 - 3) \times \text{M} - \text{Jac (3 a 7)}$$

$$\text{AMac (3 a 7)} = (7 - 3) \times 1.065{,}52 - 1.083{,}09 \quad \Rightarrow \quad \textbf{AMac (3 a 7) = R\$ 3.179,00}$$

3.5 Cálculo do SPC realizado por meio da planilha eletrônica Excel

Para informatizarmos este cálculo, usaremos tanto funções programadas pelo Excel quanto procedimentos convencionados na planilha eletrônica para o desenvolvimento de uma fórmula matemática.

Os cálculos das amortizações serão apresentados através de um quadro, em que se tem uma visão geral dos valores, e de itens específicos, onde constam apenas os valores procurados.

Assim, dividimos a apresentação em duas planilhas de trabalho, que denominamos **amortização – quadro** e **amortização – itens**.

Amortização – quadro

Para esta apresentação, criamos uma tela baseada no quadro utilizado nos cálculos acima, com cada valor ocupando uma determinada célula:

CÁLCULO DA AMORTIZAÇÃO

Presente:	**P**	=		(R$)
Taxa percentual:	**i**	=		% a.p.
Número de períodos:	**n**	=		períodos

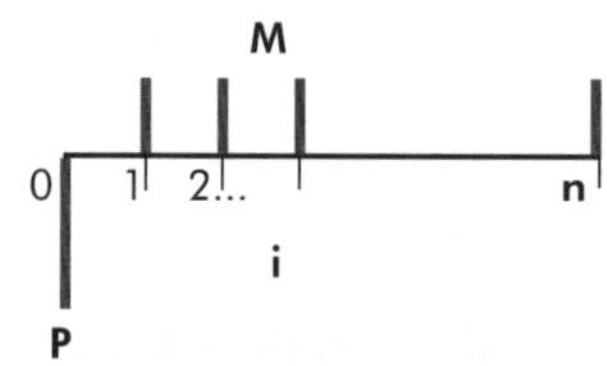

SOMA:						
n	**M**	**JUROS**	**AMORT.**	**SAL. DEV.**	**J (acum.)**	**AM (acum.)**
0						
1						
2						
3						

Na planilha apresentada no programa anexo (site da editora Blucher: <www.blucher.com.br>), denominamos esse cálculo **SPC – quadro** e utilizamos as células:

E5 para o valor da dívida a ser quitada **P**;

E6 para a taxa de juros aplicada ao financiamento **i**;

E7 para o número de períodos de capitalização **n**;

C9, **D9** e **E9** para as somas dos valores das parcelas, dos juros e das amortizações pagos, respectivamente.

Na **linha 11**, entre as colunas **B** e **H** da planilha, situamos o cabeçalho dos valores procurados, ou seja, distribuímos, respectivamente:

n: número de parcelas necessárias para se quitar a dívida;

M: valor de cada parcela periódica;

JUROS: valor do juro de cada parcela;

AMORT: valor da amortização de cada parcela;

SAL DEV: valor do saldo devedor após o pagamento de cada parcela;

J(acum): valor dos juros acumulados após o pagamento de cada parcela;

AM(acum): valor das amortizações acumuladas após o pagamento de cada parcela.

Com o quadro estruturado, passamos a inserir as funções e fórmulas necessárias ao cálculo desejado da seguinte forma:

Célula F12 (dívida contraída): = **E5**

Célula C13 (M): = **PGTO ($E$6/100; $E$7; –$E$5)**

Célula D13 (JUROS): = **IPGTO ($E$6/100; $E$7; –$E$5)**

A função **IPGTO** programada no Excel calcula o valor do juro contido em uma determinada parcela, informando-se na sequência:

taxa = taxa de juros **i**;

per = período (ou parcela) desejado para o cálculo **t**;

nper = número de períodos (ou parcelas) para a quitação da dívida **n**;

vp = valor da dívida contraída (presente) **P**;

Célula E13 (AMORT): = **PPGTO ($E$6/100; $E$7; –$E$5)**.

A função **PPGTO** programada no Excel calcula o valor da amortização contida em uma determinada parcela, informando-se na sequência os mesmos valores utilizados na função **IPGTO**:

Célula F13 (SAL DEV): = **F12*(1 + $E$6/100)) – C13**

Célula G13 (J(acum)): = **D13**

Célula H13 (AM(acum)): = **E13**

Célula G14 (J(acum)): = **G13 + D14**

Célula H14 (AM(acum)): = **H13 + E14**

Para completarmos o segundo período, copiamos os dados das células de C13 a F13 para C14 a F14.

Para a apresentação dos cálculos, formatamos as células da planilha de trabalho da maneira desejada.

Na planilha **SPC – quadro** apresentada no programa anexo (site da editora Blucher: <www.blucher.com.br>), temos um quadro montado para dois períodos.

O quadro para um determinado número de períodos ficará completo após a informação de "n".

Para os dados constantes no **3.2**, utilizando-se a planilha **SPC – quadro** do CD anexo, temos:

CÁLCULO DA AMORTIZAÇÃO

Presente:	**P**	=	**10.000,00**	(R$)
Taxa percentual:	**i**	=	**4,00**	% a.p.
Número de períodos:	**n**	=	**12**	períodos

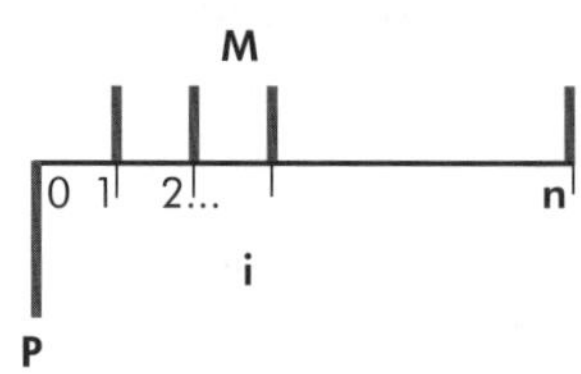

SOMA:	12.786,26	2.786,26	10.000,00			
n	**M**	**JUROS**	**AMORT.**	**SAL. DEV.**	**J (acum.)**	**AM (acum.)**
0				10.000,00		
1	1.065,52	400,00	665,52	9.334,48	400,00	665,52
2	1.065,52	373,38	692,14	8.642,34	773,38	1.357,66
3	1.065,52	345,69	719,83	7.922,51	1.119,07	2.077,49
4	1.065,52	316,90	748,62	7.173,89	1.435,97	2.826,11
5	1.065,52	286,96	778,57	6.395,32	1.722,93	3.604,68
6	1.065,52	255,81	809,71	5.585,61	1.978,74	4.414,39
7	1.065,52	223,42	842,10	4.743,51	2.202,17	5.256,49
8	1.065,52	189,74	875,78	3.867,73	2.391,91	6.132,27
9	1.065,52	154,71	910,81	2.956,92	2.546,62	7.043,08
10	1.065,52	118,28	947,24	2.009,67	2.664,89	7.990,33
11	1.065,52	80,39	985,13	1.024,54	2.745,28	8.975,46
12	1.065,52	40,98	1.024,54	0,00	2.786,26	10.000,00

Amortização – itens

Quando se deseja valores resultantes de cálculo de amortização para um determinado período, não há a necessidade de se montar um quadro, embora isso agilize a obtenção de valores de forma rápida.

Em algumas situações, no entanto, necessitamos de um cálculo com uma apresentação específica para um determinado período. Para isso criamos uma tela com os dados e incógnitas procurados, com cada valor ocupando uma determinada célula, com a seguinte apresentação:

CÁLCULO DA AMORTIZAÇÃO

Presente: P = ____ (R$)
Taxa percentual: i = ____ % a.p.
Número de períodos: n = ____ períodos

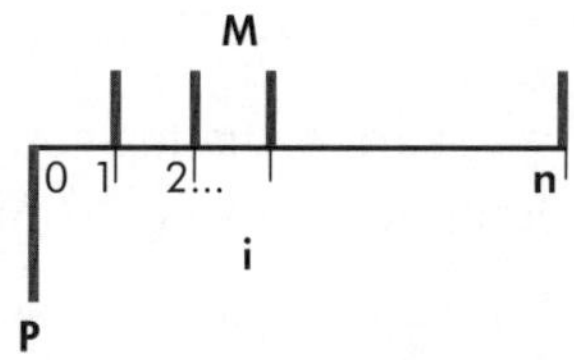

Parcela t = ____ **Parcela t1** = ____ (exclusive) **Parcela t2** = ____ (inclusive)

Montante periódico:	**M** =	
Juros na parcela **t**:	**J (t)** =	
Amortização na parcela **t**:	**AM (t)** =	
Saldo devedor após pagamento de **t**:	**SAL DEV (t)** =	
Juros acumulados até **t** (inclusive):	**Jac (t)** =	
Amortização acumulada até **t** (inclusive):	**AMac (t)** =	
Juros acum. de **t1** (exclusive) a **t2** (inclusive):	**J (t1 a t2)** =	
Amort. acum. de **t1** (exclusive) a **t2** (inclusive):	**AM (t1 a t2)** =	

Na planilha apresentada no programa anexo (site da editora Blucher: <www.blucher.com.br>, denominamos esse cálculo **SPC – itens** e utilizamos as células:

D5 para o valor da dívida a ser quitada **P**;

D6 para a taxa de juros aplicada ao financiamento **i**;

D7 para o número de períodos de capitalização **n**;

C10 período (ou parcela) desejado para o cálculo de uma determinada parcela **t**;

E10 e **G10** para a informação dos períodos correspondentes a um determinado tempo compreendido entre **t1** e **t2**, respectivamente.

Entre as linhas **13** e **27**, cruzando com as colunas **C**, **F** e **G** da planilha, situamos os itens pretendidos, ou seja:

Célula G13 (M): = **PGTO (D6/100;D7;–D5)**

Célula G15 (J(t)): = **VP (D6/100;D7–C10+1;-G13)*D6/100**

Célula G17 (AM(t)): = **G13–G15**

Célula G19 (SAL DEV(t)): = **VP (D6/100;D7–C100;G13)**

Célula G21 (Jac(t)): = **C10*G13+VP(D6/100;D7–C10;–G13) – D5**

Célula G23 (AMac(t)): = **C10*G13 – G21**

Célula G25 (J(t1 a t2)): = **(G10*G13+VP(D6/100;D7–G10;G13) – D5 – (E10*G13+VP(D6/100;D7–E10;–G13)**

Célula G27 (AM(t1 a t2)): = **(G10-E10)*G13–G25**

Para os dados constantes no **3.2**, utilizando-se a planilha **SPC – itens** do programa anexo (site da editora Blucher: <www.blucher.com.br>), temos:

CÁLCULO DA AMORTIZAÇÃO

Presente:	**P**	=	10.000,00	(R$)
Taxa percentual:	**i**	=	4,00	% a.p.
Número de períodos:	**n**	=	12	períodos

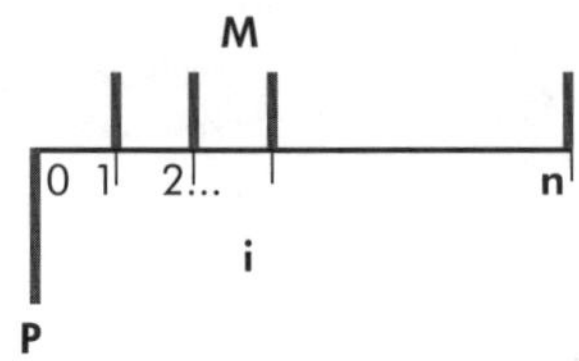

Parcela t =	2	**Parcela t1 =**	3 (exclusive)	**Parcela t2 =**	7 (inclusive)

Montante periódico:	**M =**	1.065,52
Juros na parcela **t**:	**J (t) =**	373,38
Amortização na parcela **t**:	**AM (t) =**	692,14
Saldo devedor após pagamento de **t**:	**SAL DEV (t) =**	8.642,34
Juros acumulados até **t** (inclusive):	**Jac (t) =**	773,38
Amortização acumulada até **t** (inclusive):	**AMac (t) =**	1.357,66
Juros acum. de **t1** (exclusive) a **t2** (inclusive):	**J (t1 a t2) =**	1.083,09
Amort. acum. de **t1** (exclusive) a **t2** (inclusive):	**AM (t1 a t2) =**	3.178,99

3.6 Exemplo de aplicação do cálculo de amortização (SPC)

Na negociação de um imóvel no valor à vista de R$ 50.000,00, foi acertado o pagamento da seguinte forma:

- ⇨ entrada de R$ 10.000,00;
- ⇨ saldo financiado em 36 parcelas mensais iguais;
- ⇨ a juros de 24% ao ano, segundo Tabela Price.

Após o pagamento da 24ª parcela, o comprador deseja saber:

1. Qual o valor do juro incidente na 24ª parcela?
2. Qual o valor da amortização incidente na 24ª parcela?
3. Qual o valor do saldo devedor após o pagamento da 24ª parcela?

4. Qual o valor dos juros acumulados até a 24ª parcela?
5. Qual o valor das amortizações acumuladas até a 24ª parcela?
6. Qual o valor dos juros acumulados nos 12 meses intermediários do pagamento?
7. Qual o valor das amortizações acumuladas no mesmo período anterior do item **6**?

3.6.1 Fluxo de caixa

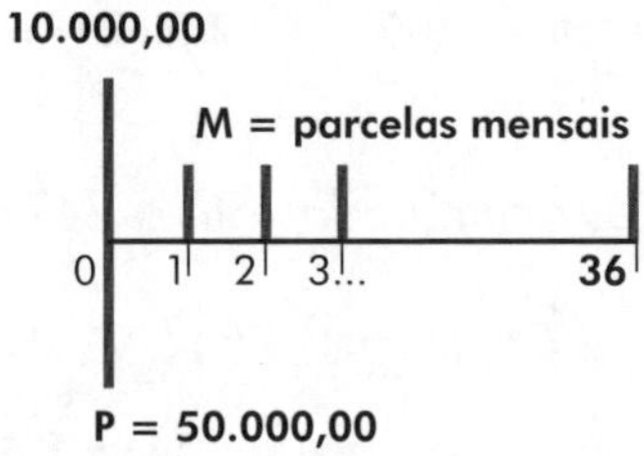

$$i = \frac{24}{12} = 2\% \text{ a.m.}$$

3.6.2 O cálculo por fórmulas

Algumas considerações iniciais:

- Valor da dívida: P = 50.000,00 – 10.000,00 $\Rightarrow$ **P = 40.000,00**
- Taxa de juros: i = 24 / 12 $\Rightarrow$ **i = 2% a.m.**
- Valor da parcela mensal:

$$M = P\,\frac{(1+i)^n \times i}{(1+i)^n - 1} \quad \Rightarrow \quad M = 40.000,00\,\frac{(1+0,02)^{36} \times 0,02}{(1+0,02)^{36} - 1} \quad \Rightarrow \quad \mathbf{M = R\$\ 1.569,31}$$

a) Cálculo do valor do juro incidente na 24ª parcela

$$J(t) = SD(t-1) \times i \quad \Rightarrow \quad J(24) = SD(23) \times i$$

$$SD(23) = M\frac{(1+i)^{36-23} - 1}{(1+i)^{36-23} \times i} \quad \Rightarrow \quad SD(23) = 1.569,31\,\frac{(1+0,02)^{13} - 1}{(1+0,02)^{13} \times 0,02}$$

$$J(24) = 17.809,12 \times 0,02 \quad \Rightarrow \quad \mathbf{J(24) = R\$\ 356,18}$$

b) Cálculo do valor da amortização incidente na 24ª parcela

$$AM\ (24) = M - J\ (24) \quad \Rightarrow \quad AM\ (24) = 1.569,31 - 356,18 \quad \Rightarrow \quad \mathbf{AM = R\$\ 1.213,13}$$

c) Cálculo do valor do saldo devedor após o pagamento da 24ª parcela

$$SD(24) = M\frac{(1+i)^{36-24}-1}{(1+i)^{36-24}\times i} \Rightarrow SD(24) = 1.569,31\ \frac{(1+0,02)^{12}-1}{(1+0,02)^{12}\times 0,02}$$

Portanto: **SD (24) = 16.596,03**

d) Cálculo do valor dos juros acumulados até a 24ª parcela

$$Jac(t) = t \times M + SD(t) - P \Rightarrow Jac(24) = 24 \times M + SD(24) - P$$

$$Jac(24) = 24 \times 1.569,31 + 16.596,03 - 40.000,00 \Rightarrow \mathbf{Jac(24) = R\$\ 14.259,57}$$

e) Cálculo do valor das amortizações acumuladas até a 24ª parcela

$$AMac(t) = t \times M - Jac(t) \Rightarrow AMac(24) = 24 \times M - Jac(24)$$

$$AMac(24) = 24 \times 1.569,31 - 14.259,57 \Rightarrow \mathbf{AMac(24) = R\$\ 23.403,97}$$

f) Cálculo do valor dos juros acumulados nos 12 meses intermediário

É o cálculo dos juros acumulados no período compreendido entre a 12ª parcela (exclusive) e a 24ª parcela (inclusive).

O cálculo será realizado pela diferença entre o valor dos juros acumulados até a parcela **t2 = 24** e o valor dos juros acumulados até a parcela **t1 = 12**.

Para t = 24 períodos: Jac(24) = R$ 14.259,57

Para t = 12 períodos:

$$Jac(12) = 12 \times 1.569,31 + 1.569,31\ \frac{(1+0,02)^{36-12}-1}{(1+0,02)^{36-12}\times 0,02} - 40.000,00$$

Portanto: Jac (12) = R$ 8.513,53

$$Jac(12\ a\ 24) = Jac(24) - Jac(12) \qquad Jac(12\ a\ 24) = 14.259,57 - 8153,53$$

Portanto: **Jac (3 a 7) = R$ 5.746,04**

g) Cálculo do valor das amortizações acumuladas nos 12 meses intermediário

$$AMac(t1\ a\ t2) = (t2 - t1) \times M - Jac(t1\ a\ t2) \Rightarrow AMac = (12\ a\ 24) \times 1.569,31 - 5746,04$$

Portanto: **AMac (12 a 24) = R$ 13.085,68**

3.6.3 O cálculo por meio da planilha Excel

Da planilha financeira do programa anexo (site da editora Blucher: <www.blucher.com.br>), utilizamos o cálculo **amortização – itens**:

CÁLCULO DA AMORTIZAÇÃO

Presente:	**P**	=	**40.000,00**	(R$)
Taxa percentual:	**i**	=	**2,00**	% a.p.
Número de períodos:	**n**	=	**36**	períodos

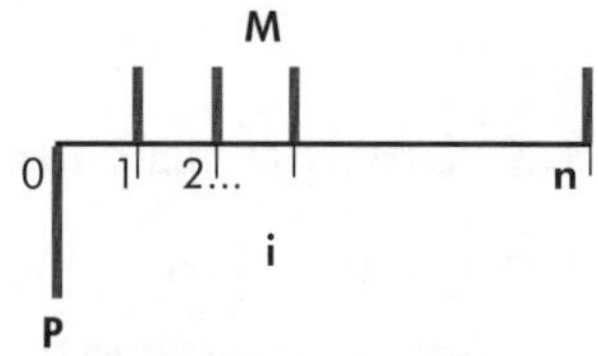

Parcela t =	**24**	**Parcela t 1 =**	**12** (exclusive)	**Parcela t 2 =**	**24** (inclusive)

Montante periódico:	**M =**	**1.569,31**
Juros na parcela **t**:	**J (t) =**	**356,18**
Amortização na parcela **t**:	**AM (t) =**	**1.213,13**
Saldo devedor após pagamento de **t**:	**SAL DEV (t) =**	**16.596,03**
Juros acumulados até **t** (inclusive):	**Jac (t) =**	**14.259,57**
Amortização acumulada até **t** (inclusive):	**AMac (t) =**	**23.403,97**
Juros acum. de **t1** (exclusive) a **t2** (inclusive):	**J (t1 a t2) =**	**5.745,91**
Amort. acum. de **t1** (exclusive) a **t2** (inclusive):	**AM (t1 a t2) =**	**13.085,86**

3.7 Sistema de amortização constante (SAC)

Este sistema caracteriza-se como um plano de pagamento no qual as parcelas das amortizações são constantes (iguais), durante todo o período de extinção da dívida.

Por serem os juros calculados sobre o saldo devedor, os valores das parcelas serão decrescentes ao longo dos períodos.

Durante o prazo de quitação da dívida, cada parcela quitada (Msac) será composta pelo valor amortizado (AM), sendo este constante, e pelo valor correspondente aos juros do período (J).

Assim, temos:

$$\mathbf{Msac = AM + J}$$

Com o pagamento da primeira parcela ocorrendo um período após a data em que se contraiu a dívida e os demais de forma sucessiva, visualizamos o fluxo de caixa:

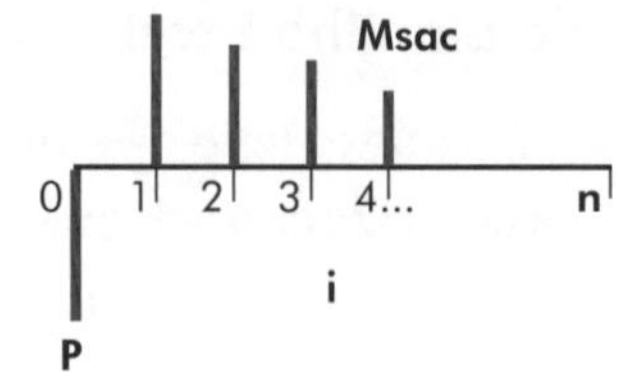

3.8 Cálculo da amortização de uma dívida pelo SAC

Para entendermos melhor este procedimento, vejamos a seguinte situação:

- ⇨ empréstimo de **R$ 12.000,00**
- ⇨ para pagamento em **6** parcelas iguais
- ⇨ à taxa percentual de juros de **4% a.p.**

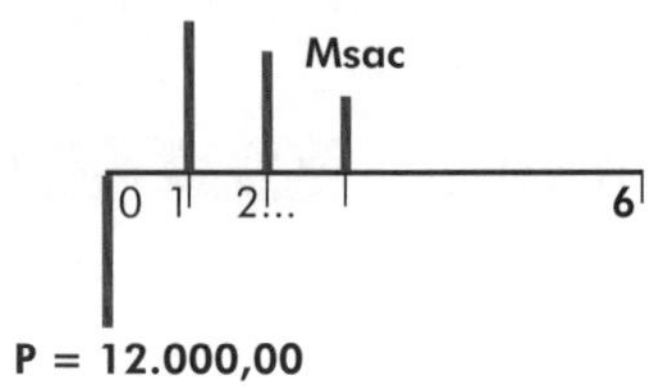

Com relação ao estudo das amortizações através do SAC, deseja-se saber:

1. Qual o valor de cada parcela para se quitar a dívida (**Msac**) ?
2. Qual o valor dos juros de cada parcela paga (**J**) ?
3. Qual o valor da amortização de cada parcela paga (**AM**) ?
4. Qual o valor do saldo devedor após cada parcela paga (**SD**) ?

3.9 Cálculo da amortização (SAC) por meio de um quadro

Se pretendermos ter todos esses valores em evidência, é preciso elaborar um quadro no qual possamos visualizá-los de forma prática.

Assim, temos o seguinte quadro para a demonstração dos valores pretendidos:

SOMA:	13.680,00	1.680,00	12.000,00			
n	**Msac**	**JUROS**	**AMORT.**	**SAL. DEV.**	**J (acum.)**	**AM (acum.)**
0				12.000,00		
1	2.480,00	480,00	2.000,00	10.000,00	480,00	2.000,00
2	2.400,00	400,00	2.000,00	8.000,00	880,00	4.000,00
3	2.320,00	320,00	2.000,00	6.000,00	1.200,00	6.000,00
4	2.240,00	240,00	2.000,00	4.000,00	1.440,00	8.000,00
5	2.160,00	160,00	2.000,00	2.000,00	1.600,00	10.000,00
6	2.080,00	80,00	2.000,00	0,00	1.680,00	12.000,00

Com o quadro preenchido para facilitar nosso estudo, passamos a demonstrar os cálculos efetuados.

3.10 Cálculo da amortização (SAC) por meio de itens

3.10.1 Cálculo do valor da parcela de amortização (AM)

O cálculo do valor da parcela de amortização, por tratar-se de um sistema constante (valores iguais), faz-se pela simples divisão do valor da dívida contraída pelo número de parcelas.

Assim, temos:

$$AM = \frac{12.000,00}{6} \quad \Rightarrow \quad \mathbf{AM = R\$\ 2.000,00}$$

3.10.2 Cálculo dos demais valores

a) Cálculos para o pagamento da primeira parcela

a1) Cálculo do saldo devedor – **SD(t)**

$SD(t) = SD(t - 1) - AM$

Após o pagamento da primeira parcela, o saldo devedor será:

$SD\ (1) = 12.000,00 - 2.000,00 \quad \Rightarrow \quad \mathbf{SD\ (1) = R\$\ 10.000,00}$

a2) Cálculo do valor do juro – **J (1)**

$J(t) = SD(t - 1) \times i$

O juro da primeira parcela é o produto do saldo devedor anterior (para este momento seria o valor da dívida contraída) e da taxa de juros considerada:

$J\ (1) = SD\ (0) \times i \quad \Rightarrow \quad J\ (1) = 12.000 \times 0,04 \quad \Rightarrow \quad \mathbf{J\ (1) = R\$\ 480,00}$

a3) Cálculo do valor da parcela a pagar – **Msac(t)**

O valor da parcela a ser paga é a soma dos valores da amortização e do juro:

$Msac(t) = AM + J(t)$ $Msac\ (1) = AM + J(1) \quad \Rightarrow \quad Msac(1) = 2.000,00 + 480,00$

Portanto: **Msac(1) = R$ 2.480,00**

Para os cálculos das demais parcelas, seguir o mesmo procedimento.

Para os cálculos dos valores acumulados dos juros e das amortizações, basta acumular os respectivos valores a cada período.

3.11 Cálculo do SAC realizado por meio da planilha eletrônica Excel

Para informatizarmos este cálculo, usaremos os procedimentos convencionados na planilha eletrônica.

Como demonstrado acima, os cálculos das amortizações pelo sistema SAC serão apresentados por um quadro pelo qual se tem uma visão geral dos valores.

Assim, dividimos a apresentação em duas planilhas de trabalho, que denominamos **amortização – SAC – quadro** e **amortização – SAC – itens**.

3.11.1 Amortização – SAC – quadro

Para esta apresentação, criamos uma tela baseada no quadro utilizado nos cálculos, com cada valor envolvido ocupando uma determinada célula.

Presente:	**P**	=		(R$)
Taxa percentual:	**i**	=		% a.p.
Número de períodos:	**n**	=		períodos

SOMA:						
n	**Msac**	**JUROS**	**AMORT.**	**SAL. DEV.**	**J (acum.)**	**AM (acum.)**
0						
1						
2						

Na planilha apresentada no programa anexo (site da editora Blucher: <www.blucher.com.br>), denominamos esse cálculo **SAC – quadro** e utilizamos as células:

1. **Para entrada de dados**

   E5 para o valor da dívida a ser quitada **P**

   E6 para a taxa de juros aplicada ao financiamento **i**

   E7 para o número de períodos de capitalização **n**

2. **Para o processamento dos cálculos e resultados**

   C10: = SOMA(C13:C62) **D10: = SOMA (D13 : D62)**

   F13: = E5 **C14: = D14 + E14**

   D14: = F13*$E$6/100 **E14: = $E$5/$E$7**

   F14: = F13 – E14 **G14: = D14**

   H14: = E14 **G15: = G14 + D15**

   H15: = H14 + E15

Para completarmos o segundo período, copiamos os dados das células C14 a F14 para C15 a F15.

Na planilha **SAC – quadro** apresentada em programa anexo (site da editora Blucher: <www.blucher.com.br>), temos um quadro montado para dois períodos.

O cálculo para um determinado número de períodos será finalizado após a informação de **"n"**.

Para os dados constantes no **3.9**, utilizando-se a planilha **SAC – quadro** do programa anexo (site da editora Blucher: <www.blucher.com.br>), temos:

CÁLCULO DA AMORTIZAÇÃO – SISTEMA DE AMORTIZAÇÕES CONSTANTES (SAC)

Presente:	**P**	=	**12.000,00**	(R$)
Taxa percentual:	**i**	=	**4,00**	% a.p.
Número de períodos:	**n**	=	**6**	períodos

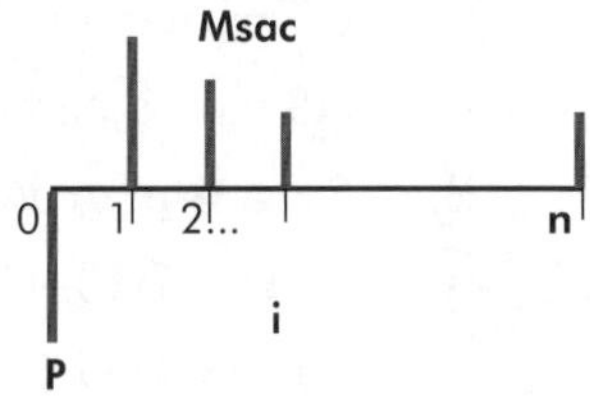

SOMA:	**13.680,00**	**1.680,00**	**12.000,00**			
n	**Msac**	**JUROS**	**AMORT.**	**SAL. DEV.**	**J (acum.)**	**AM (acum.)**
0				12.000,00		
1	2.480,00	480,00	2.000,00	10.000,00	480,00	2.000,00
2	2.400,00	400,00	2.000,00	8.000,00	880,00	4.000,00
3	2.320,00	320,00	2.000,00	6.000,00	1.200,00	6.000,00
4	2.240,00	240,00	2.000,00	4.000,00	1.440,00	8.000,00
5	2.160,00	160,00	2.000,00	2.000,00	1.600,00	10.000,00
6	2.080,00	80,00	2.000,00	0,00	1.680,00	12.000,00

3.11.2 Amortização – itens

Quando se deseja valores resultantes de cálculo de amortização para um determinado período, não há a necessidade de se montar um quadro, embora nele possamos obter esses valores de forma rápida.

Mas, em algumas situações, necessitamos de um cálculo para um determinado período, com uma apresentação específica. Criamos, então, para cálculos dessa natureza, uma tela com os dados e incógnitas procurados, com cada valor ocupando uma determinada célula, com a seguinte apresentação:

CÁLCULO DA AMORTIZAÇÃO – SISTEMA DE AMORTIZAÇÕES CONSTANTES (SAC)

Presente:	**P**	=		(R$)
Taxa percentual:	**i**	=		% a.p.
Número de períodos:	**n**	=		períodos
Parcela:	**t**			

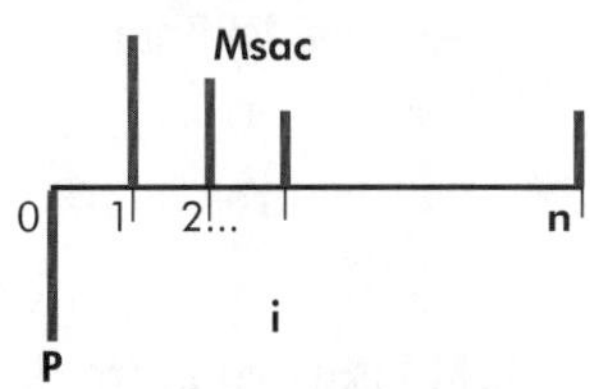

Valor da Parcela Msac (t) =		**Juros na parcela J(t)=**	
Amortização AM (t) =		**Saldo Devedor Sal Dev (t) =**	

Na planilha apresentada no programa anexo (site da editora Blucher: <www.blucher.com.br>), denominamos esse cálculo **SAC – itens** e utilizamos as células:

1. **Para entrada de dados**

   D5 para o valor da dívida a ser quitada **P**

   D6 para a taxa de juros aplicada ao financiamento **i**

   D7 para o número de períodos de capitalização **n**

   D8 para a parcela desejada **t**

2. **Para o processamento dos cálculos e resultados**

   D11: = D13+G11 | **D13: = D5/D7**

   G11: = (D5-((D8-1)*D13))*D6/100 | **G13: = D5-(D8*D13)**

Para os dados constantes no **3.8**, desejando-se conhecer os valores para a parcela 3, utilizando-se a planilha SAC – itens do programa anexo (site da editora Blucher: <www.blucher.com.br>), temos:

CÁLCULO DA AMORTIZAÇÃO – SISTEMA DE AMORTIZAÇÕES CONSTANTES (SAC)

Presente:	**P**	=	12.000,00	(R$)
Taxa percentual:	**i**	=	4,00	% a.p.
Número de períodos:	**n**	=	6	períodos
Parcela:	**t**		3	

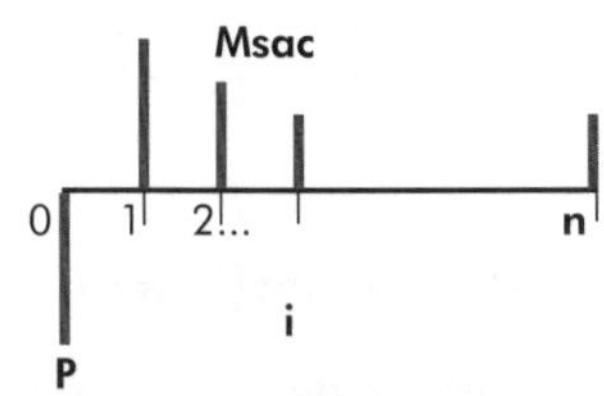

Valor da Parcela Msac (t) =	**2.320,00**	**Juros na parcela J(t)=**	**320,00**
Amortização AM (t) =	**2.000,00**	**Saldo Devedor Sal Dev (t) =**	**6.000,00**

3.12 Exemplo de aplicação do cálculo de amortização (SAC)

Um imóvel no valor à vista de R$ 40.000,00 teve sua venda negociada com a seguinte forma de pagamento:

⇨ entrada de R$ 10.000,00;

⇨ saldo financiado em 12 parcelas mensais iguais, pelo sistema SAC de amortização;

⇨ a juros de 3% ao mês.

Montar o quadro da amortização, mostrando os valores envolvidos de pagamentos e saldos.

3.12.1 Fluxo de caixa

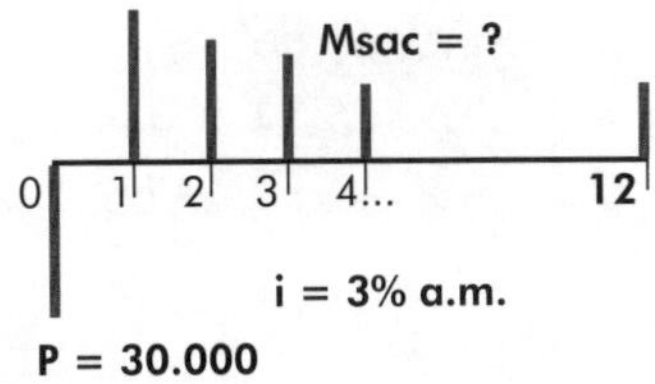

3.12.2 O cálculo por fórmulas

a) Cálculo do valor da parcela de amortização – AM

$$AM = \frac{30.000,00}{12} \quad \Rightarrow \quad \mathbf{AM = R\$\ 2.500,00}$$

b) Cálculo dos demais valores

b1) Cálculo para pagamento da primeira parcela

b.1.1) Cálculo do saldo devedor – SD(1)

SD (1) = 30.000,00 – 2.500,00 $\Rightarrow$ **SD (1) = R$ 27.500,00**

b2) Cálculo do valor do juro – J (1)

J (1) = SD (0) × i $\Rightarrow$ J (1) = 30.000 × 0,03 $\Rightarrow$ **J (1) = R$ 900,00**

b3) Cálculo do valor da parcela a pagar – Msac(1)

Msac(1) = AM + J(1) $\Rightarrow$ Msac(1) = 2.500,00 + 900,00

Msac(1) = R$ 3.400,00

Para os cálculos das demais parcelas, seguir o mesmo procedimento.

Para os cálculos dos valores acumulados dos juros e das amortizações, basta acumular os respectivos valores a cada período.

3.12.3 O cálculo informatizado

Da planilha financeira do programa anexo (site da editora Blucher: <www.blucher.com.br>), utilizando o cálculo **SAC – quadro**, temos:

CÁLCULO DA AMORTIZAÇÃO – SISTEMA DE AMORTIZAÇÕES CONSTANTES (SAC)

Presente:	**P**	=	**30.000,00**	(R$)
Taxa percentual:	**i**	=	**3,00**	% a.p.
Número de períodos:	**n**	=	**12**	períodos

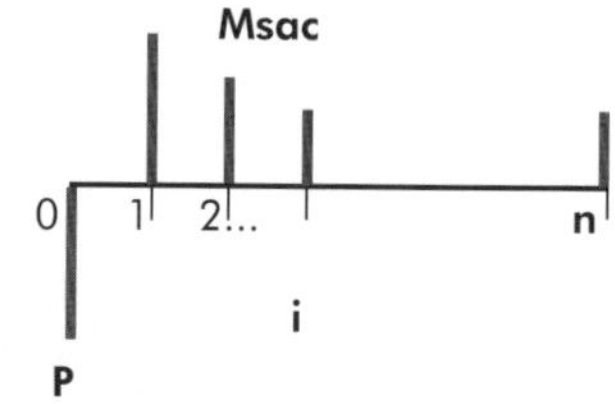

SOMA:	35.850,00	5.850,00	30.000,00			
n	**Msac**	**JUROS**	**AMORT.**	**SAL. DEV.**	**J (acum.)**	**AM (acum.)**
0				30.000,00		
1	3.400,00	900,00	2.500,00	27.500,00	900,00	2.500,00
2	3.325,00	825,00	2.500,00	25.000,00	1.725,00	5.000,00
3	3.250,00	750,00	2.500,00	22.500,00	2.475,00	7.500,00
4	3.175,00	675,00	2.500,00	20.000,00	3.150,00	10.000,00
5	3.100,00	600,00	2.500,00	17.500,00	3.750,00	12.500,00
6	3.025,00	525,00	2.500,00	15.000,00	4.275,00	15.000,00
7	2.950,00	450,00	2.500,00	12.500,00	4.725,00	17.500,00
8	2.875,00	375,00	2.500,00	10.000,00	5.100,00	20.000,00
9	2.800,00	300,00	2.500,00	7.500,00	5.400,00	22.500,00
10	2.725,00	225,00	2.500,00	5.000,00	5.625,00	25.000,00
11	2.650,00	150,00	2.500,00	2.500,00	5.775,00	27.500,00
12	2.575,00	75,00	2.500,00	0,00	5.850,00	30.000,00

3.13 Sistema de amortização misto (SAM) para amortização de uma dívida

O sistema de amortização misto (SAM) caracteriza-se como um plano no qual as parcelas de pagamento, bem como todos os demais valores, são as médias aritméticas entre os valores do sistema de pagamento constante (SPC) – e o sistema de amortização constante (SAC).

Nesse caso, os valores correspondentes aos pagamentos periódicos também se apresentam em parcelas decrescentes ao longo dos períodos, até sua quitação final.

Com o pagamento da primeira parcela ocorrendo um período após a data em que se contraiu a dívida e os demais de forma sucessiva, visualizamos o fluxo de caixa:

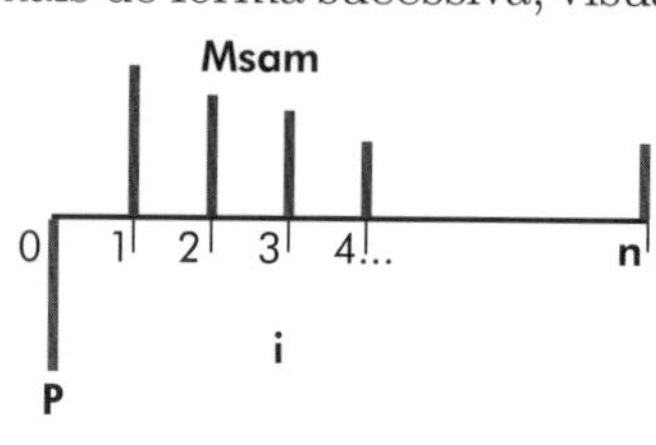

3.14 Cálculo da amortização de uma dívida pelo SAM

Para entendermos melhor este procedimento, vejamos a seguinte situação:

- ⇨ empréstimo de **R$ 20.000,00**
- ⇨ para pagamento em **10** parcelas
- ⇨ à taxa percentual de juros de **2% a.p.**

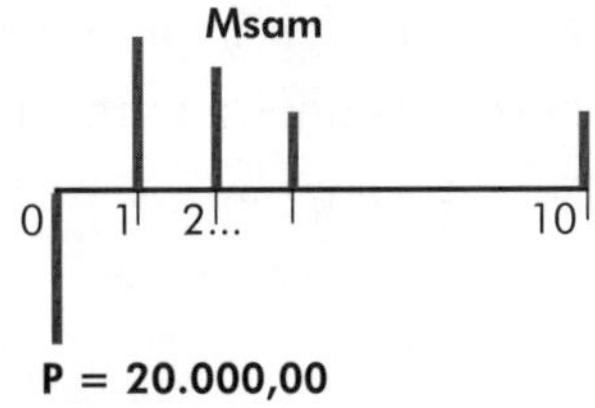

Com relação ao estudo das amortizações pelo SAM, deseja-se saber :

1. Qual o valor de cada parcela para se quitar a dívida (**Msam**)?
2. Qual o valor dos juros de cada parcela paga (**J**)?
3. Qual o valor da amortização de cada parcela paga (**AM**)?
4. Qual o valor do saldo devedor após cada parcela paga (**SD**) ?

3.15 Cálculo da amortização (SAM) por meio de um quadro

Se pretendermos ter todos esses valores em evidência, é necessário elaborar um quadro pelo qual possamos visualizá-los de forma prática.

Assim, apresentamos o seguinte quadro para a demonstração dos valores pretendidos.

SOMA:	22.232,65	2.232,65	20.000,00			
n	Msam	JUROS	AMORT.	SAL. DEV.	J (acum.)	AM (acum.)
0				20.000,00		
1	2.313,27	400,00	1.913,27	18.086,73	400,00	1.913,27
2	2.293,27	361,73	1.931,53	16.155,20	761,73	3.844,80
3	2.273,27	323,10	1.950,16	14.205,04	1.084,84	5.794,96
4	2.253,27	284,10	1.969,16	12.235,88	1.368,94	7.764,12
5	2.233,27	244,72	1.988,55	10.247,33	1.613,66	9.752,67
6	2.213,27	204,95	2.008,32	8.239,01	1.818,60	11.760,99
7	2.193,27	164,78	2.028,49	6.210,53	1.983,38	13.789,47
8	2.173,27	124,21	2.049,05	4.161,47	2.107,59	15.838,53
9	2.153,27	83,23	2.070,04	2.091,44	2.190,82	17.908,56
10	2.133,27	41,83	2.091,44	0,00	2.232,65	20.000,00

Com o quadro já preenchido para facilitar nosso estudo, passamos a demonstrar os cálculos efetuados.

3.16 Cálculo da amortização (SAM) por itens

3.16.1 Cálculo do valor da primeira parcela

Pela característica do sistema, o valor da primeira parcela é a média aritmética entre a primeira parcela do SPC e a primeira parcela do SAC.

Assim, temos:

$$Msam_1 = 0{,}5\ P\ \frac{(1+i)^n \times i}{(1+i)^n - 1} + \left[0{,}5\ \frac{P}{n} + 0{,}5\ Pi\right]$$

$$Msam_1 = 0{,}5\ P\ \frac{(1+i)^n \times i}{(1+i)^n - 1} + 0{,}5\ P\left[\frac{1}{n} + i\right]$$

Assim:

$$Msam_1 = 0{,}5 \times 20.000\ \frac{(1+0{,}02)^{10} \times i}{(1+0{,}02)^{10} - 1} + 0{,}5 \times 20.000\left[\frac{1}{10} + 0{,}02\right]$$

Portanto: $\mathbf{Msam_1 = R\$\ 2.313{,}27}$

3.16.2 Cálculo dos valores das demais parcelas

Os valores das parcelas subsequentes apresentarão um decréscimo na seguinte razão da progressão aritmética:

$$R = 0{,}5\ \frac{Pi}{n} \quad \Rightarrow \quad R = 0{,}5\ \frac{20.000 \times 0{,}02}{10} \quad \Rightarrow \quad \mathbf{R = 20{,}00}$$

Portanto, para a segunda parcela, temos:

$$Msam_2 = 2.313{,}27 - 20{,}00 \quad \Rightarrow \quad \mathbf{Msam_2 = R\$\ 2.293{,}27}$$

$$Msam_3 = 2.293{,}27 - 20{,}00 \quad \Rightarrow \quad \mathbf{Msam_3 = R\$\ 2.273{,}27}$$

Para as demais parcelas, aplicar o decréscimo de R$ 20,00 a cada uma.

3.16.3 Cálculo do saldo devedor – SD(t)

$$SD\ (t) = SD\ (t\text{-}1) - AM$$

Após o pagamento da primeira parcela, o saldo devedor será:

$$SD\ (1) = 20.000{,}00 - 1.913{,}27 \quad \Rightarrow \quad \mathbf{SD\ (1) = R\$\ 18.086{,}73}$$

Após o pagamento da segunda parcela, o saldo devedor será:

$$SD\ (2) = 18.086{,}73 - 1.931{,}53 \Rightarrow \mathbf{SD\ (2) = R\$\ 16.155{,}20}$$

3.16.4 Cálculo do valor dos juros de cada parcela – J (t)

O valor do juro de uma parcela é o produto do saldo devedor pela taxa de juros considerada:

$$J\ (t) = SD\ (t-1) \times i$$

Assim, para a primeira parcela, temos:

$$J\ (1) = SD\ (0) \times i \Rightarrow J\ (1) = 20.000{,}00 \times 0{,}02 \Rightarrow \mathbf{J\ (1) = R\$\ 400{,}00}$$

Para a segunda parcela, temos:

$$J\ (2) = SD\ (1) \times i \Rightarrow J\ (2) = 18.086{,}73 \times 0{,}02 \Rightarrow \mathbf{J\ (2) = R\$\ 361{,}73}$$

Para as demais parcelas, seguir o mesmo procedimento.

3.16.5 Cálculo do valor da amortização de cada parcela paga (AM)

O valor da amortização de cada parcela é calculado pela diferença entre o valor da parcela e do juro correspondente.

Assim, para uma parcela **t**, temos :

$$\mathbf{AM\ (t) = Msam\ (t) - J\ (t)}$$

Para a primeira parcela, temos :

$$AM\ (1) = Msam\ (1) - J\ (1) \Rightarrow AM\ (1) = 2.313{,}27 - 400{,}00 \Rightarrow \mathbf{AM = R\$\ 1.913{,}27}$$

Para a segunda parcela, temos :

$$AM\ (2) = Msam\ (2) - J\ (2) \Rightarrow AM\ (2) = 2.293{,}27 - 361{,}73 \Rightarrow \mathbf{AM = R\$\ 1.931{,}54}$$

Para as demais parcelas, seguir o mesmo procedimento.

3.17 Cálculo do SAM realizado por meio da planilha eletrônica Excel

Para informatizar este cálculo, usaremos os procedimentos convencionados à planilha eletrônica.

Como desenvolvido anteriormente, os cálculos das amortizações pelo sistema SAM serão apresentados em um quadro pelo qual se tem uma visão geral dos valores e de itens específicos, e contendo somente os valores procurados.

Para essa apresentação, criamos uma tela baseada no quadro utilizado nos cálculos anteriores, com cada valor ocupando uma determinada célula.

PLANILHA DE AMORTIZAÇÃO – SISTEMA DE AMORTIZAÇÕES MISTO (SAM)

Presente:	**P**	=		(R$)
Taxa percentual:	**i**	=		% a.p.
Número de períodos:	**n**	=		períodos

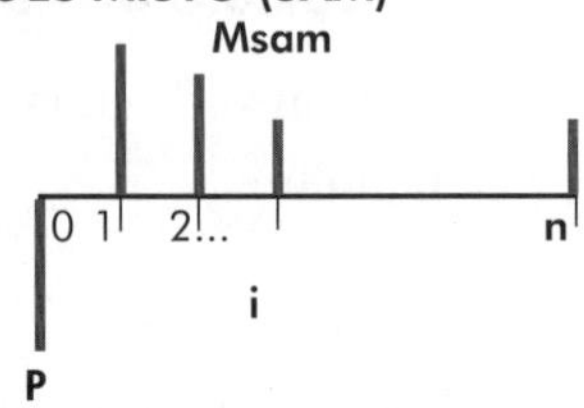

Representação do fluxo de caixa

SOMA:						
n	**Msam**	**JUROS**	**AMORT.**	**SAL. DEV.**	**J (acum.)**	**AM (acum.)**
0						
1						
2						

Na planilha apresentada no programa anexo (site da editora Blucher: <www.blucher.com.br>), denominamos esse cálculo **SAM** e utilizamos as células:

1. **Para entrada de dados**

   E5 para o valor da dívida a ser quitada **P**

   E6 para a taxa de juros aplicada ao financiamento **i**

   E7 para o número de períodos de capitalização **n**

2. **Para o processamento dos cálculos e resultados**

   C10 : = SOMA(C13:C62) **D10 : = SOMA (D13:D62)**

   F13 : = E5 **C14 : = D14+E14**

   D14 : = F13*$E$6/100 **E14 : = $E$5/$E$7**

   F14 : = F13-E14 **G14 : = D14**

   H14 : = E14 **G15 : = G14+D15**

   H15 : = H14+E15

Para completarmos o segundo período, copiamos as células C14 a F14 para C15 a F15.

Na planilha **SAM** apresentada em programa anexo (site da editora Blucher: <www.blucher.com.br>), temos um quadro montado para dois períodos.

O quadro para um determinado número de períodos será finalizado após a informação de "n".

Para os dados constantes no item **3.16**, utilizando-se a planilha **SAM** do programa anexo (site da editora Blucher: <www.blucher.com.br>), temos:

PLANILHA DE AMORTIZAÇÃO – SISTEMA DE AMORTIZAÇÕES MISTO (SAM)

Presente:	**P**	=	**12.000,00**	(R$)
Taxa percentual:	**i**	=	**4,0000**	% a.p.
Número de períodos:	**n**	=	**6**	períodos

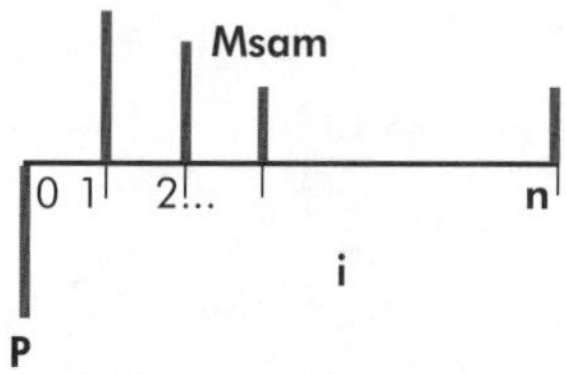

Representação do fluxo de caixa

SOMA:	13.707,43	1.707,43	12.000,00			
n	**Msam**	**JUROS**	**AMORT.**	**SAL. DEV.**	**J (acum.)**	**AM (acum.)**
0				12.000,00		
1	2.384,57	480,00	1.904,57	10.095,43	480,00	1.904,57
2	2.344,57	403,82	1.940,75	8.154,67	883,82	3.845,33
3	2.304,57	326,19	1.978,38	6.176,29	1.210,00	5.823,71
4	2.264,57	247,05	2.017,52	4.158,77	1.457,06	7.841,23
5	2.224,57	166,35	2.058,22	2.100,55	1.623,41	9.899,45
6	2.184,57	84,02	2.100,55	0,00	1.707,43	12.000,00

3.18 Exemplo de aplicação do cálculo de amortização (SAM)

Um imóvel no valor à vista de R$ 60.000,00 teve sua venda negociada com a seguinte forma de pagamento:

- ⇨ entrada de R$ 15.000,00;
- ⇨ saldo financiado em 18 parcelas mensais iguais, pelo sistema SAM de amortização;
- ⇨ a juros de 1% ao mês.

Montar o quadro da amortização, mostrando os valores envolvidos de pagamentos e saldos.

3.18.1 Fluxo de caixa

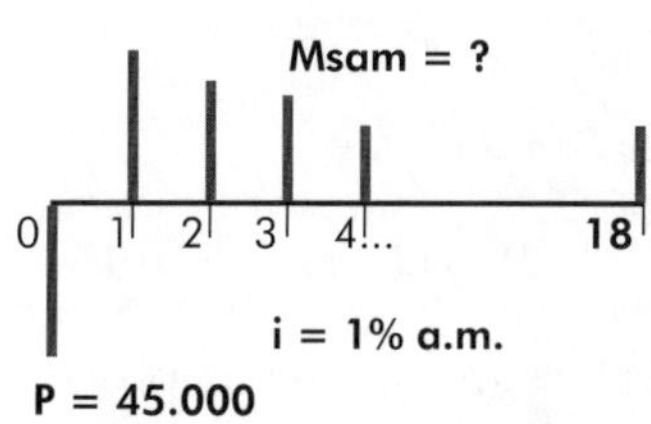

3.18.2 O cálculo por fórmulas

a) Cálculo do valor da primeira parcela

$$Msam_1 = 0,5\ P\ \frac{(1+i)^n \times i}{(1+i)^n - 1} + 0,5\ P\left[\frac{1}{n} + i\right]$$

Assim:

$$Msam_1 = 0,5 \times 45.000\ \frac{(1+0,01)^{18} \times i}{(1+0,01)^{18} - 1} + 0,5 \times 45.000\left[\frac{1}{18} + 0,01\right]$$

Portanto: $\mathbf{Msam_1 = R\$\ 2.847,10}$

b) Cálculo do valor das demais parcelas

$$R = 0,5\ \frac{Pi}{n} \Rightarrow R = 0,5\ \frac{45.000 \times 0,01}{18} \Rightarrow \mathbf{R = 12,50}$$

$$Msam_2 = 2.847,10 - 12,50 \Rightarrow Msam_2 = R\$\ 2.834,60$$

$$Msam_3 = 2.834,60 - 12,50 \Rightarrow Msam_2 = R\$\ 2.822,10$$

c) Cálculo do saldo devedor – SD(t)

$$SD\ (t) = SD\ (t-1) - AM$$

Após o pagamento da primeira parcela, o saldo devedor será:

$$SD\ (1) = 45.000,00 - 2.397,10 \Rightarrow \mathbf{SD\ (1) = R\$\ 42.602,90}$$

Após o pagamento da segunda parcela, o saldo devedor será:

$$SD\ (2) = 42.602,90 - 2.408,57 \Rightarrow \mathbf{SD\ (2) = R\$\ 40.194,33}$$

d) Cálculo do valor dos juros de cada parcela – J (t)

$$J\ (t) = SD\ (t-1) \times i$$

$$J\ (1) = SD\ (0) \times i \Rightarrow J\ (1) = 45.000,00 \times 0,01 \Rightarrow \mathbf{J(1) = R\$\ 450,00}$$

Para a segunda parcela, temos:

$$J\ (2) = SD\ (1) \times i \Rightarrow J\ (2) = 42.602,90 \times 0,01 \Rightarrow \mathbf{J\ (2) = R\$\ 426,03}$$

Para as demais parcelas, seguir o mesmo procedimento.

e) Cálculo do valor da amortização de cada parcela paga (AM)

O valor da amortização de cada parcela é calculado pela diferença entre o valor da parcela e do juro correspondente.

Assim, para uma parcela **t**, temos:

AM (t) = Msam (t) – J (t)

Para a primeira parcela, temos:

AM (1) = Msam (1) – J (1) ⇒ AM (1) = 2.847,10 – 450,00

AM = R$ 2.397,10

Para a segunda parcela, temos :

AM (2) = Msam (2) – J (2) ⇒ AM (2) = 2.834,60 – 426,03

AM = R$ 2.408,57

3.18.3 O cálculo informatizado

Da planilha financeira do programa anexo (site da editora Blucher: <www.blucher.com.br>), utilizando o cálculo **SAM**, temos:

PLANILHA DE AMORTIZAÇÃO – SISTEMA DE AMORTIZAÇÕES MISTO (SAM)

Presente:	**P**	=	45.000,00	(R$)
Taxa percentual:	**i**	=	1.0000	% a.p.
Número de períodos:	**n**	=	18	períodos

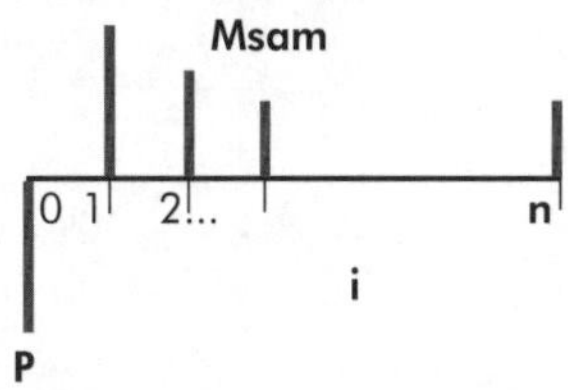

Representação do fluxo de caixa

SOMA:	49.335,23	4.335,23	45.000,00			
n	Msam	JUROS	AMORT.	SAL. DEV.	J (acum.)	AM (acum.)
0				45.000,00		
1	2.847,10	450,00	2.397,10	42.602,90	450,00	2.397,10
2	2.834,60	426,03	2.408,57	40.194,34	876,03	4.805,66
3	2.822,10	401,94	2.420,15	37.774,18	1.277,97	7.225,82
4	2.809,60	377,74	2.431,85	35.342,33	1.655,71	9.657,67
5	2.797,10	353,42	2.443,67	32.898,66	2.009,14	12.101,34
6	2.784,60	328,99	2.455,61	30.443,05	2.338,12	14.556,95
7	2.772,10	304,43	2.467,67	27.975,38	2.642,55	17.024,62
8	2.759,60	279,75	2.479,84	25.495,54	2.922,31	19.504,46
9	2.747,10	254,96	2.492,14	23.003,40	3.177,26	21.996,60

(continua)

(continuação)

SOMA:	49.335,23	4.335,23	45.000,00			
n	Msam	JUROS	AMORT.	SAL. DEV.	J (acum.)	AM (acum.)
10	2.734,60	230,03	2.504,56	20.498,84	3.407,30	24.501,16
11	2.722,10	204,99	2.517,11	17.981,73	3.612,29	27.018,27
12	2.709,60	179,82	2.529,78	15.451,95	3.792,10	29.548,05
13	2.697,10	154,52	2.542,58	12.909,37	3.946,62	32.090,63
14	2.684,60	129,09	2.555,50	10.353,87	4.075,72	34.646,13
15	2.672,10	103,54	2.568,56	7.785,31	4.179,26	37.214,69
16	2.659,60	77,85	2.581,74	5.203,57	4.257,11	39.796,43
17	2.647,10	52,04	2.595,06	2.608,51	4.309,14	42.391,49
18	2.634,60	26,09	2.608,51	0,00	4.335,23	45.000,00

3.19 Sistema de amortização variável (SAV) para amortização de uma dívida

O sistema de amortização variável (SAV) caracteriza-se como um plano em que a amortização do valor investido ou emprestado é realizada em parcelas desiguais ao final de cada período de capitalização, sendo os juros sempre calculados sobre o saldo devedor.

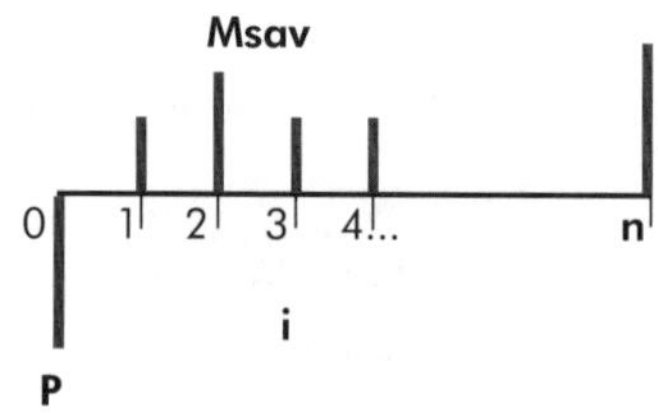

3.20 Cálculo da amortização de uma dívida pelo SAV

Para entendermos melhor este procedimento, vejamos a seguinte situação:

- ⇨ empréstimo de **R$ 50.000,00**
- ⇨ à taxa percentual de juros de **3% a.m.**
- ⇨ para pagamento em **8** meses, sendo R$ 5.000,00/mês para os dois primeiros meses e R$ 10.000,00/mês para os últimos quatro meses

Com relação ao estudo das amortizações pelo SAV, trabalharemos com um quadro para facilitar o entendimento.

3.21 Cálculo da amortização (SAV) por meio de um quadro

Se pretendermos ter todos esses valores em evidência, é necessário elaborar um quadro pelo qual possamos visualizá-los de forma prática.

Assim, apresentamos o seguinte quadro para a demonstração dos valores pretendidos.

PLANILHA DE AMORTIZAÇÃO – SISTEMA DE AMORTIZAÇÃO VARIÁVEL (SAV)

Presente:	**P**	=	**50.000,00**	(R$)
Taxa percentual:	**i**	=	**3.0000**	% a.p.
Número de períodos:	**n**	=	**8**	períodos

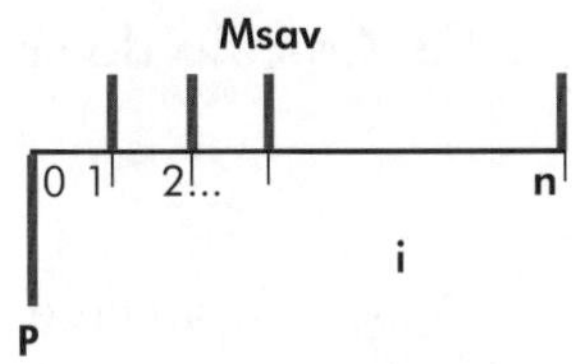

Representação do fluxo de caixa

SOMA:	58.250,00	8.250,00	50.000,00			
n	**Msav**	**JUROS**	**AMORT.**	**SAL. DEV.**	**J (acum.)**	**AM (acum.)**
0				50.000,00		
1	6.500,00	1.500,00	5.000,00	45.000,00	1.500,00	5.000,00
2	6.350,00	1.350,00	5.000,00	40.000,00	2.850,00	10.000,00
3	1.200,00	1.200,00		40.000,00	4.050,00	10.000,00
4	1.200,00	1.200,00		40.000,00	5.250,00	10.000,00
5	11.200,00	1.200,00	10.000,00	30.000,00	6.450,00	20.000,00
6	10.900,00	900,00	10.000,00	20.000,00	7.350,00	30.000,00
7	10.600,00	600,00	10.000,00	10.000,00	7.950,00	40.000,00
8	10.300,00	300,00	10.000,00	0,00	8.250,00	50.000,00

Com o quadro preenchido para facilitar nosso estudo, passamos a demonstrar os cálculos efetuados.

3.22 Cálculo da amortização (SAV) por itens

3.22.1 Cálculo do valor do juro – J (t)

O juro é o produto do saldo devedor anterior pela taxa de juros considerada.

$$J\ (t) = SD\ (t-1) \times i$$

Para o primeiro período, temos:

$$J\ (1) = SD\ (0) \times i \quad \Rightarrow \quad J\ (1) = 50.000 \times 0{,}03 \quad \Rightarrow \quad \mathbf{J\ (1) = R\$\ 1.500{,}00}$$

3.22.2 Cálculo do valor da parcela a pagar – Msav (t)

O valor da parcela a ser paga é a soma dos valores da amortização e juro:

$$\text{Msav (t)} = \text{AM} + \text{J (t)}$$

Para o primeiro período, temos:

Msav (1) = AM + J (1) ⇒ Msav (1) = 5.000,00 + 1.500,00 ⇒ **Msac (1) =R$ 6.500,00**

3.22.3 Cálculo do saldo devedor – SD(t)

$$\text{SD (t)} = \text{SD (t} - 1) - \text{AM}$$

Após o pagamento da primeira parcela, o saldo devedor será:

SD (1) = 50.000,00 – 5.000,00 ⇒ **SD (1) = R$ 45.000,00**

Para os cálculos das demais parcelas, seguir o mesmo procedimento.

Para os cálculos dos valores acumulados dos juros e das amortizações, basta acumular os respectivos valores a cada período.

3.23 Cálculo do SAV realizado por meio da planilha eletrônica Excel

Para informatizar este cálculo, usaremos os procedimentos convencionados à planilha eletrônica para o desenvolvimento dos cálculos.

Como desenvolvido acima, os cálculos das amortizações pelo sistema SAV serão apresentados por meio de um quadro, em que se tem uma visão geral dos valores e de itens específicos, contendo somente os valores procurados.

Para essa apresentação, criamos uma tela baseada no quadro utilizado nos cálculos anteriores, com cada valor ocupando uma determinada célula.

Na planilha apresentada no programa anexo (site da editora Blucher: <www.blucher.com.br>), denominamos esse cálculo **SAV** e utilizamos as células:

1. **Para entrada de dados**

   E5 para o valor da dívida a ser quitada **P**

   E6 para a taxa de juros aplicada ao financiamento **i**

   E7 para o número de períodos de capitalização **n**

2. **Para o processamento dos cálculos e resultados**

C10 : = SOMA(C13:C62) **D10 : = SOMA (D13:D62)**

F13 : = E5 **C14 : = D14+E14**

D14 : = F13*$E$6/100

F14 : = (F13*(1+$E$6/100))-C14 **G14 : = D14**

H14 : = E14 **G15 : = G14+D15**

H15 : = H14+E15

Para completarmos o segundo período, copiamos as células C14 a F14 para C15 a F15.

Na planilha **SAV** apresentada no programa anexo (site da editora Blucher: <www.blucher.com.br>), temos um quadro montado para dois períodos.

O quadro para um determinado número de períodos será finalizado após a informação de "n".

Para os dados pretendidos, utilizando-se a planilha **SAV** do programa anexo (site da editora Blucher: <www.blucher.com.br>), temos:

PLANILHA DE AMORTIZAÇÃO – SISTEMA DE AMORTIZAÇÃO VARIÁVEL (SAV)

Presente:	**P**	=	**50.000,00**	(R$)
Taxa percentual:	**i**	=	**3.0000**	% a.p.
Número de períodos:	**n**	=	**8**	períodos

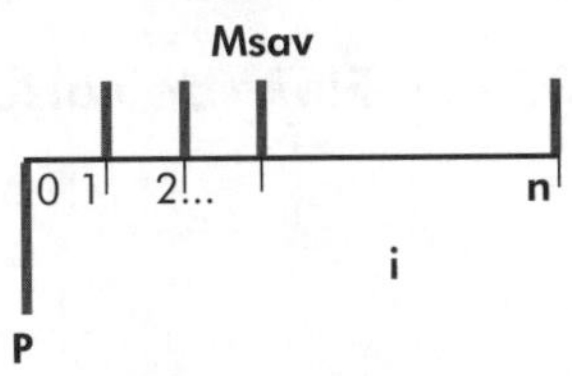

Representação do fluxo de caixa

SOMA:	**58.250,00**	**8.250,00**	**50.000,00**			
n	**Msav**	**JUROS**	**AMORT.**	**SAL. DEV.**	**J (acum.)**	**AM (acum.)**
0				50.000,00		
1	6.500,00	1.500,00	5.000,00	45.000,00	1.500,00	5.000,00
2	6.350,00	1.350,00	5.000,00	40.000,00	2.850,00	10.000,00
3	1.200,00	1.200,00		40.000,00	4.050,00	10.000,00
4	1.200,00	1.200,00		40.000,00	5.250,00	10.000,00
5	11.200,00	1.200,00	10.000,00	30.000,00	6.450,00	20.000,00
6	10.900,00	900,00	10.000,00	20.000,00	7.350,00	30.000,00
7	10.600,00	600,00	10.000,00	10.000,00	7.950,00	40.000,00
8	10.300,00	300,00	10.000,00	0,00	8.250,00	50.000,00

3.24 Exemplo de aplicação do cálculo de amortização (SAV)

Um empréstimo de R$ 30.000,00 negociado teve o seu pagamento da seguinte forma:

⇨ pagamento dos R$ 30.000,00 em 10 meses pelo SAV;

⇨ a juros de 2% ao mês;

⇨ e amortizações mensais com a seguinte projeção:

- primeiro mês: R$ 4.000,00
- segundo mês: R$ 4.500,00
- quarto mês: R$ 6.000,00
- quinto mês: R$ 3.000,00
- sétimo mês: R$ 3.000,00
- oitavo mês: R$ 4.000,00
- nono mês: R$ 3.000,00
- décimo mês: R$ 2.500,00

Montar o quadro da amortização, mostrando os valores envolvidos de pagamentos e saldos.

3.24.1 Fluxo de caixa

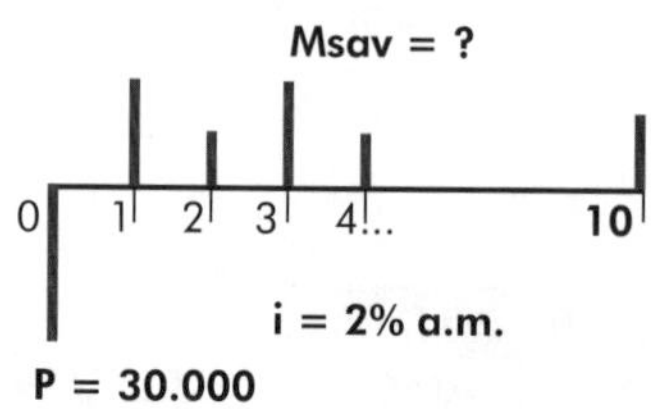

3.24.2 O cálculo por fórmulas

a) Cálculo do valor do juro – J (t)

$$J(t) = SD(t-1) \times i$$

Para o primeiro período, temos:

$$J(1) = SD(0) \times i \Rightarrow J(1) = 30.000 \times 0{,}02 \Rightarrow \mathbf{J(1) = R\$\ 600{,}00}$$

b) Cálculo do valor da parcela a pagar – Msav (t)

$$\text{Msav (t)} = \text{AM} + \text{J (t)}$$

Para o primeiro período, temos:

Msav (1) = AM + J (1) $\Rightarrow$ Msav (1) = 4.000,00 + 600,00 $\Rightarrow$ **Msac (1) = R$ 4.600,00**

c) Cálculo do saldo devedor – SD(t)

$$\text{SD (t)} = \text{SD (t – 1)} - \text{AM}$$

Após o pagamento da primeira parcela, o saldo devedor será:

SD (1) = 30.000,00 – 4.000,00 $\Rightarrow$ **SD (1) = R$ 26.000,00**

3.24.3 O cálculo informatizado

Da planilha financeira do programa anexo (site da editora Blucher: <www.blucher.com.br>), utilizando o cálculo **SAV**, temos:

PLANILHA DE AMORTIZAÇÃO – SISTEMA DE AMORTIZAÇÃO VARIÁVEL (SAV)

Presente:	**P**	=	**30.000,00**	(R$)
Taxa percentual:	**i**	=	**2.0000**	% a.p.
Número de períodos:	**n**	=	**10**	períodos

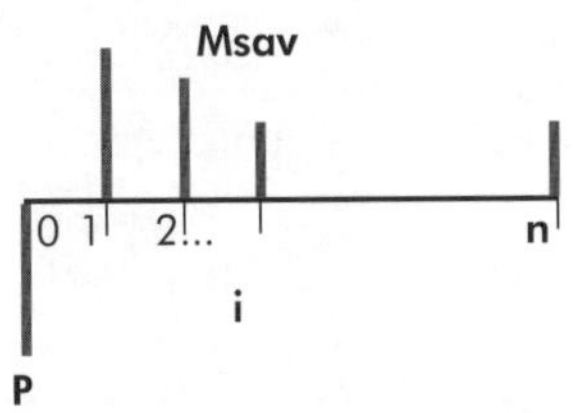

Representação do fluxo de caixa

SOMA:	33.140,00	3.140,00	30.000,00			
n	**Msav**	**JUROS**	**AMORT.**	**SAL. DEV.**	**J (acum.)**	**AM (acum.)**
0				30.000,00		
1	4.600,00	600,00	4.000,00	26.000,00	600,00	4.000,00
2	5.020,00	520,00	4.500,00	21.500,00	1.120,00	8.500,00
3	430,00	430,00		21.500,00	1.550,00	8.500,00
4	6.430,00	430,00	6.000,00	15.500,00	1.980,00	14.500,00
5	3.310,00	310,00	3.000,00	12.500,00	2.290,00	17.500,00
6	250,00	250,00		12.500,00	2.540,00	17.500,00
7	3.250,00	250,00	3.000,00	9.500,00	2.790,00	20.500,00
8	4.190,00	190,00	4.000,00	5.500,00	2.980,00	24.500,00
9	3.110,00	110,00	3.000,00	2.500,00	3.090,00	27.500,00
10	2.550,00	50,00	2.500,00	0,00	3.140,00	30.000,00

4

AMBIENTE INFLACIONÁRIO

Todo produto ou bem econômico é expresso em unidade monetária, ou seja, possui um preço. A inflação é o aumento generalizado desses preços.

Diversos fatores que operam conjuntamente na economia contribuem para a variação do preço de um bem ou produto. Um processo inflacionário surge da alta generalizada dos preços ao longo do tempo.

Vale notar que a variação dos preços nos diversos setores não evolui na mesma proporção. Assim, cada setor da economia possui sua inflação própria, obtendo-se os mais variados tipos de índices em razão de determinadas metodologias.

Assim como o aumento dos preços, também poderá ocorrer uma baixa em um dado intervalo de tempo. É o que se denomina deflação.

Em economias estáveis, temos segurança para executar cálculos financeiros, uma vez que temos previsões relativamente seguras quanto ao seu comportamento. Já em uma conjuntura econômica que vive em um ambiente inflacionário, torna-se praticamente impossível a fixação de valores de pagamentos futuros calculados a uma taxa previamente determinada.

No Brasil, por exemplo, para superar esse impasse foi criada e institucionalizada a correção monetária com a finalidade de, em uma aplicação ou investimento, manter o mesmo poder aquisitivo em épocas diferentes.

Os mecanismos de correção monetária tendem a minimizar os efeitos do processo inflacionário. Com isso, foram criados vários índices na economia, setorizados e globais, que procuram medir as mais diversas variações de preços de um período para outro. É o que chamamos de indexação.

Em nosso país, dispomos de uma grande quantidade de índices econômicos, publicados por várias instituições públicas e privadas, como a FIPE, FGV, SINDUSCON, DIEESE, PINI, entre outras.

Em nosso estudo não abordaremos nenhuma análise a respeito da formação desses índices, nem tampouco sobre o comportamento da inflação. Trataremos apenas do seu impacto em nossos cálculos financeiros já elaborados.

4.1 Considerações sobre a taxa de juros e da correção monetária

Um determinado valor, quando financiado com o compromisso de resgate sujeito à variação da correção monetária e mais taxa de juros, obedece – para a sua composição final para efeito de pagamento – aos critérios de cálculos financeiros aqui estabelecidos, com a diferença de que agora devemos compor as devidas taxas percentuais.

Assim, além da taxa de juros que se aplica nos períodos de capitalização para o cálculo do valor de resgate, teremos também a incidência da taxa percentual referente à correção monetária sobre o mesmo período.

Temos três taxas: a taxa de juros, a taxa de correção e a taxa composta por essas duas.

Para os nossos cálculos, vamos adotar a seguinte convenção:

i(liq) = taxa percentual de juros líquida, sem a incidência da correção

i(c) = taxa percentual da correção monetária

i(r) = taxa percentual real (taxa de juros + taxa de correção)

Composta uma dessas taxas em função das outras duas, podemos efetuar qualquer cálculo financeiro utilizando os procedimentos específicos desenvolvidos em nosso estudo.

4.2 Cálculo da taxa percentual real

Uma quantia investida por um período de capitalização à taxa percentual de juros líquida (i(liq)) terá seu valor de resgate acrescido de (1 + i(liq)).

Tendo-se para o mesmo período de capitalização a incidência de uma taxa de correção monetária **(i(c))**, para que se mantenha o mesmo poder aquisitivo inicial, o valor de resgate deverá ser acrescido de (1 + i(c)).

Portanto, o valor a ser resgatado será acrescido de: (1 + i(liq)) × (1 + i(c)).

Se considerarmos que o valor da taxa composta entre **i(liq)** e **i(c)** seja **i(r))**, o valor produzido para resgate final acrescido de (1 + i(r)) será o mesmo.

Portanto, temos:

$$(1 + i\,(r)) = (1 + i\,(liq)) \times (1 + i\,(c))$$

Assim, para o cálculo da taxa de ganho real, considerando-se a taxa de juros líquida e a taxa de correção monetária para o mesmo período, temos:

$$\mathbf{i(r) = [(1 + i(liq)) \times (1 + i(c))] - 1}$$

Vamos supor que queiramos saber o ganho percentual real de um investimento sujeito à taxa de juros de 2% a.p. (ao período), mais a taxa de variação da correção monetária.

Entendemos como pré-fixada a taxa de juros, e como pós-fixada a taxa de correção monetária, uma vez que só conheceremos o seu valor no final ou quase no final do período, dependendo do processo de cálculo utilizado. Poderíamos também ter a taxa de correção já prevista, o que não mudaria o resultado final da taxa real.

Tomemos como exemplo uma correção monetária no mesmo período da ordem de 5% a.p.

$$i(r) = [(1 + i(liq)) \times (1 + i(c))] - 1 \quad \Rightarrow \quad i(r) = [(1 + 0{,}02) \times (1 + 0{,}05)] - 1$$

Portanto: i (r) = 0,071 $\Rightarrow$ **i (r) = 7,10% a.p.**

4.3 Cálculo da taxa percentual real realizado por meio da planilha eletrônica Excel

Para informatizarmos este cálculo, usaremos os procedimentos convencionados na planilha eletrônica para o desenvolvimento da fórmula matemática conhecida.

Para essa apresentação criamos uma tela baseada nos cálculos anteriores, com cada valor ocupando uma determinada célula.

CÁLCULO DA TAXA REAL i(r)
em função das taxas líquida i(liq) e de correção monetária i(c)

Taxa líquida:	**i(liq)**	=		% a.p.
Taxa de correção:	**i(c)**	=		% a.p.
Taxa real:	**i(r)**	=		% a.p.

Na planilha apresentada no programa anexo, denominamos esse cálculo **taxa real** e utilizamos as células:

D8 para o valor da taxa líquida **i (liq)**

D10 para o valor da taxa de correção monetária **i (c)**

D13 para o valor da taxa real **i (r)**

Para se obter o resultado pretendido, programamos a fórmula em D13 da seguinte forma:

D13 : **= ((1+D8/100)*(1+D10/100)-1)*100**

Para os dados constantes no **4.2**, utilizando-se a planilha taxa real do programa anexo (site da editora Blucher: <www.blucher.com.br>), temos:

CÁLCULO DA TAXA REAL i(r)
em função das taxas líquida i(liq) e de correção monetária i(c)

Taxa líquida:	**i(liq)**	=	**2**	% a.p.
Taxa de correção:	**i(c)**	=	**5**	% a.p.
Taxa real:	**i(r)**	=	**7,1000**	% a.p.

4.4 Cálculo da taxa percentual líquida

Partindo-se da fórmula genérica em questão, demonstrada no cálculo anterior, temos:

$$(1 + i\ (r)) = (1 + i\ (liq)) \times (1 + i\ (c))$$

Para o cálculo da taxa de ganho líquida, conhecendo-se a taxa de juros real e a taxa de correção monetária para o mesmo período, temos:

$$\mathbf{i(liq) = \frac{(1+i(r))}{(1+i(c))} - 1}$$

Assim, para conhecer o ganho da taxa percentual líquida de um valor corrigido monetariamente à taxa de 4% a.p. e que rendeu uma taxa percentual real no mesmo período de 6% a.p., temos:

$$i(liq) = \frac{(1+i(r))}{(1+i(c))} - 1 \quad \Rightarrow \quad i(liq) = \frac{(1+0,06)}{(1+0,04)} - 1$$

Portanto: i (liq) = 0,019231 **i (r) = 1,9231% a.p.**

4.5 Cálculo da taxa percentual líquida realizado por meio da planilha eletrônica Excel

Para informatizarmos este cálculo, trabalharemos com os mesmos procedimentos utilizados para a informatização da taxa real.

A tela com os dados e incógnitas procurados é praticamente a mesma, diferenciando-se apenas pela ordem de alguns dados.

Na planilha apresentada no programa anexo (site da editora Blucher: <www.blucher.com.br>), denominamos esse cálculo **taxa líquida** e utilizamos as células:

D8 para o valor da taxa real **i(r)**

D10 para o valor da taxa de correção monetária **i(c)**

D13 para o valor da taxa líquida **i(liq)**

A fim de obter o resultado pretendido, programamos a fórmula em D13 da seguinte forma:

D13: **= ((1+D8/100)/(1+D10/100)-1)*100**

Para os dados constantes no **4.4**, utilizando-se a planilha taxa líquida do programa anexo (site da editora Blucher: <www.blucher.com.br>), temos:

CÁLCULO DA TAXA LÍQUIDA i(liq)
em função das taxas real i(r) e de correção monetária i(c)

Taxa real:	**i(r)**	=	**6**	% a.p.
Taxa de correção:	**i(c)**	=	**4**	% a.p.
Taxa líquida:	**i(liq)**	=	**1,9231**	% a.p.

4.6 Cálculo da taxa percentual de correção

Trabalhando-se ainda com a fórmula genérica em questão, demonstrada no cálculo anterior:

$$(1 + i\,(r)) = (1 + i\,(liq)) \times (1 + i\,(c))$$

temos para o cálculo da taxa de correção monetária, conhecidos a taxa de juros real e a taxa de juros líquida para o mesmo período:

$$\mathbf{i(c) = \frac{1+i(r)}{(1+i(liq))} - 1}$$

Assim, para conhecer o valor da taxa de correção embutida em um pagamento ou recebimento no qual houve uma taxa real de 5,5% a.p e uma taxa de juros de 1,7% a.p. correspondente ao mesmo período, temos:

$$i(c) = \frac{(1+i(r))}{(1+i(liq))} - 1 \quad \Rightarrow \quad i(liq) = \frac{(1+0{,}055)}{(1+0{,}017)} - 1$$

Portanto: i (liq) = 0,037365 $\Rightarrow$ **i (r) = 3,7365% a.p.**

4.7 Cálculo da taxa percentual de correção realizado por meio da planilha eletrônica Excel

Para informatizarmos este cálculo, trabalharemos com os mesmos procedimentos utilizados para a informatização dos cálculos das taxas anteriores.

A tela com os dados e incógnitas procurados é praticamente a mesma, diferenciando-se apenas pela ordem de alguns dados.

Na planilha apresentada no programa anexo (site da editora Blucher: <www.blucher.com.br>), denominamos esse cálculo **taxa líquida** e utilizamos as células:

D8 para o valor da taxa real **i(r)**

D10 para o valor da taxa líquida **i(liq)**

D13 para o valor da taxa de correção monetária **i(c)**

Para se obter o resultado pretendido, programamos a fórmula em D13 da seguinte forma:

D13: **= ((1 + D8/100) / (1 + D10/100) – 1)*100**

Para os dados constantes no **4.6**, utilizando-se a planilha taxa de correção do programa anexo (site da editora Blucher: <www.blucher.com.br>, temos:

CÁLCULO DA TAXA DE CORREÇÃO MONETÁRIA i(c)
em função das taxas real i(r) e da líquida i(liq)

Taxa real:	**i(r)**	=	5,5	% a.p.
Taxa líquida:	**i(liq)**	=	1,7	% a.p.
Taxa de correção:	**i(c)**	=	3,7365	% a.p.

4.8 Exemplo de aplicação de taxas de juros mais correção monetária

Uma pessoa investiu um determinado valor por um ano, na condição de receber um valor acrescido de 9% de taxa de juros, mais a correção monetária referente ao período de aplicação. Projetando uma correção monetária de 15% no mesmo período, qual a taxa de ganho real prevista para o resgate?

4.8.1 O cálculo por fórmulas

$$i\,(r) = [(1 + i\,(liq)) \times (1 + i\,(c))] - 1 \quad \Rightarrow \quad i\,(r) = [(1 + 0{,}09) \times (1 + 0{,}15)] - 1$$

Portanto: $i = 0{,}2535 \Rightarrow$ **i (r) = 25,35% a.a.**

4.8.2 O cálculo informatizado

Da planilha financeira do programa anexo (site da editora Blucher: <www.blucher.com.br>, utilizamos o cálculo taxa real:

CÁLCULO DA TAXA REAL i(r)
em função das taxas líquida i(liq) e de correção monetária i(c)

Taxa líquida:	i(liq)	=	9	% a.p.
Taxa de correção:	i(c)	=	15	% a.p.
Taxa real:	i(r)	=	25,3500	% a.p.

4.9 Considerações sobre a indexação

Os reajustes de valores são normalmente feitos por meio do acúmulo das variações percentuais em um determinado espaço de tempo, sempre respeitando o período de capitalização considerado.

Assim, para os cálculos envolvendo variações percentuais uniformes, o acúmulo pode ser calculado por fórmulas financeiras já apresentadas em nosso estudo. No entanto, se as variações forem diferentes entre si ao longo dos períodos, o que é mais comum, o cálculo da taxa acumulada se dará período a período.

Para esses casos, são criados índices que traduzem a variação acumulada em um determinado prazo, facilitando os cálculos de correção monetária e os reajustes de preços quando necessário.

4.10 Cálculo de índices de correção monetária

Um índice financeiro representa a variação percentual acumulada através dos períodos de capitalização.

Assim, para determiná-lo, basta acumular os valores dentro da formulação financeira **(1 + i)**, partindo-se de uma base inicial pré-estabelecida. O acúmulo das taxas se faz dentro dos períodos, pela incidência da taxa de um período posterior sobre a taxa acumulada no período anterior.

Se as taxas forem iguais no decorrer dos períodos, para o cálculo da **variação acumulada (Vac)** podemos utilizar uma formulação matemática que calcule uma taxa equivalente a um determinado número de períodos de capitalização, ou seja:

$$\mathbf{Vac = (1 + i)^n - 1}$$

Quando as taxas periódicas forem diferentes entre si, o acúmulo será período a período, ou seja:

$$(1 + Vac) = (1 + i_1) \times (1 + i_2) \times (1 + i_3) \times \ldots\ldots\ldots \times (1 + i_n)$$

onde $i_1, i_2, i_3 \ldots 1_n$, representam as respectivas taxas dos períodos em questão.

Portanto:

$$\mathbf{Vac = [(1+i_1)\times(1+i_2)\times(1+i_3)\times\cdots\times(1+i_n)]-1}$$

Imaginemos a seguinte situação:

Nos meses de abril, maio, junho e julho, tivemos uma inflação medida, por uma determinada instituição de pesquisa, de 2,2%, 3,5%, 1,5%, 2,4%, respectivamente. Qual a taxa de inflação acumulada do período?

$$\text{Vac} = [(1+i_1)\times(1+i_2)\times(1+i_3)\times\ldots\times(1+i_n)]-1$$

$$\text{Vac} = [(1+0{,}022)\times(1+0{,}035)\times(1+0{,}015)\times(1+0{,}024)]-1$$

$$\text{Vac} = 0{,}099404 \quad \Rightarrow \quad \mathbf{Vac = 9{,}9404\%\ (para\ os\ quatros\ períodos)}$$

Vejamos essa acumulação período a período:

- para abril: Vac = 2,2%
- para maio: Vac = (1 + 0,022) × (1 + 0,035) = 1,05777 ⇒ **Vac = 5,7770%**
- para junho: Vac = (1 + 0,05777) × (1 + 0,015) = 1,0736365 ⇒ **Vac = 7,36365%**
- para julho: Vac = (1 + 0,0736365) × (1 + 0,024) = 1,09940383 ⇒ **Vac = 9,940383%**

Para facilitar o cálculo com variações acumuladas, necessário para calcular correções monetárias e reajustes de pagamentos, vamos criar uma tabela de índices tomando como base inicial o valor 1 (lembrando que qualquer valor pode ser tomado como base inicial).

Assim, sendo o valor base = 1, temos:

- para abril: I (abril) = 1,0000 × (1 + 0,0220) ⇒ **I(abril) = 1,022000**
- para maio: I (maio) = 1,022000 × (1 + 0,035) ⇒ **I(maio) = 1,057770**
- para junho: I (junho) = 1,057770 × (1 + 0,015) ⇒ **I(junho) = 1,073637**
- para julho: I (julho) = 1,073637 × (1 + 0,024) ⇒ **I(julho) = 1,099404**

Buscando uma visualização das variações periódicas e acumuladas e dos índices, elaboramos o quadro:

MÊS	VAR (%)	Vac (%)	ÍNDICE
			1,000000
abril	2,2000	2,200000	1,022000
maio	3,5000	5,777000	1,057770
junho	1,5000	7,363655	1,073637
julho	2,4000	9,940383	1,099404

O trabalho com índices financeiros nos traz a vantagem de termos a variação percentual de um determinado número de períodos simplesmente pela divisão de seus respectivos valores.

Assim, temos:

$$\mathbf{Vac} = \left[\frac{\mathbf{I(atual)}}{\mathbf{I(base)}} - \mathbf{1}\right] \times \mathbf{100}$$

Para obtermos a variação percentual dos três últimos períodos (maio, junho e julho) do quadro acima, temos:

$$\text{Vac} = \left(\frac{\text{I(julho)}}{\text{I(abril)}} - 1\right) \times 100 \Rightarrow \text{Vac} = \left(\frac{1{,}099404}{1{,}022000} - 1\right) \times 100 \Rightarrow \mathbf{Vac = 7{,}573777\%}$$

4.11 Cálculo de índices de correção monetária realizado por meio da planilha eletrônica Excel

Para informatizarmos este cálculo, usaremos as funções convencionadas na planilha eletrônica para o desenvolvimento de formulações matemáticas.

Os valores envolvidos serão apresentados em um quadro pelo qual se tem uma visão geral dos valores e de itens específicos.

Dividimos a apresentação em duas planilhas de trabalho que denominamos **índices de correção**, onde calculamos os índices a partir das variações percentuais periódicas conhecidas, e **variações (%)**, onde calculamos as variações percentuais periódicas, conhecidos os índices.

4.11.1 Índices de correção

Para esta apresentação criamos uma tela baseada no quadro utilizado nos cálculos anteriores, com cada valor ocupando uma determinada célula.

CÁLCULO DOS ÍNDICES DE CORREÇÃO – I(t) = ?
em função da variações percentuais e I (base)

n	VAR (%)	Vac (%)	ÍNDICE
0			
1			
2			
3			

Na planilha apresentada no programa anexo (site da editora Blucher: <www.blucher.com.br>), denominamos esse cálculo **índices de correção** e utilizamos as células:

C9 a C10 para as variações percentuais periódicas – **VAR (%)**

(valores a serem informados)

D9 e D10 para as variações percentuais acumuladas – **Vac (%)**

E8 a E10 para os valores dos índices – **ÍNDICES**

Com o quadro estruturado, passamos a inserir as fórmulas, da seguinte maneira:

Célula D9: **= C9**

Célula D10: **= ((1 + C10/100)*(1 + D9/100) – 1)*100**

Célula E8: 1 (valor escolhido com base)

Célula E9: = (1 + D9/100)*E8

Para completarmos o segundo período, copiamos a célula E9 para E10.

Na apresentação dos cálculos, formatamos as células da planilha de trabalho da maneira desejada.

Na planilha **índices de correção** apresentada no programa anexo (site da editora Blucher: <www.blucher.com.br>), há um quadro montado para dois períodos.

Para ampliar o quadro período a período, basta clicar no comando **Mais um Período**, depois de digitar a última variação.

Quanto aos dados constantes no **4.10**, utilizando-se a planilha índices de correção do programa anexo, temos:

CÁLCULO DOS ÍNDICES DE CORREÇÃO – I(t) = ?
em função das variações percentuais e I (0)

n	VAR (%)	Vac (%)	ÍNDICE
0			1,000000
1	2,2000	2,200000	1,022000
2	3,5000	5,777000	1,057770
3	1,5000	7,363655	1,073637
4	2,4000	9,940383	1,099404

4.11.2 Variações (%)

Para esta apresentação, criamos uma tela semelhante à anterior, uma vez que houve alteração somente quanto ao posicionamento dos valores.

Na planilha apresentada no programa anexo (site da editora Blucher: <www. blucher.com.br>), denominamos esse cálculo **variações (%)** e utilizamos as células:

C8 a C10 para os valores dos índices – **ÍNDICES** (valores a serem informados)

D9 a D10 para as variações percentuais periódicas – **VAR (%)**

E8 a E10 para as variações percentuais acumuladas – **Vac (%)**

Com o quadro estruturado, passamos a inserir as fórmulas necessárias ao cálculo desejado da seguinte maneira:

Célula D9: = (C9/C8 – 1)*100

Célula E9: = (C9/$C$8 – 1)*100

Para completarmos o segundo período, copiamos as células D9 a E9 para D10 a E10.

Na apresentação dos cálculos, formatamos as células da planilha de trabalho da maneira desejada.

Na planilha variações (%) apresentada no programa anexo, há um quadro montado para dois períodos.

Para ampliar o quadro período a período, basta clicar no comando **Mais um Período**, depois de digitar o último índice.

Para os dados constantes no **4.10**, utilizando-se a planilha variações (%) do programa anexo, temos:

CÁLCULO DOS ÍNDICES DE CORREÇÃO – V(%) = ?
em função dos índices I(t)

n	ÍNDICE	VAR (%)	Vac (%)
0	1,000000		
1	1,022000	2,2000	2,2000
2	1,057770	3,5000	5,7770
3	1,073637	1,5000	7,3637
4	1,099404	2,4000	9,9404

4.12 Exemplo de aplicação de formação de um índice financeiro a partir das variações periódicas

Uma instituição de pesquisa, levantando dados para medir a variação de um determinado setor da economia brasileira para um período de seis meses – abril, maio, junho, julho, agosto e setembro –, obteve as variações percentuais mensais de 1,2%, 2,1%, 0,8%, 1,4%, 1,7% e 0,6%, respectivamente. Após este levantamento, a empresa quer saber as variações acumuladas mensalmente e construir uma tabela de índices, tomando-se por base o valor 1.

4.12.1 O cálculo por fórmulas

Para melhor exposição dos cálculos, vamos elaborar um quadro.

Inicialmente devemos calcular as acumulações percentuais mês a mês:

- para abril: **Vac = 1,2%**
- para maio: Vac = (1 + 0,012) × (1 + 0,021) = 1,03325200 ⇒ **Vac = 3,325200%**
- para junho: Vac = (1 + 0,03252) × (1 + 0,008) = 1,11591216 ⇒ **Vac = 4,151802%**
- para julho: Vac = (1 + 0,04151802) × (1 + 0,014) = 1,05609927 ⇒ **Vac = 5,609927%**
- para agosto: Vac = (1 + 0,05609927) × (1 + 0,017) = 1,07405296 ⇒ **Vac = 7,405296%**
- para setembro: Vac = (1 + 0,07405296) × (1 + 0,006) = 1,08049728 ⇒ **Vac = 8,049728%**

Calculemos agora os índices mensais, tomando como **base inicial o valor 1**:

- para abril: I (abril) = 1,0000 × (1 + 0,0120) ⇒ **I(abril) = 1,012000**
- para maio: I (maio) = 1,012000 × (1 + 0,021) ⇒ **I(maio) = 1,033252**
- para junho: I (junho) = 1,033252 × (1 + 0,008) ⇒ **I(junho) = 1,041518**
- para julho: I (julho) = 1,041518 × (1 + 0,014) ⇒ **I(julho) = 1,056099**
- para agosto: I (agosto) = 1,056099 × (1 + 0,017) ⇒ **I(agosto) = 1,074053**
- para setembro: I (setembro) = 1,074053 × (1 + 0,006) ⇒ **I(setembro) = 1,080497**

Fornecidos os dados, elaboramos o quadro:

n	VAR (%)	Vac (%)	ÍNDICE
			1,000000
Abril	1,2000	1,200000	1,012000
Maio	2,1000	3,325200	1,033252
Junho	0,8000	4,151802	1,041518
Julho	1,4000	5,609927	1,056099
Agosto	1,7000	7,405296	1,074053
Setembro	0,6000	8,049727	1,080497

4.12.2 O cálculo informatizado

⇨NOTAS

- Se quisermos trabalhar no quadro com "mês" referindo-se aos períodos, basta digitar os respectivos meses sobre os números que representam os períodos.
- Se tivermos preferência por outra base, basta substituir a célula E8 do quadro na planilha pelo valor escolhido.

Informando-se no quadro as variações de cada mês, temos:

CÁLCULO DOS ÍNDICES DE CORREÇÃO – I(t) = ?
em função da variações percentuais e I (0)

n	VAR (%)	Vac (%)	ÍNDICE
0			1,000000
1	1,2000	1,200000	1,012000
2	2,1000	3,325200	1,033252
3	0,8000	4,151802	1,041518
4	1,4000	5,609927	1,056099
5	1,7000	7,405296	1,074053
6	0,6000	8,049727	1,080497

4.13 Considerações sobre a correção de valores

A correção de um valor monetário pode ser calculada através de índices financeiros, uma vez que estes traduzem a variação percentual em determinados períodos.

4.14 Cálculo de um valor corrigido

Para se calcular um valor corrigido, conhecidos os índices a que se submetem a correção, verificamos a variação percentual do período desejado e a acrescentamos ao valor a ser corrigido.

Assim, temos:

$$\mathbf{F(cor) = P(s) \times \frac{I(atual)}{I(base)}}$$

Onde:

F(cor) = valor corrigido monetariamente

P(s) = valor a ser corrigido

I(atual) = índice do período de atualização

I(base) = índice-base dos períodos considerados para a correção

Assim, se quisermos atualizar um valor de R$ 10.000,00, conhecido o índice--base no valor de 101,2536 e o índice atual de 113,9710, temos:

$$F(\text{cor}) = P(s) \times \frac{I(\text{atual})}{I(\text{base})} \Rightarrow F = 10.000,00 \times \frac{113,9710}{101,2536} \Rightarrow \mathbf{F = R\$\ 11.255,99}$$

E, se quisermos saber qual foi a variação percentual da correção monetária do período, temos:

$$\text{Vac} = \left(\frac{I(\text{atual})}{I(\text{base})} - 1\right) \times 100 \Rightarrow \text{Vac} = \left(\frac{113,9710}{101,2536} - 1\right) \times 100 \Rightarrow \mathbf{Vac = 12,5599}$$

4.15 Cálculo de um valor corrigido realizado por meio da planilha eletrônica Excel

Para informatizarmos este cálculo, como foi realizado em alguns casos, usaremos as funções convencionadas na planilha eletrônica para o desenvolvimento de formulações matemáticas.

Para essa apresentação criamos uma tela com base nos cálculos anteriores, com cada valor envolvido ocupando uma determinada célula.

Na planilha apresentada no programa anexo (site da editora Blucher: <www.blucher.com.br>), denominamos esse cálculo **valor corrigido** e utilizamos as células:

D8 para o valor a ser corrigido – **P(s)**

D9 para o índice base dos períodos – **I(base)**

D10 para o índice atual dos períodos em questão – **I(atual)**

Em seguida inserimos as fórmulas necessárias ao cálculo, da seguinte maneira:

Célula D8: = D10/D9*D8

Célula D9: = (D10/D9 – 1)*100

Para os dados constantes no **4.3.1**, utilizando-se a planilha valor corrigido do programa anexo, temos:

CÁLCULO DE UM VALOR CORRIGIDO – F (cor) = ?
em função de P(s), I (base), I (atual)

Valor a ser corrigido:	**P(s)**	=	**R$ 10.000,00**	
Índice base:	**I (base)**	=	**101,2536**	
Índice atual:	**I (atual)**	=	**113,971**	
Valor corrigido:	**F (cor)**	=	**R$ 11.255,99**	
Correção monetária de:	**Vac**	=	**12,5599**	%

4.16 Exemplo de cálculo de um valor corrigido

Uma empresa compôs o preço de um produto no mês de maio de um determinado ano no valor de R$ 1.200,00 e o colocou à venda somente no mês de setembro do mesmo ano. Desejando atualizar o seu valor, com base na tabela de índices do item **4.12.1**, qual o valor corrigido do referido produto? Qual a variação percentual do período em questão?

4.16.1 O cálculo por fórmulas

a) O cálculo do valor corrigido

$$F(c) = P(c) \times \frac{I(\text{atual})}{I(\text{base})} \Rightarrow F = 1.200{,}00 \times \frac{1.080497}{1.033252} \Rightarrow \mathbf{F = R\$\ 1.254{,}87}$$

b) O cálculo da variação percentual

$$\text{Vac} = \left[\frac{I(\text{atual})}{I(\text{base})} - 1\right] \times 100 \Rightarrow \text{Vac} = \left[\frac{1{,}080497}{1{,}033252} - 1\right] \times 100 \Rightarrow \mathbf{Vac = 4{,}5725\%}$$

4.16.2 O cálculo informatizado

Da planilha financeira do programa anexo (site da editora Blucher: <www.blucher.com.br>), utilizamos o cálculo valor corrigido:

CÁLCULO DE UM VALOR CORRIGIDO – F (cor) = ?
em função de P(s), I (base), I (atual)

Valor a ser corrigido:	**P(s)**	=	**R$ 1.200,00**	
Índice base:	**I (base)**	=	**1,033252**	
Índice atual:	**I (atual)**	=	**1,080497**	
Valor corrigido:	**F (cor)**	=	**R$ 1.254,87**	
Correção monetária de:	**Vac**	=	**4,5725**	%

4.17 Considerações sobre os juros mais a correção monetária

A correção monetária de um determinado valor repõe o poder aquisitivo, sem, no entanto, fornecer algum ganho financeiro. Para se obter este ganho é preciso aplicar os juros correspondentes ao mesmo período.

Ao executarmos um pagamento de um valor investido sujeito a juros mais a correção monetária, é preciso considerar as duas taxas.

Uma das formas práticas de trabalharmos o cálculo seria acrescermos os juros utilizando nossas formulações matemáticas e, através de índices financeiros conhecidos, que traduzem a mudança ocorrida nos níveis de preços de um período para outro, aplicarmos a correção.

4.18 Cálculo de um valor no futuro acrescido de juros e correção monetária

Para calcular um valor em um período futuro, aplicado a uma determinada taxa de juros e ainda sujeito à variação de um índice estabelecido pela correção monetária (ou estabelecido pela variação de preços de um setor econômico qualquer), aplicamos sobre o valor inicial a taxa de juros em questão e o corrigimos por meio do índice escolhido.

Assim, temos:

$$F(r) = P \times [1 + i(liq)]^n \times \frac{I(atual)}{I(base)}$$

Onde:

F(r) = valor acrescido de juros e correção monetária

P = valor inicial

i(liq) = taxa de juros líquida

n = número de períodos de capitalização

I(atual) = índice do período de atualização

I(base) = índice-base dos períodos considerados para a correção

Assim, se aplicarmos R$ 10.000,00 por seis períodos, sujeito à taxa de juros de 1% a.p. e à variação monetária representada por um índice cujo valor-base é 101,2536 e o atual, de 113,9710, temos:

$$F(r) = P\left[1 + i(liq)\right]^n \times \frac{I(atual)}{I(base)} \Rightarrow F = 10.000{,}00 \times (1 + 0{,}01)^6 \times \frac{113{,}9710}{101{,}2536}$$

Portanto: **F(r) = R$ 11.948,47**

E, se quisermos saber qual foi a variação percentual da correção monetária do período em questão, temos:

$$Vac = \left[\frac{I(atual)}{I(base)} - 1\right] \times 100 \Rightarrow Vac = \left[\frac{113{,}9710}{101{,}2536} - 1\right] \times 100 \Rightarrow \mathbf{Vac = 12{,}5599\%}$$

4.19 Cálculo de um valor no futuro acrescido de juros e correção monetária realizado por meio da planilha eletrônica Excel

Para informatizarmos este cálculo, como foi feito em alguns casos, usaremos as funções convencionadas na planilha eletrônica para o desenvolvimento de formulações matemáticas.

Para esta apresentação, criamos uma tela com base nos cálculos anteriores, com cada valor ocupando uma determinada célula.

Na planilha apresentada no programa anexo (site da editora Blucher: <www.blucher.com.br>), denominamos esse cálculo **futuro corrigido** e utilizamos as células:

C8 para o valor do investimento inicial – presente – **P**

C9 para a taxa percentual de juros líquida – **i(liq)**

C10 para o número de períodos de capitalização – **n**

C12 para o valor no futuro, acrescido da taxa de juros líquida – **F**

C14 para o índice-base dos períodos – **I(base)**

C15 para o índice atual dos períodos em questão – **I(atual)**

C17 para o valor no futuro acrescido de juros e correção monetária – **F(r)**

D17 para a variação acumulada medida através dos índices

Em seguida, inserimos as fórmulas necessárias ao cálculo, da seguinte maneira:

Célula C12: **= VF(C9/100; C10; ; –C8)**

Célula C17: **= C12/C14*C15**

Célula E17: **= ((C15/C14)–1)*100**

CÁLCULO DE UM VALOR NO FUTURO – F = ? e F(r) = ?
em função de P, i, n, I (base), I (atual)

Presente:	**P**	=	**R$ 10.000,00**	
Taxa percentual:	**i**	=	**1**	% a.p.
Número de períodos:	**n**	=	**6**	períodos
Futuro:	**F**	=	**R$ 10.615,20**	
Índice base:	**I (base)**	=	**101,2536**	
Índice atual:	**I (atual)**	=	**113,971**	
Futuro corrigido:	**F(r)**	=	**R$ 11.948,47**	**12,5599** % de correção monetária

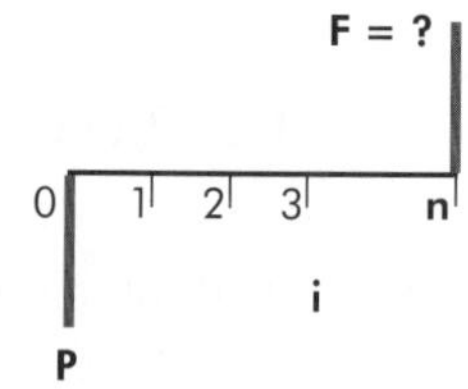

Representação do fluxo de caixa

4.20 Exemplo de cálculo de um valor futuro sujeito à taxa de juros e correção monetária

Uma pessoa investiu R$ 5.000,00 por um prazo de um ano, na condição de receber um valor acrescido de 0,75% ao mês de juros mais a correção monetária provinda de um índice de valor inicial I(base) = 1,25634. Vencido o prazo e sabendo-se que o índice dessa época foi de I(atual) = 1,62294, qual o valor a receber? Qual a variação percentual da correção monetária?

4.20.1 O cálculo por fórmulas

a) O cálculo do valor a receber

$$F(r) = P\left[1+i(liq)\right]^{n} \times \frac{I(atual)}{I(base)} \Rightarrow F = 5.000,00 \times (1+0,0075)^{12} \times \frac{1,62294}{1,25634}$$

Portanto: **F = R$ 7.064,90**

b) O cálculo da variação percentual da correção monetária

$$Vac = \left[\frac{I(atual)}{I(base)} - 1\right] \times 100 \Rightarrow Vac = \left[\frac{1,62294}{1,25634} - 1\right] \times 100 \Rightarrow \mathbf{Vac = 29,1800\%}$$

4.20.2 O cálculo informatizado

Da planilha financeira do programa anexo (site da editora Blucher: <www.blucher.com.br>), utilizamos o cálculo **futuro corrigido**:

CÁLCULO DE UM VALOR NO FUTURO – F = ? e F(r) = ?
em função de P, i, n, I (base), I (atual)

Presente:	**P**	=	**R$ 5.000,00**		
Taxa percentual:	**i**	=	**0,75**	% a.p.	
Número de períodos:	**n**	=	**12**	períodos	
Futuro:	**F**	=	**R$ 5.469,03**		
Índice base:	**I (base)**	=	**1,25634**		
Índice atual:	**I (atual)**	=	**1,62294**		
Futuro corrigido:	**F(r)**	=	**R$ 7.064,89**	**29,1800**	% de correção monetária

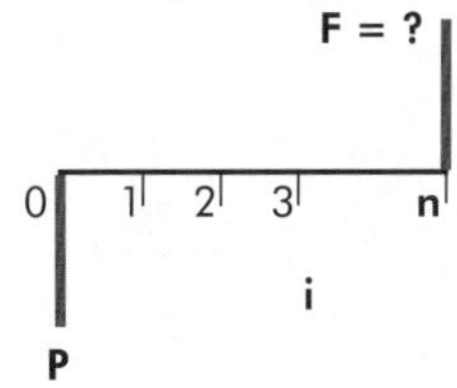

Representação do fluxo de caixa

4.21 Cálculo de um montante periódico acrescido de juros e correção monetária

Para se calcular o valor de uma determinada parcela de um montante periódico acrescida, além dos juros, também da variação da correção monetária estabelecida por um índice (ou pela variação de preços de um setor econômico qualquer), aplicamos sobre o valor da parcela, já contendo a taxa de juros em questão, a correção pelo índice escolhido.

Assim, temos:

$$\mathbf{M(r) = P \times \frac{[1 + i(liq)]^{n} \times i}{[1 + i(liq)]^{n} - 1} \times \frac{I(atual)}{I(base)}}$$

Onde:

M(r) = valor da parcela acrescida de juros e correção monetária

P = valor inicial

i(liq) = taxa de juros líquida

n = número de períodos de capitalização

I(atual) = índice do período de atualização

I(base) = índice-base dos períodos considerados para a correção

Assim, se financiarmos R$ 10.000,00 por 24 períodos, sujeito à taxa de juros de 1% a.p. mais a variação monetária representada por um índice cujo valor-base é 101,2536, e quisermos o valor corrigido da 18ª parcela, sendo o índice I(atual) daquele período 157,9295, temos:

$$M(r) = P \times \frac{[1+i(liq)]^n \times i}{[1+i(liq)]^n - 1} \times \frac{I(atual)}{I(base)}$$

$$M(r) = 10.000,00 \times \frac{(1+0,01)^{24} \times 0,01}{(1+0,01)^{24} - 1} \times \frac{157,9295}{101,2536} \Rightarrow \mathbf{M(r) = R\$\ 734,22}$$

E, se quisermos saber qual foi a variação percentual da correção monetária do período em questão, temos:

$$Vac = \left[\frac{I(atual)}{I(base)} - 1\right] \times 100 \Rightarrow Vac = \left[\frac{157,9295}{101,2536} - 1\right] \times 100 \Rightarrow \mathbf{Vac = 55,9742}$$

4.22 Cálculo de um montante periódico acrescido de juros e correção monetária realizado por meio da planilha eletrônica Excel

Para informatizarmos este cálculo, usaremos as funções convencionadas na planilha eletrônica para o desenvolvimento de formulações matemáticas.

Para essa apresentação criamos uma tela com base nos cálculos anteriores, com cada valor ocupando uma determinada célula.

Na planilha apresentada no programa anexo, denominamos esse cálculo **montante periódico corrigido** e utilizamos as células:

C8 para o valor do investimento inicial – presente – **P**

C9 para a taxa percentual de juros líquida – **i(liq)**

C10 para o número de períodos de capitalização – **n**

C12 para o valor do montante periódico, acrescido da taxa de juros líquida – **M**

C14 para o índice-base dos períodos – **I(base)**

C15 para o índice atual dos períodos em questão – **I(atual)**

C17 para a parcela do montante periódico corrigida – **M(r)**

D17 para a variação acumulada medida através dos índices

Com o quadro estruturado, inserimos as fórmulas necessárias ao cálculo, da seguinte forma:

Célula C12: **= PGTO (C9/100;C10; – C8)**

Célula C17: **= C12/C14*C15**

Célula E17: **= ((C15/C14) – 1)*100**

Para os dados constantes no **4.21**, utilizando-se a planilha **montante periódico corrigido** do programa anexo (site da editora Blucher: <www.blucher.com.br>), temos:

CÁLCULO DE UM MONTANTE PERIÓDICO – M = ? e M(r) = ?
em função de P, i, n, I (base), I (atual)

Presente:	**P**	=	**R$ 10.000,00**	
Taxa percentual:	**i**	=	**1**	% a.p.
Número de períodos:	**n**	=	**24**	períodos
Montante periódico:	**M**	=	**R$ 470,73**	
Índice base:	**I (base)**	=	**101,2536**	
Índice atual:	**I (atual)**	=	**157,9295**	
Montante corrigido:	**M(r)**	=	**R$ 734,22**	**55,9742** % de correção monetária

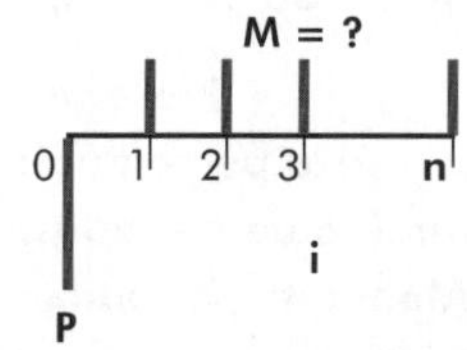

Representação do fluxo de caixa

4.23 Exemplo de cálculo do pagamento de uma determinada parcela sujeito à taxa de juros e correção monetária

Uma pessoa, ao adquirir um imóvel, financiou R$ 40.000,00 para pagamento em 48 meses, com a condição de pagar 0,8% de taxa de juros ao mês mais a correção monetária, calculada através de um índice conhecido como I, com reajustes anuais para os respectivos pagamentos. Sabendo-se que o índice I do mês da aquisição do imóvel foi de 2,4589 e o índice da época do primeiro reajuste foi de 2,9138, qual o valor da primeira parcela do segundo ano do financiamento a ser paga? Qual a variação percentual do primeiro ano medida pelo índice I?

4.23.1 O cálculo por fórmulas

a) O cálculo do valor da primeira parcela do segundo ano

$$M(r) = P \times \frac{\left[1+i(liq)\right]^n \times i}{\left[1+i(liq)\right]^n - 1} \times \frac{I(atual)}{I(base)}$$

$$M(r) = 40.000{,}00 \times \frac{(1+0{,}008)^{48} \times 0{,}008}{(1+0{,}008)^{48} - 1} \times \frac{2{,}9138}{2{,}4589} \Rightarrow \mathbf{M(r) = R\$\ 1.193{,}10}$$

b) O cálculo da variação percentual do primeiro ano

$$Vac = \left[\frac{I(atual)}{I(base)} - 1\right] \times 100 \Rightarrow Vac = \left[\frac{2{,}9138}{2{,}4589} - 1\right] \times 100 \Rightarrow \mathbf{Vac = 18{,}5001\%}$$

4.23.2 O cálculo informatizado

Da planilha financeira do programa anexo (site da editora Blucher: <www.blucher.com.br>), utilizamos o cálculo montante periódico corrigido:

CÁLCULO DE UM MONTANTE PERIÓDICO – M = ? e M(r) = ?
em função de P, i, n, I (base), I (atual)

Presente:	**P**	=	**R$ 40.000,00**	
Taxa percentual:	**i**	=	**0,8**	% a.p.
Número de períodos:	**n**	=	**48**	períodos
Montante periódico:	**M**	=	**R$ 1.006,84**	
Índice base:	**I (base)**	=	**2,4589**	
Índice atual:	**I (atual)**	=	**2,9138**	
Montante corrigido:	**M(r)**	=	**R$ 1.193,10**	**18,5001** % de correção monetária

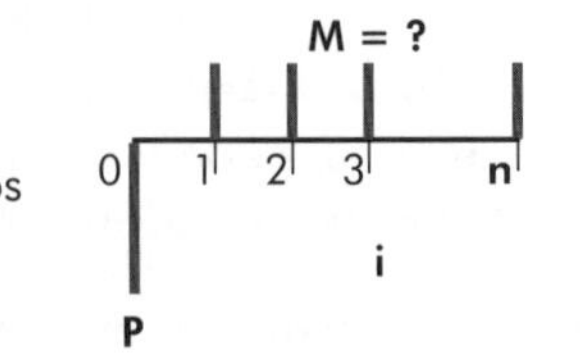

Representação do fluxo de caixa

4.24 Amortização da dívida com parcelas corrigidas

O capítulo 3 tratou da amortização de uma dívida contraída por um determinado prazo, com os pagamentos calculados acrescidos apenas dos juros.

Em financiamentos a longo prazo, ou mesmo em prazo considerado médio, quando há incerteza quanto ao comportamento da inflação, costuma-se acrescentar a correção monetária ao pagamento das parcelas.

O período de correção depende do acerto entre as partes. Vamos estudar o caso de a correção ser efetuada em todos os períodos de capitalização, por este abranger os demais casos.

4.25 Cálculo da amortização de uma dívida pelo sistema de pagamentos constantes (SPC) – com parcelas corrigidas

Para entendermos melhor este procedimento, vejamos a seguinte situação:

- ⇨ empréstimo de **R$ 10.000,00**
- ⇨ para pagamento em **12** parcelas iguais
- ⇨ à taxa percentual de juros de **1% a.p.**
- ⇨ mais a **correção monetária**

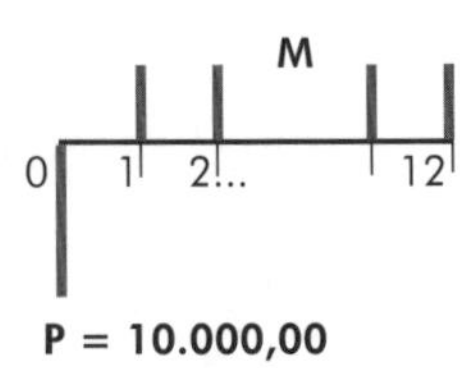

Para facilitar nosso estudo, vamos trabalhar em cima de um quadro nos moldes do estudado no capítulo 3. Com seus valores preenchidos (na coluna **Var. (%)**, simulamos a correção monetária a cada período), demonstraremos os cálculos.

n	M	Var. (%)	V(ac)(%)	M (r)	JUROS	AM (Cor.)	SAL DEV
SOMA:	10.661,85			12.365,68	732,27	11.633,41	
0							10.000,00
1	888,49	1,2000	1,2000	899,15	101,20	797,95	9.322,05
2	888,49	2,3000	3,5276	919,83	95,36	824,47	8.711,99
3	888,49	1,8000	5,3911	936,39	88,69	847,70	8.021,11
4	888,49	2,5000	8,0259	959,80	82,22	877,58	7.344,06
5	888,49	3,2000	11,4827	990,51	75,79	914,72	6.664,35
6	888,49	2,4000	14,1583	1.014,28	68,24	946,04	5.878,25
7	888,49	2,1000	16,5556	1.035,58	60,02	975,57	5.026,13
8	888,49	1,4000	18,1874	1.050,08	50,96	999,12	4.097,38
9	888,49	2,8000	21,4966	1.079,48	42,12	1.037,36	3.174,74
10	888,49	3,4000	25,6275	1.116,19	32,83	1.083,36	2.199,33
11	888,49	4,4000	31,1551	1.165,30	22,96	1.142,34	1.153,76
12	888,49	2,9000	34,9586	1.199,09	11,87	1.187,22	0,00

4.25.1 Cálculo do valor do montante periódico para quitar a dívida – M

Do 1.14 (M/P), temos:

$$M = P\,\frac{(1+i)^n \times i}{(1+i)^n - 1} \Rightarrow M = 10.000{,}00\,\frac{(1+0{,}01)^{12} \times 0{,}01}{(1+0{,}01)^{12} - 1} \Rightarrow \mathbf{M = R\$\ 888{,}49}$$

4.25.2 Cálculo dos demais valores

Com base nos estudos anteriores, com ênfase no Capítulo 4, temos:

a) Cálculos referentes à primeira parcela

a.1) Cálculo do valor corrigido – **Mr**

$Mr(t) = M \times Vac(t) \Rightarrow Mr\,(1) = 888{,}49 \times 1{,}012 \Rightarrow$ **Mr(1) = R$ 899,15**

a.2) Cálculo do saldo devedor – **SAL DEV**

$SD(t) = SD(t-1) \times (1 + i_t\,(c)) \times (1 + i\,(liq) - Mr\,(t)$

$SD(1) = 10.000 \times (1 + 0{,}012) \times (1 + 0{,}01) - 899{,}15 \Rightarrow$ **SD(1) = R$ 9.322,05**

a.3) Cálculo do valor dos juros – **J**

$J(t) = SD(t-1) \times (1 + i\,(c)) \times i_t\,(liq)$

$J(1) = 10.000 \times (1 + 0{,}012) \times 0{,}01 \Rightarrow$ **J (1) = R$ 101,20**

a.4) Cálculo da amortização corrigida – AM (Cor)

$AMc(t) = Mr(t) - J\,(t) \Rightarrow AMc(1) = 899{,}15 - 101{,}20 \Rightarrow$ **AMc(1) = R$ 797,95**

Para o cálculo das demais parcelas, seguir o mesmo procedimento.

4.25.3 Cálculo da variação acumulada para o segundo período – Vac (%)

$$\text{Vac}(t) = [\ (1 + \text{Vac}(t-1)) \times (1 + \text{Var}(t)\ ] - 1$$

$$\text{Vac}(2) = [\ (1 + 0{,}012) \times (1 + 0{,}023)\ ] - 1 \quad \Rightarrow \quad \mathbf{Vac(2) = 3{,}5276\%}$$

Para os cálculos das demais parcelas, seguir o mesmo procedimento.

4.26 Cálculo da amortização de uma dívida pelo sistema de pagamentos constantes (SPC) – com parcelas corrigidas, realizado por meio da planilha eletrônica Excel

Para informatizarmos este cálculo usaremos as funções convencionadas para o desenvolvimento de formulações matemáticas, bem como algumas desenvolvidas pela planilha eletrônica e já utilizadas em nosso estudo.

Para essa apresentação criamos uma tela com base no quadro anterior, com cada valor ocupando uma determinada célula.

Na planilha apresentada no programa anexo (site da editora Blucher: <www.blucher.com.br>), denominamos esse cálculo **SPC(Cor) – quadro** e utilizamos as células:

E5 para o valor do investimento inicial – presente – **P**
E6 para a taxa percentual de juros líquida – **i(liq)**
E7 para o número de períodos de capitalização – **n**
C14, C15, ... para os valores do montante periódico – **M**
D14, D15, ... para as variações período a período – **Var (%)**
E14, E15, ... para as variações acumuladas – **Vac (%)**
F14, F15, ... para os pagamentos das parcelas corrigidas – **M(r)**
G14, G15, ... para os valores dos juros de cada parcela – **JUROS**
H14, H15, ... para os valores das amortizações de cada parcela – **AM(Cor)**
I14, I15, ... para os valores dos saldos de cada parcela – **SAL DEV**
I13 para o saldo devedor inicial
C10 para a somatória dos montantes periódicos
F10 para a somatória dos pagamentos corrigidos
G10 para a somatória dos valores dos juros
H10 para a somatória dos valores das amortizações

Com o quadro estruturado, inserimos as fórmulas necessárias ao cálculo, da seguinte forma:

Célula C14: = PGTO ($E$6/100;$E$7; – $E$5)

Célula E14: = D14

Célula E15: = ((1 + E14/100)*(1 + D15/100) – 1)*100

Célula F14: = C14*(1 + E14/100)

Célula G14: = I13*(1 + D4/100)*$E$6/100

Célula H14: = F14 – G14

Célula I13: = E5

Célula I14: = (J13*(1 + $E$6/100)*(1 + D14/100)) – F14

Célula C10: = SOMA (C13:C63)

Células F10, G10, H10: programe-se pela cópia de **C10**

Células C15, E15, G15, H15: programe-se pela cópia de **C14, E14, G14, H14**, respectivamente

Assim, temos um quadro montado para dois períodos.

O cálculo para um determinado número de períodos será finalizado após a informação de **n**.

Para os dados constantes no **4.25**, utilizando-se a planilha SPC (cor) – quadro do programa anexo (site da editora Blucher: <www.blucher.com.br>), temos:

CÁLCULO DA AMORTIZAÇÃO (SPC) CONSIDERANDO JURO E CORREÇÃO MONETÁRIA

Presente:	**P**	=	**10.000,00**	(R$)
Taxa percentual:	**i(liq)**	=	**1**	% a.p.
Número de períodos:	**n**	=	**12**	períodos

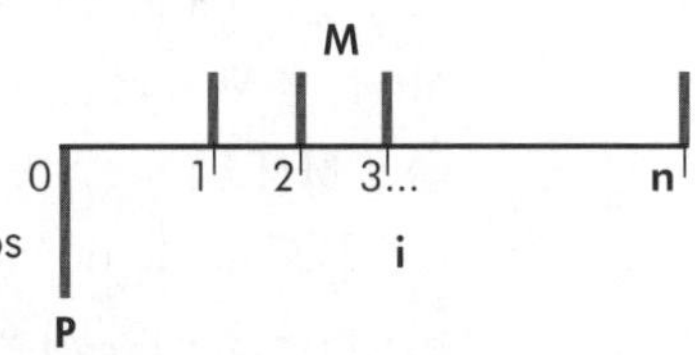

SOMA:	10.661,85			12.365,68	732,27	11.633,41	
n	**M**	**Var. (%)**	**V(ac)(%)**	**M (r)**	**JUROS**	**AM (Cor.)**	**SAL DEV**
0							10.000,00
1	888,49	1,2000	1,2000	899,15	101,20	797,95	9.322,05
2	888,49	2,3000	3,5276	919,83	95,36	824,47	8.711,99
3	888,49	1,8000	5,3911	936,39	88,69	847,70	8.021,11
4	888,49	2,5000	8,0259	959,80	82,22	877,58	7.344,06
5	888,49	3,2000	11,4827	990,51	75,79	914,72	6.664,35
6	888,49	2,4000	14,1583	1.014,28	68,24	946,04	5.878,25
7	888,49	2,1000	16,5556	1.035,58	60,02	975,57	5.026,13
8	888,49	1,4000	18,1874	1.050,08	50,96	999,12	4.097,38
9	888,49	2,8000	21,4966	1.079,48	42,12	1.037,36	3.174,74
10	888,49	3,4000	25,6275	1.116,19	32,83	1.083,36	2.199,33
11	888,49	4,4000	31,1551	1.165,30	22,96	1.142,34	1.153,76
12	888,49	2,9000	34,9586	1.199,09	11,87	1.187,22	0,00

4.27 Exemplo de cálculo da amortização (SPC) de uma dívida com parcelas corrigidas

Um automóvel, cujo valor à vista é R$ 20.000,00, foi vendido a prazo com R$ 5.000,00 de entrada e o restante da dívida financiado em 18 parcelas mensais sujeitas a acréscimo de 0,7% de taxa de juros ao mês, mais a variação cambial. Prevê-se uma variação cambial de 1,2% a.m. para os seis primeiros meses, de 1,6% a.m. para os seis meses intermediários e de 2,0% a.m. para os seis últimos meses. Calcular valores previstos para os pagamentos corrigidos, e os demais valores interessantes a uma análise financeira.

4.27.1 O cálculo por fórmulas

a) Cálculo do valor do montante periódico para se quitar a dívida – M

Do 1.2.1.1 (M/P), temos:

$$M = P\,\frac{(1+i)^n \times i}{(1+i)^n - 1} \Rightarrow M = 15.000,00\,\frac{(1+0,007)^{18} \times 0,007}{(1+0,007)^{18} - 1} \Rightarrow \mathbf{M = R\$\ 889,84}$$

b) Cálculo dos demais valores

b.1) Cálculos referentes à primeira parcela

b.1.1) Cálculo do valor corrigido – **Mr**

$Mr(t) = M \times Vac(t) \Rightarrow Mr(1) = 889,84 \times 1,012$

$\Rightarrow$ **Mr(1) = R$ 900,52**

b.1.2) Cálculo do saldo devedor – **SAL DEV**

$SD(t) = SD(t-1) \times (1 + i_t\,(c)) \times (1 + i_t(liq)) - Mr\,(t)$

$SD(1) = 15.000 \times (1 + 0,012) \times (1+ 0,007) - 900,52$

$\Rightarrow$ **SD(1) = R$ 14.385,74**

b.1.3) Cálculo do valor dos juros – **J**

$J(t) = SD\,(t-1) \times (1 + i_t\,(c)) \times i_t(liq)$

$J(1) = 15.000 \times (1 + 0,012) \times 0,007$

$\Rightarrow$ **J (1) = R$ 106,26**

b.1.4) Cálculo da amortização corrigida – AM(cor)

$AMc(t) = Mr(t) - J(t) \Rightarrow AMc(1) = 900,52 - 106,26$

$\Rightarrow$ **J(1) = R$ 794,26**

Para o cálculo das demais parcelas, seguir o mesmo procedimento.

c) Cálculo da variação acumulada para o segundo período – Vac (%)

$$Vac(t) = [\ (1 + Vac(t-1)) \times (1 + Var(t)\ ] - 1$$

$$Vac(2) = [\ (1 + 0{,}012) \times (1 + 0{,}012)\ ] - 1 \quad \Rightarrow \quad \mathbf{Vac(2) = 2{,}4144\%}$$

Para o cálculo das demais parcelas, seguir o mesmo procedimento.

O quadro completo com seus valores é o mesmo apresentado no tópico a seguir, por meio do cálculo informatizado.

4.27.2 O cálculo informatizado

Da planilha financeira do programa anexo (site da editora Blucher: <www.blucher.com.br>), utilizamos o cálculo **SPC(cor) – quadro**:

CÁLCULO DA AMORTIZAÇÃO (SPC) CONSIDERANDO JURO E CORREÇÃO MONETÁRIA

Presente:	P	=	15.000,00	(R$)
Taxa percentual:	i(liq)	=	0,7	% a.p.
Número de períodos:	n	=	18	períodos

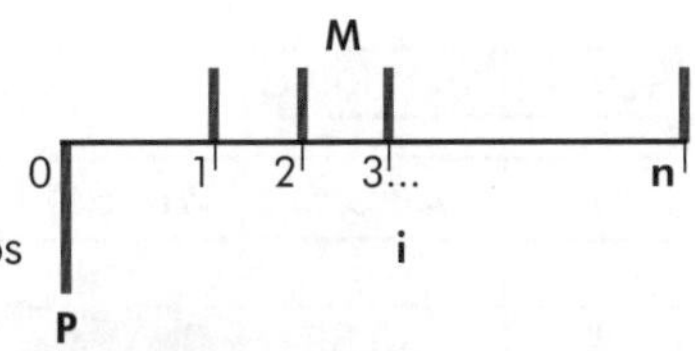

SOMA:	16.017,21			18.397,80	1.115,73	17.282,07	

n	M	Var. (%)	V(ac)(%)	M (r)	JUROS	AM (Cor.)	SAL DEV
0							15.000,00
1	889,84	1,2000	1,2000	900,52	106,26	794,26	14.385,74
2	889,84	1,2000	2,4144	911,33	101,91	809,42	13.748,94
3	889,84	1,2000	3,6434	922,27	97,40	824,87	13.089,06
4	889,84	1,2000	4,8871	933,33	92,72	840,61	12.405,52
5	889,84	1,2000	6,1457	944,53	87,88	856,65	11.697,74
6	889,84	1,2000	7,4195	955,87	82,87	873,00	10.965,11
7	889,84	1,6000	9,1382	971,16	77,98	893,18	10.247,38
8	889,84	1,6000	10,8844	986,70	72,88	913,82	9.497,51
9	889,84	1,6000	12,6586	1.002,49	67,55	934,94	8.714,53
10	889,84	1,6000	14,4611	1.018,53	61,98	956,55	7.897,42
11	889,84	1,6000	16,2925	1.034,82	56,17	978,66	7.045,12
12	889,84	1,6000	18,1532	1.051,38	50,10	1.001,28	6.156,57
13	889,84	2,0000	20,5162	1.072,41	43,96	1.028,45	5.251,25
14	889,84	2,0000	22,9265	1.093,86	37,49	1.056,36	4.299,91
15	889,84	2,0000	25,3851	1.115,73	30,70	1.085,03	3.300,88
16	889,84	2,0000	27,8928	1.138,05	23,57	1.114,48	2.252,42
17	889,84	2,0000	30,4506	1.160,81	16,08	1.144,73	1.152,74
18	889,84	2,0000	33,0596	1.184,02	8,23	1.175,79	0,00

4.28 Cálculo da amortização de uma dívida pelo sistema de amortização constante (SAC) – com parcelas corrigidas

Para entendermos melhor este procedimento, vejamos a seguinte situação:

- ⇨ empréstimo de **R$ 10.000,00**
- ⇨ para pagamento em **12** parcelas iguais
- ⇨ à taxa percentual de juros de **1% a.p.**
- ⇨ mais a **correção monetária**

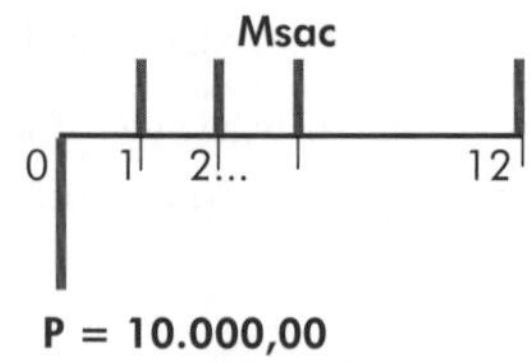

Para facilitar nosso estudo, vamos trabalhar em cima de um quadro nos moldes do estudado no capítulo 3. Com seus valores preenchidos (na coluna **Var. (%)** simulamos a correção monetária referente a cada período) e com essa visualização demonstraremos os cálculos.

n	Amort.	Var. (%)	V(ac)(%)	Msac (r)	JUROS	AM (Cor.)	SAL DEV
SOMA:	10.000,00			12.316,45	718,39	11.598,05	
0							10.000,00
1	833,33	1,2000	1,2000	944,53	101,20	843,33	9.276,67
2	833,33	2,3000	3,5276	957,63	94,90	862,73	8.627,30
3	833,33	1,8000	5,3911	966,09	87,83	878,26	7.904,33
4	833,33	2,5000	8,0259	981,24	81,02	900,22	7.201,72
5	833,33	3,2000	11,4827	1.003,34	74,32	929,02	6.503,16
6	833,33	2,4000	14,1583	1.017,91	66,59	951,32	5.707,91
7	833,33	2,1000	16,5556	1.029,57	58,28	971,30	4.856,48
8	833,33	1,4000	18,1874	1.034,14	49,24	984,89	3.939,58
9	833,33	2,8000	21,4966	1.052,97	40,50	1.012,47	3.037,42
10	833,33	3,4000	25,6275	1.078,30	31,41	1.046,90	2.093,79
11	833,33	4,4000	31,1551	1.114,82	21,86	1.092,96	1.092,96
12	833,33	2,9000	34,9586	1.135,90	11,25	1.124,66	0,00

4.29 Cálculo da amortização de uma dívida pelo sistema de amortização constante (SAC) – com parcelas corrigidas, realizado por meio da planilha eletrônica Excel

Para informatizarmos este cálculo usaremos as funções convencionadas na planilha eletrônica para o desenvolvimento de formulações matemáticas.

Para essa apresentação, criamos uma tela com base no quadro anterior, com cada valor ocupando uma determinada célula.

Na planilha apresentada no programa anexo, denominamos esse cálculo **SAC (Cor)** – **quadro** e utilizamos as células:

E5	para o valor do investimento inicial – presente – **P**
E6	para a taxa percentual de juros líquida – **i(liq)**
E7	para o número de períodos de capitalização – **n**
C14, C15,...	para os valores das amortizações – **Amort.**
D14, D15,...	para as variações período a período – **Var (%)**
E14, E15,...	para as variações acumuladas – **Vac (%)**
F14, F15,...	para os pagamentos das parcelas corrigidas – **Msac (r)**
G14, G15,...	para os valores dos juros de cada parcela – **JUROS**
H14, H15,...	para os valores das amortizações corrigidas – **AM(Cor)**
I14, I15,...	para os valores dos saldos de cada parcela – **SAL DEV**
I13	para o saldo devedor inicial
C10	para a somatória das amortizações
F10	para a somatória dos pagamentos corrigidos
G10	para a somatória dos valores dos juros
H10	para a somatória das amortizações corrigidas

Com o quadro estruturado, inserimos as fórmulas necessárias ao cálculo, da seguinte forma:

Célula C14: **= $I$13/$E$7**

Célula E14: **= D14**

Célula E15: **= ((1 + E14/100)*(1 + D15/100) – 1)*100**

Célula F14: **= G14 + H14**

Célula G14: **= I13*(1 + D4/100)*$E$6/100**

Célula H14: **= C14*(1 + E14/100)**

Célula I13: **= E5**

Célula I14: **= (J13*(1 + $E$6/100)*(1 + D14/100))–F14**

Célula C10: **= SOMA (C13:C63)**

Células F10, **G10, H10**: programe-se pela cópia de **C10**

Células C15, **F15, G15, H15, I15**: programe-se pela cópia de **C14, F14, G14, H14, I14,** respectivamente

Assim, temos um quadro montado para dois períodos.

O cálculo para um determinado número de períodos será finalizado após a informação de “n”.

Para os dados constantes no **4.29**, utilizando-se a planilha SAC(cor) – quadro do programa anexo (site da editora Blucher: <www.blucher.com.br>), temos:

CÁLCULO DA AMORTIZAÇÃO (SPC) CONSIDERANDO JURO E CORREÇÃO MONETÁRIA

Presente:	**P**	=	**10.000,00**	(R$)
Taxa percentual:	**i(liq)**	=	**1**	% a.p.
Número de períodos:	**n**	=	**12**	períodos

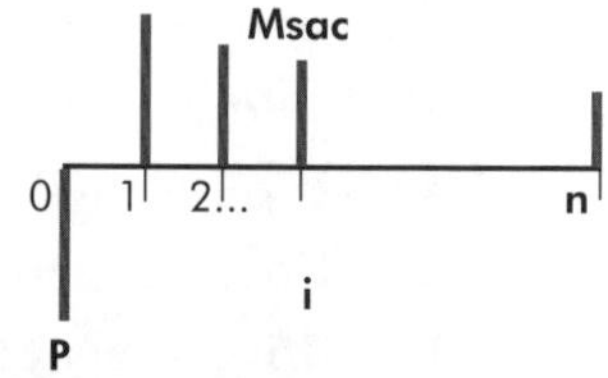

n	Amort.	Var. (%)	V(ac)(%)	Msac (r)	JUROS	AM (Cor.)	SAL DEV
SOMA:	10.000,00			12.316,45	718,39	11.598,05	
0							10.000,00
1	833,33	1,2000	1,2000	944,53	101,20	843,33	9.276,67
2	833,33	2,3000	3,5276	957,63	94,90	862,73	8.627,30
3	833,33	1,8000	5,3911	966,09	87,83	878,26	7.904,33
4	833,33	2,5000	8,0259	981,24	81,02	900,22	7.201,72
5	833,33	3,2000	11,4827	1.003,34	74,32	929,02	6.503,16
6	833,33	2,4000	14,1583	1.017,91	66,59	951,32	5.707,91
7	833,33	2,1000	16,5556	1.029,57	58,28	971,30	4.856,48
8	833,33	1,4000	18,1874	1.034,14	49,24	984,89	3.939,58
9	833,33	2,8000	21,4966	1.052,97	40,50	1.012,47	3.037,42
10	833,33	3,4000	25,6275	1.078,30	31,41	1.046,90	2.093,79
11	833,33	4,4000	31,1551	1.114,82	21,86	1.092,96	1.092,96
12	833,33	2,9000	34,9586	1.135,90	11,25	1.124,66	0,00

4.29.1 Cálculo do valor da parcela de amortização – AM

$$\text{AM} = \frac{\text{P}}{\text{n}} \Rightarrow \text{AM} = \frac{10.000{,}00}{12} \Rightarrow \textbf{AM} = \textbf{R\$ 833,33}$$

4.29.2 Cálculo dos demais valores

Com base nos estudos anteriores, com ênfase no Capítulo 4, temos:

a) Cálculo da variação acumulada para o segundo período – Vac (%)

$$\text{Vac(t)} = [\ (1 + \text{Vac (t –1)}) \times (1 + \text{Var(t)})\ ] - 1$$

$$\text{Vac(2)} = [\ (1 + 0{,}012) \times (1 + 0{,}023)\ ] - 1 \quad \Rightarrow \quad \textbf{Vac(2) = 3,5276\%}$$

b) Cálculos referentes à primeira parcela

b.1) Cálculo da amortização corrigida – **AM(cor)**

AM(Cor) (t) = AM × Vac (t)

AM(Cor) (1) = 833,33 × 1,012 ⇒ **AM(cor) (1) = R$ 843,33**

b.2) Cálculo do valor dos juros – **J**

$J(t) = SD\ (t-1) \times (1 + i_t\ (c)) \times i\ (liq)$

J(1) = 10.000 × (1 + 0,012) × 0,01 ⇒ **J(1) = R$ 101,20**

b.3) Cálculo do valor da parcela a pagar – **Msac(r)**

Msac (t) = AM (Cor) (t) + J (t)

Msac (1) = 843,33 + 101,20 ⇒ **Msac(1) = R$ 944,53**

b.4) Cálculo do saldo devedor – **SAL DEV**

SD(t) = SD(t – 1) × (1 + i (c)) × (1 + i (liq)) – Msac(r) (t)

SD(1) = 10.000 × (1 + 0,012) × (1 + 0,01) – 944,53 ⇒ **SD (1) = R$ 9.276,67**

4.30 Exemplo de cálculo da amortização (SAC) de uma dívida com parcelas corrigidas

Um automóvel no valor à vista de R$ 20.000,00 foi negociado a prazo com R$ 5.000,00 de entrada e o restante da dívida financiada em 10 parcelas mensais sujeitas a acréscimo de 1,2% de taxa de juros ao mês, mais a variação cambial. Prevendo-se uma variação cambial mensal da ordem de 1,8%, 1,8%, 2,0%, 2,0%, 2,2% e 2,2% para os seis primeiros meses e de 2,5% para os meses subsequentes, vamos construir um quadro onde temos, além dos valores previstos para os pagamentos corrigidos, os demais valores interessantes a uma análise financeira.

4.30.1 O cálculo por fórmulas

a) Cálculo do valor da parcela de amortização – AM

$$AM = \frac{P}{n} \Rightarrow AM = \frac{15.000,00}{10} \Rightarrow \mathbf{AM = R\$\ 1.500,00}$$

b) Cálculo dos demais valores

b.1) Cálculo da Variação acumulada para o segundo período – **Vac (%)**

Vac(t) = [(1 + Vac (t – 1)) × (1 + Var(t))] – 1

Vac(2) = [(1 + 0,012) × (1 + 0,023)] – 1 ⇒ **Vac (2) = 3,6324%**

b.2) Cálculos referentes à primeira parcela

b.2.1) Cálculo da amortização corrigida – **AM(cor)**

AM(Cor) (t) = AM × Vac (t)

AM(Cor) (1) = 1.500,00 × 1,018 ⇒ **AM(cor) (1) = R$ 1.527,00**

b.2.2) Cálculo do valor dos juros – **J**

J(t) = SD (t – 1) × (1 + i_t (c)) × i_t (liq)

J(1) = 15.000 × (1 + 0,018) × 0,012 ⇒ **J (1) = R$ 183,24**

b.2.3) Cálculo do valor da parcela a pagar – **Msac(r)**

Msac (t) = AM (Cor) (t) + J (t)

Msac (1) = 1.527,00 + 183,24 ⇒ **Msac(1) = R$ 1.710,24**

b.2.4) Cálculo do saldo devedor – **SAL DEV**

SD(t) = SD(t – 1) × (1 + i_t (c)) × (1 + i_t (liq)) – Msac(r) (t)

SD(1) = 15.000 × (1 + 0,018) × (1+ 0,012) – 1.710,24

⇒ **SD (1) = R$ 13.743,00**

Para o cálculo dos demais períodos, seguir o mesmo procedimento.

O quadro completo com seus valores é o mesmo apresentado no tópico a seguir, por meio do cálculo informatizado.

4.30.2 O cálculo informatizado

Da planilha financeira do programa anexo (site da editora Blucher: <www.blucher.com.br>), utilizamos o cálculo **SAC(cor) – quadro**:

CÁLCULO DA AMORTIZAÇÃO (SPC) CONSIDERANDO JURO E CORREÇÃO MONETÁRIA

Presente:	**P**	=	**15.000,00**	(R$)
Taxa percentual:	**i(liq)**	=	**1,2**	% a.p.
Número de períodos:	**n**	=	**10**	períodos

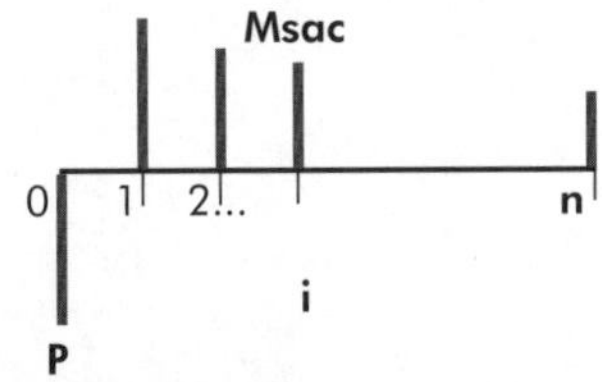

SOMA:	15.000,00

17.888,95	1.072,59	16.816,37

n	Amort.	Var. (%)	V(ac)(%)	Msac (r)	JUROS	AM (Cor.)	SAL DEV
0							15.000,00
1	1.500,00	1,8000	1,8000	1.710,24	183,24	1.527,00	13.743,00
2	1.500,00	1,8000	3,6324	1.722,37	167,88	1.554,49	12.435,89
3	1.500,00	2,0000	5,7050	1.737,79	152,22	1.585,58	11.099,03
4	1.500,00	2,0000	7,8191	1.753,14	135,85	1.617,29	9.703,72
5	1.500,00	2,2000	10,1912	1.771,87	119,01	1.652,87	8.264,34
6	1.500,00	2,2000	12,6154	1.790,58	101,35	1.689,23	6.756,92
7	1.500,00	2,5000	15,4308	1.814,57	83,11	1.731,46	5.194,38
8	1.500,00	2,5000	18,3165	1.838,64	63,89	1.774,75	3.549,50
9	1.500,00	2,5000	21,2744	1.862,78	43,66	1.819,12	1.819,12
10	1.500,00	2,5000	24,3063	1.886,97	22,38	1.864,59	0,00

5

OS PRINCÍPIOS DA ENGENHARIA ECONÔMICA APLICADOS À ANÁLISE DE VIABILIDADE DE INVESTIMENTOS

Entendemos como investimento a aplicação de um valor monetário que proporcione retorno.

Dispomos de várias alternativas de investimentos, desde uma simples aplicação financeira até um processo produtivo de bens ou serviços, onde projetos bem elaborados poderão inovar tecnologias ou simplesmente expandir determinados setores.

Em nossa estrutura econômica e social, na qual a busca da qualidade se faz dentro de um ambiente competitivo, toda ação deve preceder de sua avaliação econômica, a fim de se conhecer os resultados obtidos.

Dentro da visão econômica, devemos avaliar projetos e selecionar aqueles nos quais os fluxos monetários oferecem a rentabilidade desejada.

Para se expressar a viabilidade de um projeto de investimento em termos quantitativos, torna-se imprescindível conhecer os cálculos financeiros desenvolvidos nos capítulos anteriores.

5.1 Viabilidade de um investimento

Ter ciência sobre todos os valores e sua escala de tempo é essencial para avaliar um projeto de investimento.

Imaginemos a seguinte situação:

⇨ investimos **R$ 1.000,00**

⇨ por **um** período

⇨ para recebermos **R$ 1.100,00**

⇨ o investimento é viável?

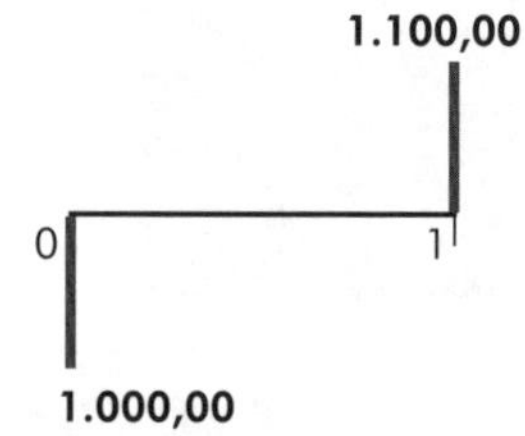

Para determinarmos a sua viabilidade, é preciso conhecer o quanto se deseja ganhar para compararmos com o que se obtém com o investimento oferecido.

Vamos supor que a expectativa de ganho mínimo no investimento seja, no mínimo, de 8% ao período.

Com estes elementos, calculemos a viabilidade a partir de algumas alternativas.

Alternativa 1

Para se atender à expectativa de ganho mínimo de 8% ao período, qual o valor mínimo que deveríamos receber pelo investimento dos R$ 1.000,00?

Aplicando-se os conceitos estabelecidos no item **1.2** para o cálculo de F em função de P **(F/P)**, temos:

⇨ P = R$ 1.000,00

⇨ i = 8% a. p.

⇨ n = 1 período

⇨ **F = ?**

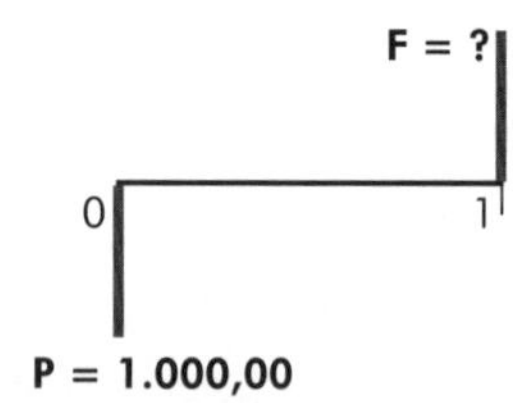

$$F = P\,(1 + i)^n \quad \Rightarrow \quad F = 1.000{,}00\,(1 + 0{,}08) \quad \Rightarrow \quad \mathbf{F = R\$\ 1.080{,}00}$$

O resultado mostra que a expectativa de ganho mínimo de 8% ao período traduziu-se em um ganho mínimo de R$ 1.080,00 ao final do período para se obter a viabilidade do investimento.

Como o investimento estudado oferece um ganho de R$ 1.100,00, concluímos que ele se apresenta viável.

Alternativa 2

Para atender a nossa expectativa de ganho mínimo de 8% ao período, qual o valor máximo que deveríamos investir para receber os R$ 1.100,00?

Aplicando-se os conceitos estabelecidos no item **1.7** para o cálculo de P em função de F **(P/F)**, temos:

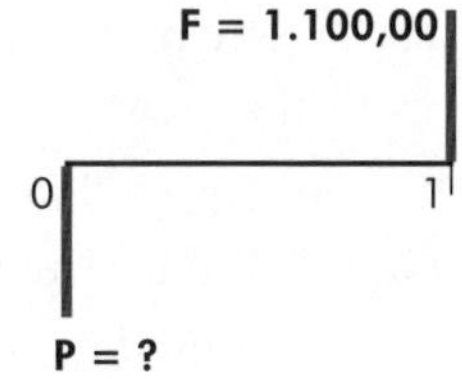

- ⇨ F = R$ 1.100,00
- ⇨ i = 8% a. p.
- ⇨ n = 1 período
- ⇨ **P = ?**

$$P = \frac{F}{(1+i)^n} \Rightarrow P = \frac{1.100,00}{(1+0,08)} \Rightarrow \mathbf{P = R\$\ 1.018,52}$$

O resultado mostra que a expectativa de ganho mínimo de 8% ao período traduziu-se em um investimento de valor máximo de R$ 1.018,52 para se obter a viabilidade do investimento.

Como o investimento é da ordem de R$ 1.000,00, para obtermos os R$ 1.100,00 oferecidos concluímos que ele se apresenta viável.

Alternativa 3

Poderíamos também estabelecer como critério de avaliação a comparação entre a taxa de expectativa mínima de ganho, que no caso é de 8% ao período, com a taxa percentual de ganho efetivo ao mesmo período que o investimento oferece.

Aplicando-se os conceitos estabelecidos no item **2.2** para o cálculo de i em função de P e F **(i – F/P)**, temos:

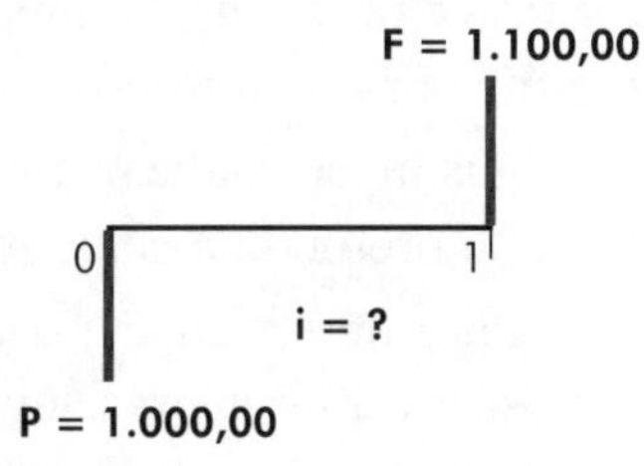

- ⇨ investimento de **R$ 1.000,00**
- ⇨ por **um** período
- ⇨ recebendo **R$ 1.100,00**
- ⇨ qual a taxa percentual de juros do período?

$$i = [F/P]^{1/n} - 1 \quad \Rightarrow \quad i = [1.100,00 / 1.000,00] - 1$$

$$i = 0,10 \quad \Rightarrow \quad \mathbf{i = 10\%\ ao\ período}$$

Como o investimento está oferecendo um ganho da ordem de 10% ao período e sendo o mínimo desejado de 8% para o mesmo período, concluímos que o investimento apresenta-se viável.

Essas análises realizadas através de comparações de valores ou taxas percentuais, entre o mínimo que se deseja ganhar e o ganho efetivo, mostra de forma bem simples o conceito básico da avaliação econômica de um projeto de investimento.

5.2 Valores líquidos em determinados instantes

Pela análise elaborada nota-se que a viabilidade de um investimento ocorre quando o valor retornado for superior ao investido, considerando a taxa percentual periódica mínima que se deseja ganhar.

É óbvio que a comparação deve ser feita em um mesmo instante ou data, conforme o caso.

Assim, podemos tomar como base para a comparação qualquer época entre o investimento inicial e o último retorno monetário oferecido.

Para facilitar o cálculo e melhor visualizar a avaliação do investimento, utilizaremos como base de comparação, a exemplo de outros estudos, o **instante inicial** de um fluxo de caixa, o **instante final ou outro qualquer no futuro**, e, se preferirmos, poderemos utilizar a comparação entre os valores investidos e os de retorno, em valores **uniformemente distribuídos**, tomando-se por base o conceito do montante periódico.

Tratando-se de comparação de valores, adotaremos uma convenção de sinais, **negativo para os investimentos** (saídas do caixa) e **positivo para os valores retornados** (entradas no caixa), obtendo-se assim uma somatória algébrica (valor líquido), resultado este que compararíamos com 0 (zero) para a avaliação em questão.

5.3 Taxa de expectativa – i(e)

Quando desejamos investir uma determinada quantia, geralmente temos uma expectativa de ganho mínimo gerada pelas condições oferecidas pelo mercado ou mesmo por um mínimo que queremos ganhar.

Assim, ao realizar um investimento, a taxa de expectativa consiste na taxa mínima pretendida como rendimento.

Para determinarmos então a viabilidade de um investimento, os cálculos para se levar os valores envolvidos para uma mesma data ou época, para efeito da comparação, serão feitos pela taxa de expectativa.

5.4 Conceito do valor presente líquido (VPL)

Podemos conceituar o valor presente líquido como um valor equivalente no instante inicial de um fluxo de caixa de um projeto de investimento, de todos os seus valores monetários envolvidos levados ao instante presente, calculada a taxa de expectativa.

Mediante a convenção de sinais adotada, o valor presente líquido será a somatória algébrica desses valores.

Se o valor calculado do valor presente líquido resultar positivo (VPL > 0), significa que os valores dos recebimentos futuros, equivalentes à data inicial, são superiores ao valor dos investimentos necessário à geração dessas receitas.

Portanto, um VPL > 0 indica ser o investimento viável, com relação ao mínimo que se deseja ter como ganho (taxa de expectativa – i (e)), o que representa que a taxa percentual (periódica) de ganho efetivo – i (r) – é superior à taxa de expectativa (i (r) > i (e)).

Imaginemos a seguinte situação:

⇨ para um investimento de **R$ 1.000,00** em um determinado projeto, foi oferecido como retorno:

- **R$ 250,00** mensais para os dois primeiros meses;
- **R$ 300,00** mensais para os dois meses subsequentes.

Para o investidor que deseja ter um ganho mínimo (taxa de expectativa) de **3% a.m**. o investimento apresenta viabilidade?

A fim de facilitar o entendimento e os cálculos, tracemos o fluxo de caixa gráfico, adotando-se a convenção de sinais mencionada anteriormente:

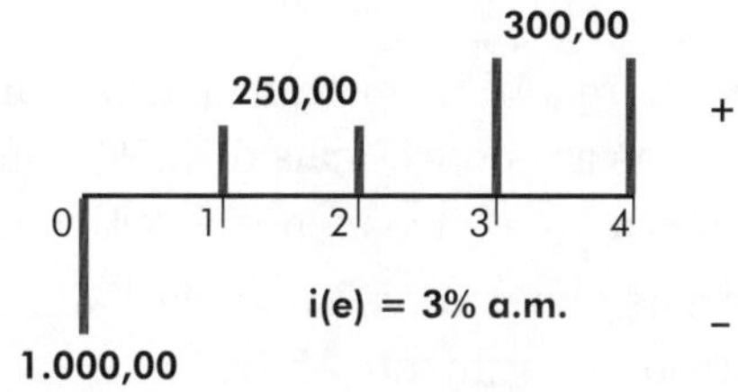

Aplicando-se os conceitos de cálculos financeiros já vistos dentro do sistema de capitalização composto, levaremos ao instante presente todos os valores do fluxo de caixa, descontada a taxa de expectativa.

$$\text{VPL} = -1000 + 250\,\frac{(1+0{,}03)^2-1}{(1+0{,}03)^2\times 0{,}03} + 300\,\frac{(1+0{,}03)^2-1}{(1+0{,}03)^2\times 0{,}03}\times\frac{1}{(1+0{,}03)^2}$$

VPL = 19,46

Como o **VPL > 0**, o investimento apresenta viabilidade.

Portanto, o retorno em termos de taxa percentual é maior que a taxa de expectativa i (r) > 3% ao mês.

5.5 Análise de sensibilidade do VPL

Análise de sensibilidade é o procedimento que mostra a alteração de um valor em função da variação de seus parâmetros componentes.

Para melhor assimilar o conceito do VPL, vamos produzir alterações na taxa de expectativa, e verificar as variações ocorridas com o VPL.

Para o projeto de investimento anterior, fazendo-se alterações na taxa de expectativa entre os valores 0,5% e 5% ao mês na equação do VPL, temos:

i (e):	0,5%	1,0%	1,5%	2,0%	2,5%	3,0%	3,5%	4,0%	4,5%	5,0%
VPL:	85,89	72,07	58,52	45,24	32,22	19,46	6,94	–5,34	–17,38	–29,19

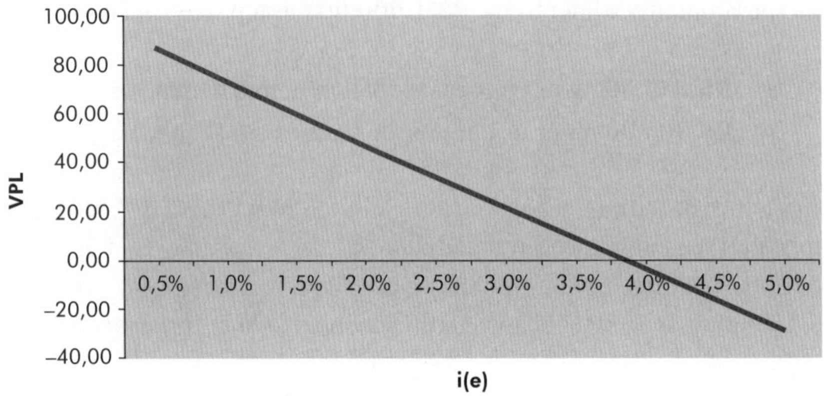

Os valores calculados para o VPL mostram que há viabilidade do investimento para taxas de expectativas até pouco mais de 3,5% a.m.; e se apresentaria inviável para taxas superiores a um pouco menos de 4% a.m..

O valor exato da taxa de expectativa limite da viabilidade, onde o VPL = 0, é a taxa interna de retorno do investimento – i (r).

O cálculo dessa taxa (3,78% a.m.) apresenta-se no método da taxa interna de retorno, desenvolvido em capítulo específico.

5.6 Conceito do valor futuro líquido (VFL)

Como já salientado, para a análise da viabilidade econômica podemos adotar, como época de comparação, o instante final do fluxo de caixa ou outro qualquer no futuro.

Assim, levamos todos os valores para o futuro, considerada a taxa de expectativa, e comparamos as resultantes do valor investido às dos valores retornados.

Uma vez adotada a mesma convenção de sinais utilizada anteriormente, conceituamos o valor futuro líquido como a somatória algébrica dos valores de um fluxo de caixa em um instante futuro.

Quando o valor futuro líquido resultar em positivo (VFL > 0), indica a viabilidade do investimento, obviamente calculada a taxa de expectativa.

Retomemos o exemplo anterior, agora para o cálculo da viabilidade através do VFL.

Para um investimento de **R$ 1.000,00** em um determinado projeto, foi oferecido como retorno:

⇨ **R$ 250,00** mensais para os dois primeiros meses;

⇨ **R$ 300,00** mensais para os dois meses subsequentes.

Para o investidor que deseja ter um ganho mínimo (taxa de expectativa) de **3% a.m.** o investimento apresenta viabilidade?

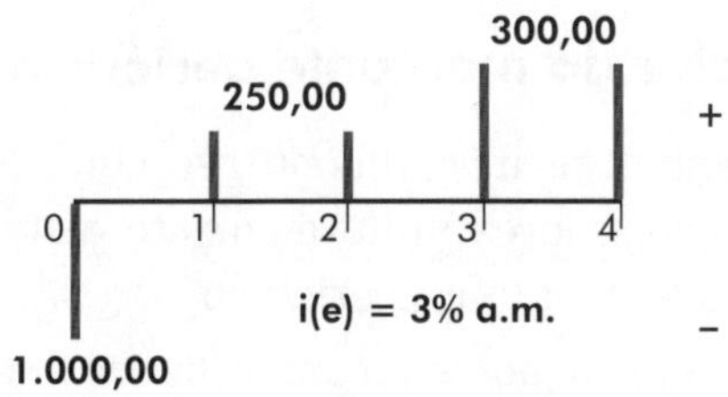

Calculemos agora os valores no instante final do fluxo de caixa, considerando a taxa de expectativa.

$$\text{VFL} = -1000(1+0{,}03)^4 + 250\ \frac{(1+0{,}03)^2 - 1}{0{,}03} \times (1+0{,}03)^2 + 300\ \frac{(1+0{,}03)^2 - 1}{0{,}03}$$

VFL = 21,90

Como o **VFL > 0**, o investimento apresenta viabilidade.

5.7 Equivalência entre VPL e VFL

Como vimos, o valor presente líquido e o valor futuro líquido são calculados observando-se os mesmos princípios de cálculo, diferindo apenas pela época da qual queremos obter a resultante.

Assim, calculados à mesma taxa de expectativa, os valores do VPL e do VFL possuem uma equivalência.

Façamos a comparação para os cálculos anteriores do VPL e VFL, uma vez que foram elaborados com os mesmos valores.

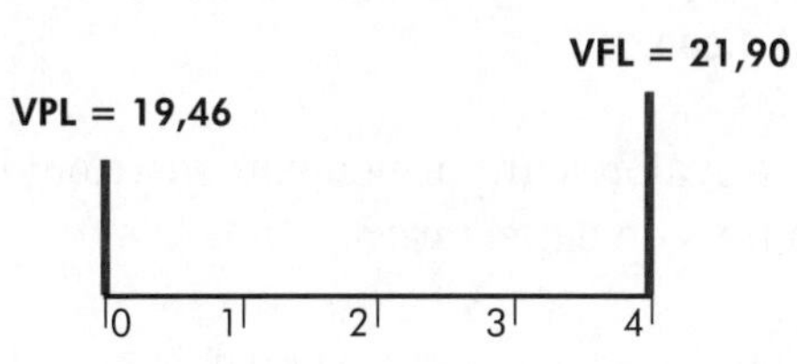

$$\text{VFL} = 19{,}46(1+0{,}03)^4 \Rightarrow \text{VFL} = 21{,}90$$

$$\text{VPL} = 21{,}90\ \frac{1}{(1+0{,}03)^4} \Rightarrow \text{VPL} = 19{,}46$$

Portanto, uma vez calculado um desses valores, podemos obter o outro com um simples cálculo pelo princípio da equivalência de valores.

5.8 Conceito do valor do montante periódico líquido (VML)

Para a avaliação do projeto de investimento, se conveniente, podemos adotar como base de comparação valores uniformemente distribuídos, observando-se para o cálculo o conceito do montante periódico.

Adotada a mesma convenção de sinais utilizada anteriormente, conceituamos o valor do montante periódico líquido como a somatória algébrica dos valores de um fluxo de caixa distribuídos uniformemente.

Assim, quando o valor do montante periódico líquido resultar positivo (VML > 0), indica a viabilidade do investimento, obviamente com relação à taxa de expectativa.

Calculemos a viabilidade pelo VML, para o mesmo exemplo anterior.

Para um investimento de **R$ 1.000,00** em um determinado projeto, foi oferecido como retorno:

⇨ **R$ 250,00** mensais para os dois primeiros meses;

⇨ **R$ 300,00** mensais para os dois meses subsequentes.

Para o investidor que deseja ter um ganho mínimo (taxa de expectativa) de **3% a.m.**. o investimento apresenta viabilidade?

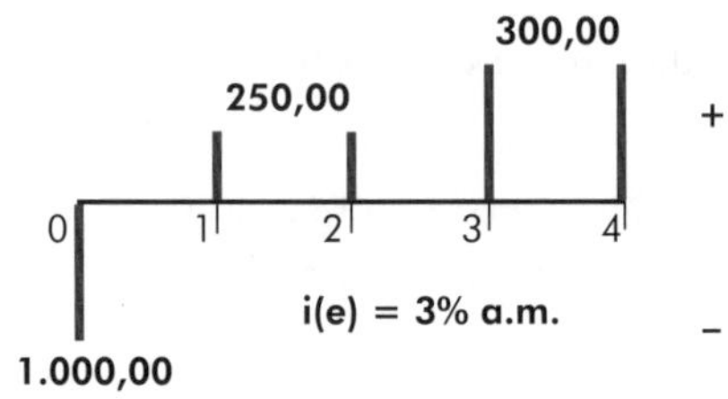

Calculemos agora os valores uniformemente distribuídos entre os períodos 1 e 4, considerando-se a taxa de expectativa.

$$VML = -1000 \frac{(1+0{,}03)^4 \times 0{,}03}{(1+0{,}03)^4 - 1} + 250 \frac{(1+0{,}03)^2 - 1}{(1+0{,}03)^2 \times 0{,}03} \times \frac{(1+0{,}03)^4 \times 0{,}03}{(1+0{,}03)^4 - 1}$$

$$+300 \frac{(1+0{,}03)^2 - 1}{0{,}03} \times \frac{0{,}03}{(1+0{,}03)^4 - 1}$$

VML = 5,23

Como o **VML > 0**, o investimento apresenta viabilidade.

5.9 Equivalência entre VPL, VFL e VML

O valor do montante periódico líquido VML, calculado a uma mesma taxa de expectativa quando calculado o VPL e do VFL, também apresenta uma equivalência com esses valores, evidentemente mantendo-se a mesma situação para os valores monetários envolvidos.

Comparemos agora o valor do VML com os do VPL e VFL anteriores, elaborados com os mesmos valores e mesma taxa de expectativa.

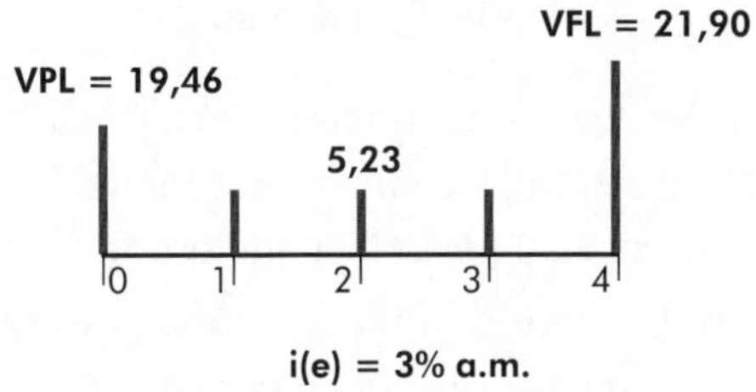

$$VML = 19,46\ \frac{(1+0,03)^4 \times 0,03}{(1+0,03)^4 - 1} \Rightarrow VML = 5,23$$

$$VFL = 5,23\ \frac{(1+0,03)^4 - 1}{0,03} \Rightarrow VFL = 21,90$$

Portanto, uma vez calculado um desses valores, podemos obter os outros com um simples cálculo através do princípio da equivalência de valores.

5.10 Conceito da taxa interna de retorno – i(r)

Como podemos notar, os cálculos anteriores de VPL, VFL e VML, para um mesmo exemplo, resultaram em valores positivos e, por consequência, em sua viabilidade de execução do projeto de investimento.

Isto significa que a taxa percentual de ganho efetivo, ou seja, a taxa interna de retorno, é maior que a taxa de expectativa – i (r) > i (e).

Calculemos, então, para o mesmo exemplo, a taxa interna de retorno.

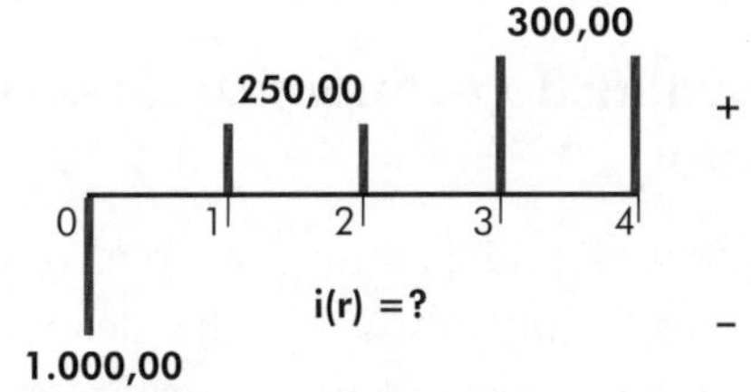

Como demonstrado na conceituação do valor presente líquido (VPL), a taxa interna de retorno é a taxa percentual que anula o VPL, ou seja, anula o saldo dos valores no instante presente do fluxo de caixa considerado.

$$VPL = -1000 + 250\ \frac{\left(1+i(r)\right)^2 - 1}{\left(1+i(r)\right)^2 \times i(r)} + 300\ \frac{\left(1+i(r)\right)^2 - 1}{\left(1+i(r)\right)^2 \times i(r)} \times \frac{1}{\left(1+i(r)\right)^2} = 0$$

Testando valores para i (r) temos:

i (r) = 3,78% a.m.

O cálculo da taxa interna de retorno não tem a finalidade de avaliar a rentabilidade de um investimento expressa em valores monetários. Seu objetivo é o de avaliar através da taxa percentual periódica que produz o rendimento.

No entanto, para se determinar a viabilidade uma vez conhecida a taxa interna de retorno, podemos compará-la com a taxa de expectativa.

No exemplo estudado, como i (r) > i (e), o investimento apresenta viabilidade.

⇨NOTA

- Não recomendamos, sem um estudo mais apurado, a aplicação da taxa interna de retorno para investimentos em projetos com fluxos de caixa não convencionais.

5.11 Relação entre VPL e i(r)

Através desses conceitos, podemos notar a relação existente entre o VPL (ou mesmo o VFL ou VML) com o i (r).

Para a avaliação de um investimento em um fluxo de caixa convencional, sempre quando a resultante do valor presente líquido for positiva (VPL > 0), a taxa interna de retorno correspondente será maior que a taxa de expectativa (i (r) > i (e)).

Assim, quando VPL < 0, teremos i (r) < i (e).

Obviamente, quando VPL = 0, teremos i (r) = i (e).

5.12 Métodos de avaliação econômica de projetos de investimento

Como vimos, o valor presente líquido, assim como o valor futuro líquido e o valor do montante periódico líquido, poderão ser utilizados em situações específicas com relação a datas ou épocas, para melhor interpretar resultados em valores monetários equivalentes. A taxa interna de retorno, também conhecida pela sigla TIR, avalia o investimento através da taxa percentual periódica.

Esses princípios, desenvolvidos pela Engenharia Econômica aplicados à análises de projetos, com base nos conceitos da Matemática Financeira, permitem que uma alternativa de investimento possa se expressar em termos quantitativos, a fim de subsidiar uma decisão.

Podemos estabelecer como métodos de avaliação:

I. Método do valor presente líquido.

II. Método do valor futuro líquido.

III. Método do montante periódico líquido.

IV. Método da taxa interna de retorno.

Em decorrência, também podemos trabalhar com outros dois métodos para avaliação:

V. Método do benefício-custo.

VI. Método do tempo de retorno.

5.13 Método do valor presente líquido (VPL)

Consiste em determinar uma resultante no instante presente (inicial) dos valores envolvidos em um fluxo de caixa, calculados a uma taxa de expectativa, considerando-se a convenção de sinais com relação aos investimentos e retornos.

$$\mathbf{VPL} = \sum_{0}^{n} \frac{\mathbf{F_n}}{(1 + \mathbf{i(e)})^n}$$

Conhecido o VPL, podemos concluir pela viabilidade ou não do investimento.

Se VPL > 0, o investimento apresenta viabilidade.

Com base nos diversos cálculos desenvolvidos, vamos trabalhar o VPL para oferecer maior rapidez e melhor visualização das análises pretendidas.

Assim, temos:

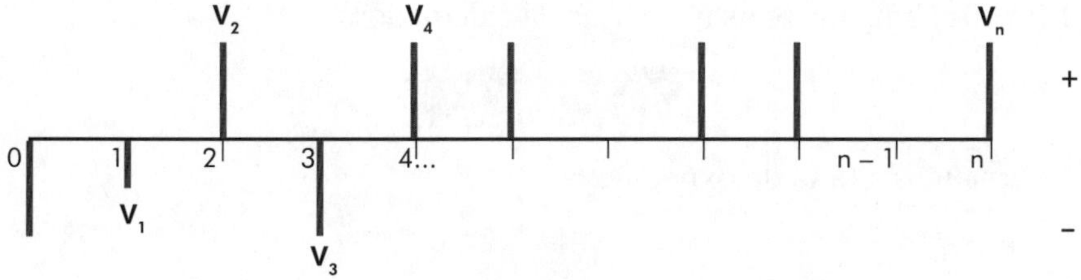

$$\mathbf{VPL} = -\mathbf{V_0} - \frac{\mathbf{V_1}}{(1+\mathbf{i(e)})} + \frac{\mathbf{V_2}}{(1+\mathbf{i(e)})^2} - \cdots + \frac{\mathbf{V_n}}{(1+\mathbf{i(e)})^n}$$

5.14 Cálculo do VPL

Imaginemos o seguinte investimento:

⇨ investimentos de R$ 400.000,00 no presente, e de R$ 300.000,00 no período 1

⇨ para retorno em **3 parcelas** de R$ 200.000,00, R$ 250.000,00, e R$ 300.000,00 a partir do segundo período

⇨ à taxa de expectativa de **2% a.p.**

⇨ o investimento é viável?

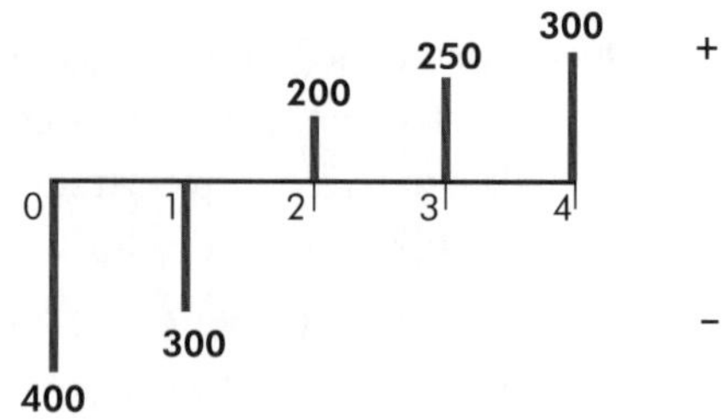

$$VPL = -400 - \frac{300}{(1+0,02)} + \frac{200}{(1+0,02)^2} + \frac{250}{(1+0,02)^3} + \frac{300}{(1+0,02)^4}$$

Como resultado da operação obteve-se: 10,85032 $\Rightarrow$ **VPL = 10.850,32**

Como **VPL > 0**, o investimento apresenta viabilidade.

5.15 Cálculo do VPL, realizado por meio da calculadora financeira HP 12C

Para os cálculos do valor presente líquido a calculadora financeira HP 12C apresenta as funções "NPV", "CF0" e "CFi", as mesmas utilizadas no desenvolvimento do cálculo P/Md (item **1.58**), assim acionadas:

- "g" "CFo" e "g" "CFj", para as informações dos dados a serem processados;
- "f" "NPV" para se obter o resultado do VPL.

As entradas de dados a serem processados serão feitas em uma sequência em que se apresenta o fluxo de caixa, e, se em algum período não incidir valor financeiro, deverá ser lançado o valor 0 (zero). Observar, a cada lançamento, a convenção de sinais adotada.

Para esse primeiro cálculo, tem-se:

Primeiro, limpam-se as memórias da calculadora:

[f] [CLX]

Informemos a taxa de expectativa:

[i]
↑
2

Em seguida, informam-se os dados, utilizando-se o "CFo" para a informação do valor no instante inicial e CFj para os demais períodos, obedecendo-se à sequência dos valores:

400000 CHS [g] [CFo]

300000 CHS [g] [CFj]

200000 [g] [CFj]

250000 [g] [CFj]

300000 [g] [CFj]

Para se obter o valor do VPL:

[f] [NPV]

Como resultado da operação, obteve-se: 10.850,32.

Portanto: **VPL = 10.850,32**

5.16 Cálculo do VPL, realizado por meio da planilha eletrônica Excel

Para informatizar VPL, utilizaremos a função financeira **VPL** do Excel.

A função VPL é transcrita da seguinte forma:

VPL (taxa ; valor1 ; valor2 ; valor3 . . . .)

Onde, para o nosso desenvolvimento, temos:

VPL: valor equivalente no instante presente.

taxa: taxa de expectativa.

valor1; valor2 . . .: valores incidentes nos períodos 1, 2 . . . .

A função VPL utiliza para os seus cálculos a ordem dos valores (valor1, valor2....), com argumentos de 1 a 29, para interpretar a ordem do fluxo de caixa. Portanto, é preciso fornecer os valores líquidos dos pagamentos ou investimentos na sequência correta.

Como o resultado da função VPL encontra-se em um período anterior ao do valor 1 para um fluxo de caixa com "n" períodos, observando-se a convenção de sinais estabelecida no cálculo convencional (negativo para o investimento e positivo para os valores de retorno), temos para o valor presente líquido:

$$VPL = -V_0 + \sum_{j=1}^{n} \frac{V_j}{\left(1+i(e)\right)^j}$$

No programa anexo, apresentamos este cálculo com a denominação **VPL**, quando utilizamos as células:

B5 para o valor de **i(e)** **B10** a **B39** para os valores de $\mathbf{V_0}$ a $\mathbf{V_n}$.

Assim, para efetuar o cálculo pretendido, basta utilizar a função **VPL** na célula **D5**, da seguinte forma:

= VPL ($B$5/100 ; $B$11 : $B$39) + B10

Vale observar que, em períodos onde não incidir valor monetário, deverá ser lançado o valor 0 (zero), a fim de se observar a sequência correta da informação dos valores.

Para os dados constantes no item **5.15**, utilizando-se a planilha **VPL** do programa anexo (site da editora Blucher: <www.blucher.com.br>), temos:

MÉTODO DO VALOR PRESENTE LÍQUIDO (VPL)

i(e) = 2,0000 **VPL = 10.850,32**

n	Valores		
0	(400.000,00)	←	V0
1	(300.000,00)	←	V1
2	200.000,00	←	V2
3	250.000,00		.
4	300.000,00		.
5			.
6			.
7			

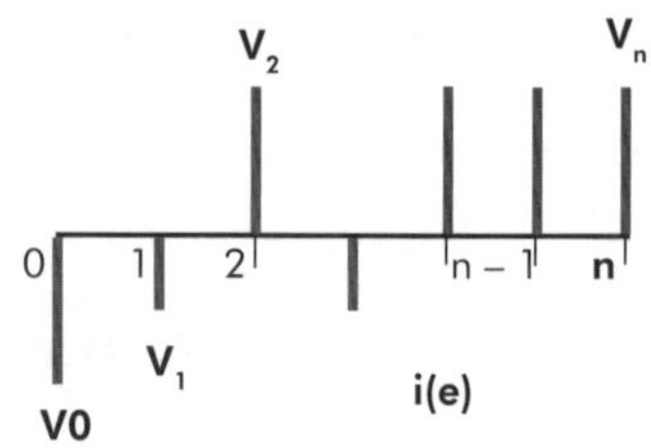

Representação do fluxo de caixa

VPL > 0: Investimento Viável

5.17 Cálculo do VPL, realizado por meio de fatores

Para o cálculo do valor presente líquido (VPL), transformaremos a equação

$$VPL = -400 - \frac{300}{(1+0,02)} + \frac{200}{(1+0,02)^2} + \frac{250}{(1+0,02)^3} + \frac{300}{(1+0,02)^4}$$

em uma equação equivalente, aplicando-se os fatores como estudado nos itens anteriores.

$$VPL = -400 - 300\ (P/F, 2\%, 1) + 200\ (P/F, 2\%, 2) + 250\ (P/F, 2\%, 3) + 300\ (P/F, 2\%, 4)$$

Consultando a tabela de fatores encontrada no site da editora Blucher: <www.blucher.com.br>:

$$VPL = -400 - 300 \times 0{,}980392 + 200 \times 0{,}961169 + 250 \times 0{,}942322 + 300 \times 0{,}923845$$

Como resultado da operação obteve-se: 10,85032.

VPL = 10.850,32

Como **VPL > 0**, o investimento apresenta viabilidade.

5.18 Exemplo de aplicação do cálculo do VPL

Uma empresa, ao analisar a viabilidade de um de seus projetos com investimentos em 8 meses, levantou os seguintes valores:

- ⇨ investimento inicial: R$ 100.000,00;
- ⇨ investimentos nos dois primeiros meses: R$ 10.000,00/mês;
- ⇨ investimentos nos dois últimos meses: R$ 60.000,00/mês;
- ⇨ investimentos nos quatro meses intermediários: R$ 120.000,00/mês.

Considerando-se que a empresa quer ter um ganho mínimo de 5% a.m., e que espera um retorno através de 4 valores mensais, sendo dois de R$ 210.000,00 cada, com o primeiro deles dois meses após o último valor investido, e os outros dois no valor de R$ 320.000,00 cada, na sequência aos anteriores, tal pretensão será satisfeita?

5.18.1 Fluxo de caixa gráfico

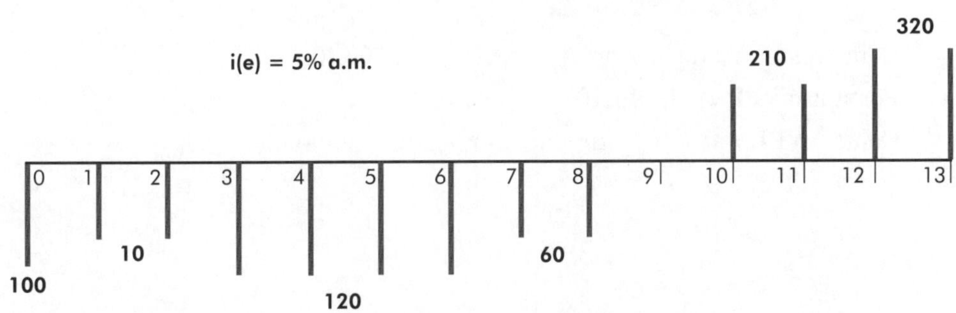

5.18.2 O cálculo por fórmulas

$$\text{VPL} = -100.000 - 10.000\ \frac{(1+0{,}05)^2 - 1}{(1+0{,}05)^2 \times 0{,}05} - 120.000\ \frac{(1+0{,}05)^4 - 1}{(1+0{,}05)^4 \times 0{,}05} \times \frac{1}{(1+0{,}05)^2}$$

$$-60.000\ \frac{(1+0{,}05)^2 - 1}{(1+0{,}05)^2 \times 0{,}05} \times \frac{1}{(1+0{,}05)^6} + 210.000\ \frac{(1+0{,}05)^2 - 1}{(1+0{,}05)^2 \times 0{,}05} \times \frac{1}{(1+0{,}05)^9}$$

$$+320.000\ \frac{(1+0{,}05)^2 - 1}{(1+0{,}05)^2 \times 0{,}05} \times \frac{1}{(1+0{,}05)^{11}} \Rightarrow \mathbf{VPL = 11.796{,}10}$$

Como **VPL > 0**, a pretensão de se ganhar o mínimo de 5% ao mês será satisfeita.

5.18.3 O cálculo por meio da calculadora financeira HP 12C

f CLX

5 i

100000 CHS g CFo

10000 CHS g CFj 2 g Nj

120000 CHS g CFj 4 g Nj

60000 CHS g CFj 2 g Nj

0 g CFj

210000 g CFj 2 g Nj

320000 g CFj 2 g Nj

f NPV

Como resultado da operação, obteve-se: 11.796,10.

Portanto: **VPL = 11.796,10**

Como o **VPL > 0**, o investimento apresenta viabilidade.

5.18.4 O cálculo informatizado

Da planilha financeira do programa anexo (site da editora Blucher: <www.blucher.com.br>), utilizamos o cálculo **VPL**:

MÉTODO DO VALOR PRESENTE LÍQUIDO (VPL)

i(e) = 5,0000 VPL = 11.796,10

n	Valores		
0	(100.000,00)	←	V0
1	(10.000,00)	←	V1
2	(10.000,00)	←	V2
3	(120.000,00)		.
4	(120.000,00)		.
5	(120.000,00)		.
6	(120.000,00)		.
7	(60.000,00)		
8	(60.000,00)		
9	0,00		
10	210.000,00		
11	210.000,00		
12	320.000,00		
13	320.000,00		

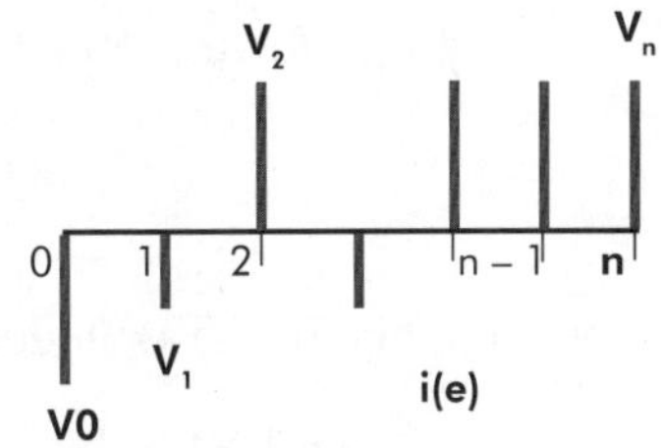

Representação do fluxo de caixa

VPL > 0: Investimento Viável

5.18.5 O cálculo por meio de fatores

Com o auxílio da tabela de fatores (site da editora Blucher: <www.blucher.com.br>) (taxa de 5%), temos:

$$VPL = -100.000 - 10.000\ (P/M, 5\%, 2) - 120.000\ (P/M, 5\%, 4) \times (P/F, 5\%, 2) - 60.000\ (P/M, 5\%, 2) \times (P/F, 5\%, 6) + 210.000\ (P/M, 5\%, 2) \times (P/F, 5\%, 9) + 320.000\ (P/M, 5\%, 2) \times (P/F, 5\%, 11)$$

$$VPL = -100.000 - 10.000 \times 1{,}859410 - 120.000 \times 3{,}545951 \times 0{,}907029 - 60.000 \times 1{,}859410 \times 0{,}746215 + 210.000 \times 1{,}859410 \times 0{,}644609 + 320.000 \times 1{,}859410 \times 0{,}584679$$

Portanto: **VPL = 11.796,10**

Como o **VPL > 0**, o investimento apresenta viabilidade financeira.

5.19 Método do valor futuro líquido (VFL)

Em algumas análises, buscamos o resultado líquido do fluxo de caixa em seu instante final ou em um instante futuro qualquer, calculada a taxa de expectativa.

Assim, tomando uma convenção de sinais para o investimento e seu retorno correspondente no instante final do fluxo de caixa, determinamos uma resultante no instante futuro, que denominaremos valor futuro líquido.

$$\mathbf{VFL} = \sum_{0}^{n} \mathbf{P_n}\left(\mathbf{1}+\mathbf{i}(\mathbf{e})\right)^{n}$$

Conhecido o VFL, podemos concluir pela viabilidade ou não do investimento.

Se VFL > 0, o investimento apresenta viabilidade.

A exemplo do estudado em VPL, com base nos diversos cálculos desenvolvidos vamos trabalhar o VFL para que ofereça maior rapidez e visualização das análises pretendidas.

Assim, para o VFL em n, temos:

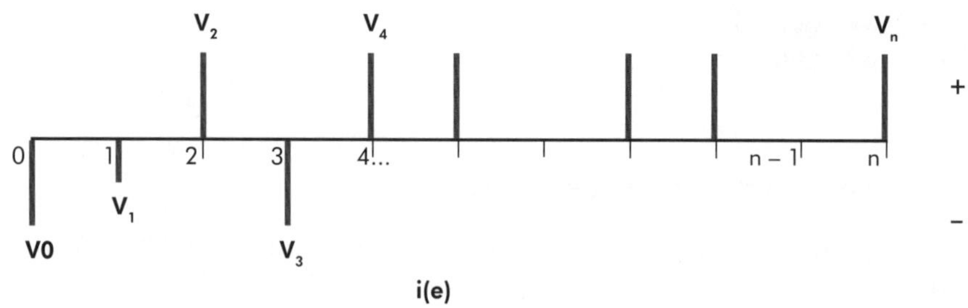

$$VFL = -V_0(1+i(e))^n - V_1(1+i(e))^{n-1} + V_2(1+i(e))^{n-2} - \ldots + V_{n-1}(1+i(e)) + V_n$$

5.20 Cálculo do VFL

Imaginemos a seguinte análise financeira:

- ⇨ investimento em **4 valores** de R$ 20.000,00, R$ 24.000,00, R$ 23.000,00 e R$ 26.000,00, a partir instante inicial
- ⇨ à taxa de expectativa de **3% a.p.**
- ⇨ com retorno de R$ 50.000,00 após quatro períodos e R$ 60.000,00 no quinto período

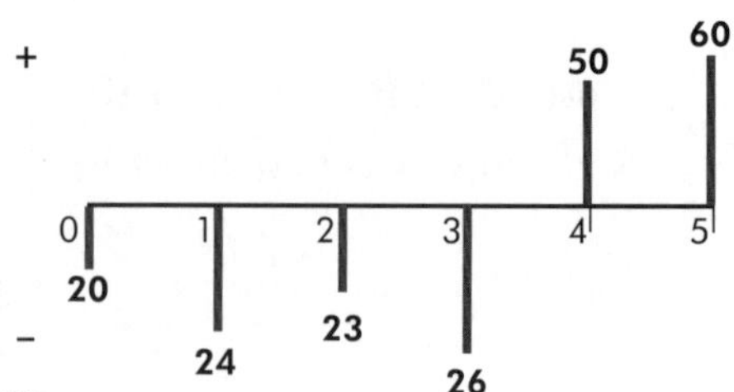

⇨ qual o valor futuro líquido do investimento no quinto período?

⇨ o investimento é viável?

$$VFL = -20.000\ (1 + 0{,}03)^5 - 24.000\ (1 + 0{,}03)^4 - 23.000\ (1 + 0{,}03)^3 - 26.000\ (1 + 0{,}03)^2 + 50.000\ (1 + 0{,}03) + 60.000$$

VFL = 8.586,19

Como **VFL > 0**, o investimento apresenta viabilidade.

5.21 Cálculo do VFL realizado por meio da calculadora financeira HP 12C

A calculadora HP 12C não dispõe de uma função específica de cálculo para o VFL.

Então, para efetuarmos este cálculo utilizaremos os mesmos procedimentos quando calculado o VPL (item **5.15**), por meio das teclas "g", "CFo" e "CFj" para as informações dos dados a serem processados, e das "f" e "NPV" para obter o resultado, além de outras auxiliares.

Conhecido o VPL, aplica-se o cálculo desenvolvido para F/P (item **1.3**) para obter o valor no instante futuro do fluxo de caixa, conhecendo-se, assim, o valor do VFL.

As entradas de dados a serem processados serão feitas em uma sequência onde se apresenta o fluxo de caixa; e, se em algum período não incidir valor, deverá ser lançado o valor 0 (zero).

Observar, a cada lançamento, a convenção de sinais adotada.

Assim, temos:

Primeiro limpam-se as memórias da calculadora:

[f] [CLX]

Informa-se a taxa de expectativa:

[i]
↑
3

Em seguida, informam-se os dados, utilizando-se o CFo para a informação do valor no instante inicial e CFj para os demais períodos, obedecendo-se à sequência dos valores.

20000 CHS [g] [CFo]

24000 CHS [g] [CFj]

23000 CHS [g] [CFj]

26000 CHS [g] [CFj]

50000 [g] [CFj]

60000 [g] [CFj]

Para se obter o valor do VPL:

[f] [NPV]

Como resultado da operação, obteve-se: 7.406,52:

n	i	PV	PMT	FV
↑	↑	↑		↑
5	3	7406,52		Pressionar

Portanto: **VFL = 8.586,19**

Como VFL > 0, o investimento apresenta viabilidade.

5.22 Cálculo do VFL realizado por meio da planilha eletrônica Excel

Não há uma função específica de cálculo para o VFL na planilha eletrônica do Excel.

Assim, utilizaremos a função **VPL** (item **5.17**), pela qual teremos o valor levado ao instante presente, e por meio da função utilizada no item **1.4** (F / P) levaremos o valor a um instante futuro (**F**).

Portanto, para informatizarmos o **VFL** faremos uma combinação entre as funções **VPL** e **F**, adotando-se os mesmos procedimentos considerados para informatização dos seus respectivos cálculos, obtendo o **VFL**.

No programa anexo, apresentamos este estudo com a denominação **VFL**, e uma formatação de tela adequada ao nosso estudo, onde utilizamos as células:

B5 para o valor de **i (e)** | **B10** a **B39** para os valores de $\mathbf{V_0}$ a $\mathbf{V_n}$.

D7 para o número de **períodos** | **D5** para o **VFL**

Assim, para efetuar o cálculo pretendido, programamos para a célula **D5**:

= (VPL($B$5/100;$B$11:$B$39)+$B$10)*((1+B5/100)^D7)

Vale observar que em períodos nos quais não incidirem valores, deverá ser lançado o valor 0 (zero), a fim de se observar a sequência correta dos valores informados.

Para os dados constantes no item **5.21**, utilizando-se a planilha **VFL** do programa anexo (site da editora Blucher: <www.blucher.com.br>), temos:

MÉTODO DO VALOR FUTURO LÍQUIDO (VFL)

i(e) = 3,0000 VFL = 8.586,19

n = 5

n	Valores		
0	(20.000,00)	←	V0
1	(24.000,00)	←	V1
2	(23.000,00)	←	V2
3	(26.000,00)		.
4	50.000,00		.
5	60.000,00		.
6			.

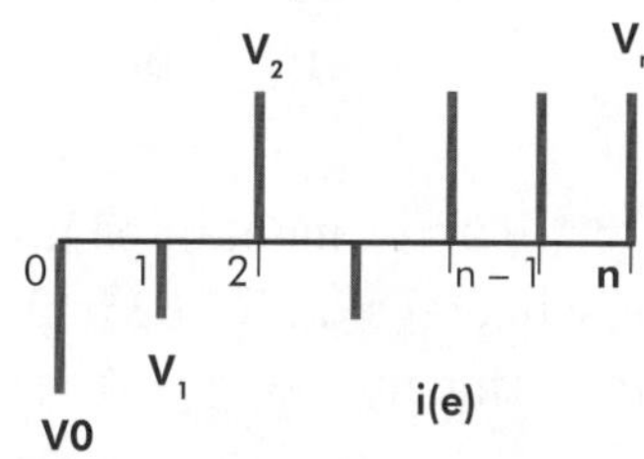

Representação do fluxo de caixa

VPL > 0: Investimento viável

5.23 Cálculo do VFL realizado por meio de fatores

Para o cálculo do valor futuro líquido (VFL) transformaremos a equação:

$$\begin{aligned} VFL = & -20.000\,(1 + 0{,}03)^5 - 24.000\,(1 + 0{,}03)^4 - 23.000\,(1 + 0{,}03)^3 \\ & - 26.000\,(1 + 0{,}03)^2 + 50.000\,(1 + 0{,}03) + 60.000 \end{aligned}$$

em uma equação equivalente, aplicando-se os fatores como estudado nos itens anteriores.

$$\begin{aligned} VFL = & -20.000\,(F/P, 3\%, 5) - 24.000\,(F/P, 3\%, 4) - 23.000\,(F/P, 3\%, 3) \\ & - 26.000\,(F/P, 3\%, 2) + 50.000\,(F/P, 3\%, 1) + 60.000 \end{aligned}$$

Consultando a tabela de fatores do programa anexo, temos:

$$\begin{aligned} VFL = & -20.000 \times 1{,}159274 - 24.000 \times 1{,}125509 - 23.000 \times 1{,}092727 \\ & - 26.000 \times 1{,}060900 + 50.000 \times 1{,}030000 + 60.000 \end{aligned}$$

Como resultado da operação obteve-se: 8.586,19

Portanto: **VPL = 8.586,19**

Como **VPL > 0**, o investimento apresenta viabilidade.

5.24 Exemplo de aplicação do cálculo do VFL

Ao analisar um investimento, o investidor levantou os seguintes valores envolvidos:

- ⇨ 3 parcelas mensais e consecutivas de R$ 10.000,00 cada, ocorrendo o primeiro valor no instante inicial dos períodos;
- ⇨ mais 6 parcelas mensais e consecutivas de R$ 12.000,00 cada, em sequência às anteriores;
- ⇨ e mais 3 parcelas, também mensais e consecutivas, de R$ 15.000,00 cada, ocorrendo primeiro investimento em sequência às 6 parcelas anteriores.

Para os montantes investidos é oferecido um retorno em 3 parcelas iguais e sequentes de R$ 64.000,00, ocorrendo a primeira 12 meses após o primeiro investimento.

Para o investidor com uma expectativa mínima de ganho de 2,5% a.m. o investimento apresenta viabilidade?

5.24.1 Fluxo de caixa gráfico

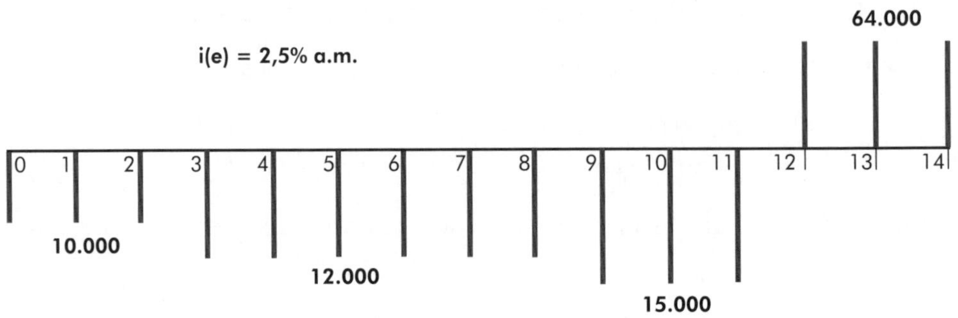

5.24.2 O cálculo por fórmulas

$$\text{VFL} = -10.000\ \frac{(1+0{,}025)^3-1}{0{,}025}\times(1+0{,}025)^{12}$$

$$-12.000\ \frac{(1+0{,}025)^6-1}{0{,}025}\times(1+0{,}025)^{6}$$

$$-15.000\ \frac{(1+0{,}025)^3-1}{0{,}025}\times(1+0{,}025)^3$$

$$+64.000\ \frac{(1+0{,}025)^3-1}{0{,}025}$$

$$\mathbf{VFL = 16.900{,}79}$$

Como **VFL > 0**, o investimento apresenta viabilidade financeira.

5.24.3 O cálculo por meio da calculadora financeira HP 12C

[f] [CLX]

[i] ↑ 2,5

10000 CHS [g] [CFo]

10000 CHS [g] [CFj] 2 [g] [Nj]

12000 CHS [g] [CFj] 6 [g] [Nj]

15000 CHS [g] [CFj] 3 [g] [Nj]

64000 [g] [CFj] 3 [g] [Nj]

[f] [NPV]

Como resultado da operação, obteve-se: 11.961,15

n	i	PV	PMT	FV
↑	↑	↑		↑
14	2,5	11961,15		Pressionar

Portanto: **VFL = 16.900,79**

Como o **VFL > 0**, o investimento apresenta viabilidade.

5.24.4 O cálculo informatizado

Da planilha financeira do programa anexo (site da editora Blucher: <www.blucher. com.br>), utilizamos o cálculo **VFL**:

MÉTODO DO VALOR FUTURO LÍQUIDO (VFL)

i(e) = 2,5000 VFL = 16.900,79

n = 14

n	Valores		
0	(10.000,00)	←	V0
1	(10.000,00)	←	V1
2	(10.000,00)	←	V2
3	(12.000,00)		.
4	(12.000,00)		.
5	(12.000,00)		.
6	(12.000,00)		.
7	(12.000,00)		
8	(12.000,00)		
9	(15.000,00)		
10	(15.000,00)		
11	(15.000,00)		
12	64.000,00		
13	64.000,00		
14	64.000,00		

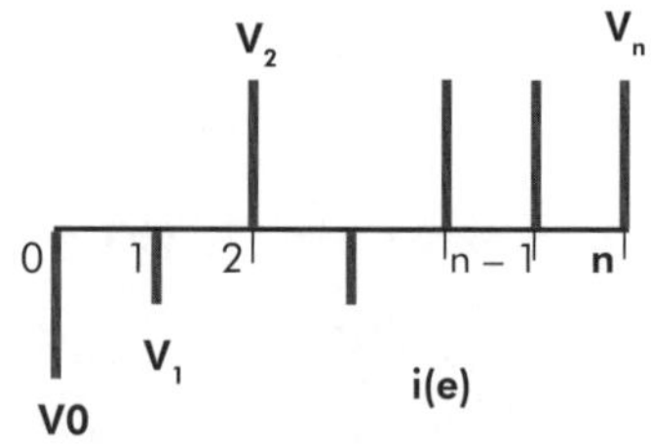

Representação do fluxo de caixa

VPL > 0: Investimento viável

5.24.5 O cálculo por meio de fatores

Com o auxílio da tabela de fatores encontrada no site da editora Blucher: <www.blucher.com.br> (taxa de 2,5%), temos:

$$\begin{aligned} VFL = & -10.000\ (F/M/2{,}5\%, 3)(F/P, 2{,}5\%, 12) - 12.000\ (F/M/2{,}5\%, 6)\ (F/P, 2{,}5\%, 6) \\ & - 15.000\ (F/M/2{,}5\%, 3)\ (F/P, 2{,}5\%, 3) + 64.000\ (F/M, 2{,}5\%, 3) \end{aligned}$$

$$\begin{aligned} VFL = & -10.000 \times 3{,}075625 \times 1{,}344889 \times 6{,}387737 - 12.000 \times 6{,}387737 \times 1{,}159693 \\ & - 15.000 \times 3{,}075625 \times 1{,}076891 + 64.000 \times 3{,}075625 \end{aligned}$$

Portanto: **VFL = 16.900,79**

Como **VFL > 0**, o investimento apresenta viabilidade financeira.

5.25 Método do valor do montante períodico líquido (VML)

Este método consiste na avaliação do investimento através do cálculo dos valores levados a uma resultante traduzida em montante periódico, considerando-se, evidentemente, a taxa de expectativa.

Assim, respeitando a convenção de sinais para os investimentos, determinamos uma resultante em valores uniformemente distribuídos e com incidência no instante final dos períodos.

Conhecido o VML, podemos concluir pela viabilidade ou não do investimento.

Se VML > 0, o investimento apresenta viabilidade

A exemplo do estudado em VPL e VFL, com base nos diversos cálculos desenvolvidos, vamos trabalhar o VML para que nos ofereça maior rapidez e visualização das avaliações pretendidas.

Assim, temos:

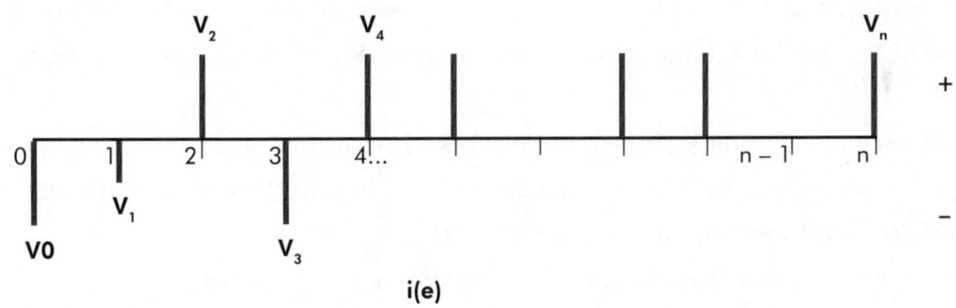

$$\mathbf{VML = VPL \times \frac{(1+i)^n \times i}{(1+i)^n - 1}}$$

5.26 Cálculo do VML

Imaginemos o seguinte investimento:

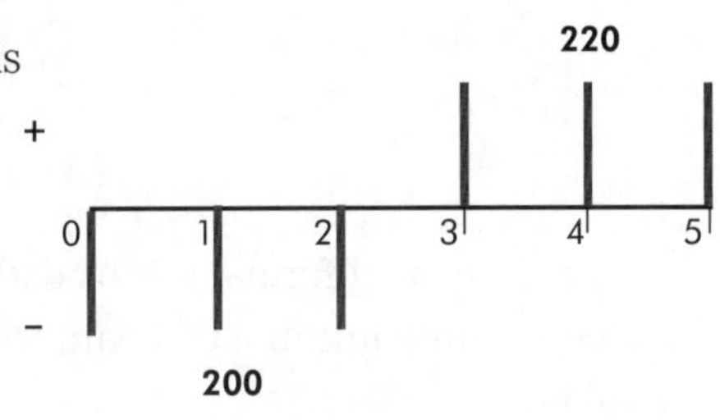

- ⇨ investimentos de três valores iguais e periódicos de R$ 200.000,00 cada, com início no presente
- ⇨ para retorno também em 3 valores iguais a R$ 220.000,00 cada na sequência
- ⇨ à taxa de expectativa de 2% a.p.
- ⇨ o investimento é viável?

$$\text{VPL} = -200 - \frac{200}{(1+0{,}02)} - \frac{200}{(1+0{,}02)^2} + \frac{220}{(1+0{,}02)^3} + \frac{220}{(1+0{,}02)^4} + \frac{220}{(1+0{,}02)^5}$$

$$\text{VML} = \text{VPL} \times \frac{(1+0{,}02)^5 \times 0{,}02}{(1+0{,}02)^5 - 1}$$

VML = 4.562,57

Como **VML > 0**, o investimento apresenta viabilidade.

5.27 Cálculo do VML realizado por meio da calculadora financeira HP 12C

A calculadora HP 12C não dispõe de uma função específica de cálculo para o VML.

Assim, utilizaremos os mesmos procedimentos quando calculado o VPL (item **5.15**), por meio das teclas "g", "CFo" e "CFj" para as informações dos dados a serem processados, e das "f" e "NPV" para se obter o resultado, além de outras auxiliares.

Conhecido o VPL, aplica-se o cálculo desenvolvido para M/P (item **1.15**) para se obter o valor no instante futuro do fluxo de caixa, conhecendo-se, assim, o valor do VML.

As entradas de dados a serem processados serão feitas em uma sequência em que se apresenta o fluxo de caixa; e, se em algum período não incidir valor financeiro, deverá ser lançado o valor 0 (zero).

Observar a cada lançamento a convenção de sinais adotada.

Assim, temos:

Primeiro limpam-se as memórias da calculadora:

f CLX

Informa-se a taxa de expectativa:

2 i

Em seguida, informam-se os dados, utilizando-se o CFo para a informação do valor no instante inicial e CFj para os demais períodos, obedecendo-se à sequência dos valores:

200000 CHS g CFo

200000 CHS g CFj 2 g Nj

220000 g CFj 3 g Nj

Para se obter o valor do VPL:

f NPV

Como resultado da operação, obteve-se: 21.505,50:

n	i	PV	PMT	FV
↑	↑	↑	↑	
5	2	21505,5	Pressionar	

Portanto: **VML = 4.562,57**

Como **VML > 0**, o investimento apresenta viabilidade.

5.28 Cálculo do VML realizado por meio da planilha eletrônica Excel

Para o cálculo do VML não há uma função específica na planilha eletrônica do Excel.

Portanto, para automatizarmos o **VML** faremos uma combinação entre as funções **VPL** (item **5.16**) e **M** (item **1.16**), adotando-se os mesmos procedimentos considerados para informatização dos seus respectivos cálculos, obtendo-se, assim, o **VML**.

No programa anexo, apresentamos esse estudo com a denominação **VML**, e uma formatação de tela adequada ao nosso estudo, no qual utilizamos as células:

B5 para o valor de **i (e)**

D7 para o número de **períodos**

B10 a **B39** para os valores de V_0 a V_n.

D5 para o **VML**

Assim, para efetuarmos o cálculo pretendido, programaremos para a célula **D5**:

= PGTO(B5/100;D7;–(VPL($B$5/100;B$11:$B$39)+B10);)

Vale observar que, em períodos em que não incidirem valores, deverá ser lançado o valor 0 (zero), a fim de se observar a sequência correta dos valores informados.

Para os dados constantes no item **5.26**, utilizando-se a planilha **VML** do programa anexo, temos:

MÉTODO DO VALOR DO MONTANTE PERIÓDICO LÍQUIDO (VML)

i(e) = 2,0000 VML = 4.562,57

n = 5

n	Valores		
0	(200.000,00)	←	V0
1	(200.000,00)	←	V1
2	(200.000,00)	←	V2
3	220.000,00		.
4	220.000,00		.
5	220.000,00		.
6			.

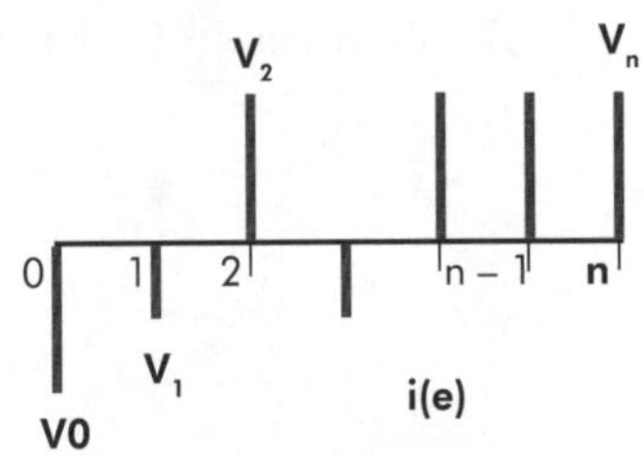

Representação do fluxo de caixa

VML > 0: Investimento viável

5.29 Cálculo do VML realizado por meio de fatores

Para o cálculo do valor do montante periódico líquido (VML), transformaremos a equação:

$$VPL = -200 - \frac{200}{(1+0{,}02)^1} - \frac{200}{(1+0{,}02)^2} + \frac{220}{(1+0{,}02)^3} + \frac{220}{(1+0{,}02)^4} + \frac{220}{(1+0{,}02)^5}$$

em uma equação equivalente, aplicando-se os fatores como estudado nos itens anteriores:

$$VPL = -200.000 - 200.000\ (P/M, 2\%, 2) + 220.000\ (P/M, 2\%, 3) \times (P/F, 2\%, 2)$$
$$VML = VPL \times (M/P, 2\%, 5)$$

Consultando a tabela de fatores encontrada no site da editora Blucher: <www.blucher.com.br>, temos:

$$VPL = -200.000 - 200.000 \times 1{,}941561 + 220.000 \times 2{,}883883 \times 0{,}961169$$
$$VML = 21.505{,}50 \times 0{,}212158$$

Portanto: **VML = 4.562,57**

Como **VML > 0**, o investimento apresenta viabilidade.

5.30 Exemplo de aplicação do cálculo do VML

Em um investimento em que se deseja ter um ganho mínimo de 3,5% ao mês e analisar sua viabilidade através do VML com os valores:

- investimento inicial: R$ 15.000,00;
- investimentos nos seis primeiros meses: R$ 10.000,00/mês;
- investimento de R$ 25.000,00 após oito meses do primeiro valor;
- retorno em quatro valores mensais iguais a partir do décimo mês do primeiro investimento de R$ 28.500,00.

Existe a viabilidade procurada?

5.30.1 Fluxo de caixa gráfico

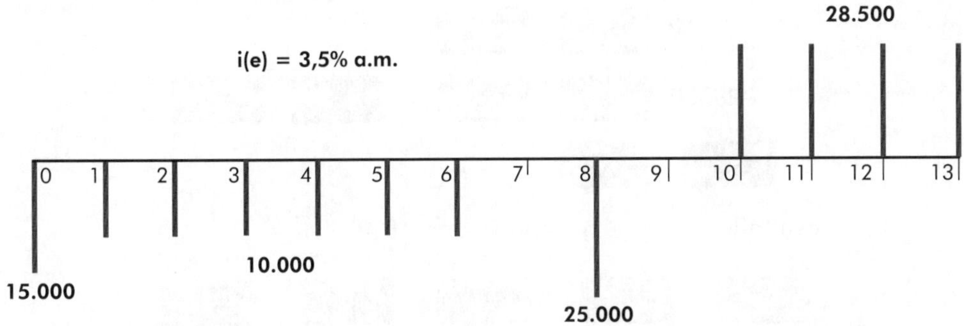

5.30.2 O cálculo pelo VPL

$$VPL = -15.000 - 10.000\ \frac{(1+0,035)^6 - 1}{(1+0,035)^6 \times 0,035} - 25.000\ \frac{1}{(1+0,035)^8}$$

$$+28.500\ \frac{(1+0,035)^4 - 1}{(1+0,035)^4 \times 0,035} \times \frac{1}{(1+0,035)^9}$$

$$VML = VPL\ \frac{(1+i)^n \times i}{(1+i)^n - 1} \Rightarrow VML = -10.461,84\ \frac{(1+0,035)^{13} \times 0,035}{(1+0,035)^{13} - 1}$$

Portanto: **VML = – 1.015,44**

Como **VML < 0**, não existe a viabilidade procurada.

5.30.3 O cálculo por meio da calculadora financeira HP 12C

[f] [CLX]

3,5 [i]

15000 CHS [g] [CFo]

10000 CHS [g] [CFj] 6 [g] [CFj]

0 [g] [CFj]

25000 CHS [g] [CFj]

0 [g] [CFj]

28500 [g] [CFj] 4 [g] [CFj]

[f] [NPV]

Como resultado da operação, obteve-se: –10.461,84:

n	i	PV	PMT	FV
↑	↑	↑	↑	
13	3,5	10461,84	Pressionar	

Portanto: **VML = –1.015,44**

Como o VML < 0, não existe a viabilidade procurada.

5.30.4 O cálculo informatizado

Da planilha financeira do programa anexo (site da editora Blucher: <www.blucher.com.br>), utilizamos o cálculo **VML**:

MÉTODO DO VALOR DO MONTANTE PERIÓDICO LÍQUIDO (VML)

i(e) = 3,5000 VML = (1.015,44)

n = 13

n	Valores		
0	(15.000,00)	←	V0
1	(10.000,00)	←	V1
2	(10.000,00)	←	V2
3	(10.000,00)		.
4	(10.000,00)		.
5	(10.000,00)		.
6	(10.000,00)		.
7	0,00		
8	(25.000,00)		
9	0,00		
10	28.500,00		
11	28.500,00		
12	28.500,00		
13	28.500,00		

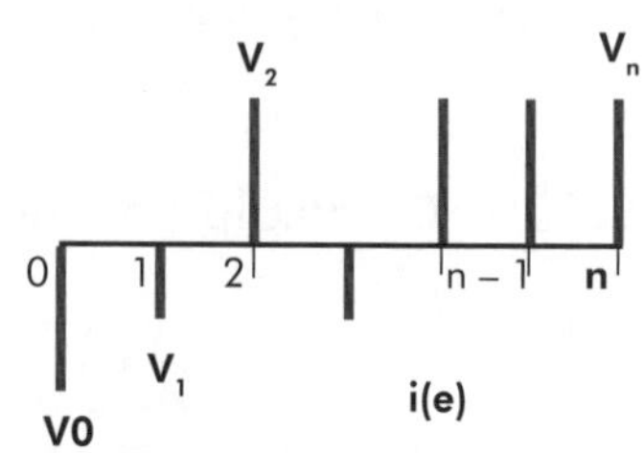

Representação do fluxo de caixa

VML > 0: Investimento viável

5.30.5 O cálculo por meio de fatores

Com o auxílio da tabela de fatores encontrada no site da editora Blucher: <www.blucher.com.br> (taxa de 3,5%), temos:

$$VPL = -15.000 - 10.000\ (P/M, 3{,}5\%, 6) - 25.000\ (P/F, 3{,}5\%, 8) + 28.500{,}00(P/M, 3{,}5\%, 4) \times (P/F, 3{,}5\%, 9)$$

$$VPL = -15.000 - 10.000 \times 5{,}328553 - 25.000 \times 0{,}759412 + 28.500{,}00 \times 3{,}673079 \times 0{,}733731$$

$$VML = VPL\ (M/P, 3{,}5\%, 13) \Rightarrow VML = -10.461{,}84 \times 0{,}097062$$

Portanto: **VML = –1.015,44**

Como **VML < 0**, não existe a viabilidade procurada.

5.31 Método da taxa interna de retorno – i(r)

Quando o VPL de um projeto de investimento for positivo o investimento será viável e, portanto, a taxa interna de retorno será maior que a taxa de expectativa mínima de recuperação dos valores investidos.

Assim, para avaliar a viabilidade do investimento é possível calcular a taxa interna de retorno e compará-la com a taxa de expectativa.

Logo, temos:

Se i(r) > i(e), o investimento apresenta viabilidade.

Mesmo conhecido o VPL e, consequentemente, a viabilidade do investimento, muitas vezes é interessante também calcular a taxa interna de retorno, a fim de se conhecer a dimensão do retorno em termos de taxa percentual periódica.

A taxa interna de retorno é a taxa que anula o valor presente líquido (VPL), como apresentado no item **5.10**.

Assim, respeitando a convenção de sinais para os valores do fluxo de caixa, por um processo de aproximações sucessivas, determinamos a taxa percentual periódica que anula o VPL.

Pela equivalência dos métodos do VPL, VFL e VML, o cálculo do i (r) pode ser realizado por qualquer um deles. Aqui desenvolveremos o cálculo apenas através do VPL.

5.32 Cálculo da i(r)

Imaginemos o seguinte investimento:

⇨ investimentos de R$ 200.000,00 no presente
e de R$ 150.000 no período 1 e
de R$ 120.000 no período 2

⇨ para retorno em 2 valores de R$ 150.000,00 e R$ 350.000,00, nos períodos 3 e 4, respectivamente

⇨ qual a taxa interna de retorno?

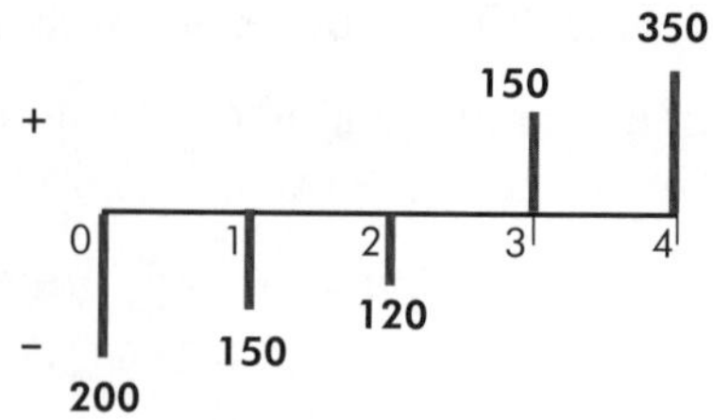

$$VPL = -200 - \frac{150}{(1+i(r))} - \frac{120}{(1+i(r))^2} + \frac{150}{(1+i(r))^3} + \frac{350}{(1+i(r))^4} = 0$$

Para o cálculo da taxa usaremos o método de aproximações sucessivas, testando valores para **i (r)** até encontrarmos um valor que anula a equação dentro da exatidão pretendida.

Aplicando-se esse procedimento ao cálculo acima, temos:

- para **i** = 2% ⇒ VPL = 2.295,17
- para **i** = 3% ⇒ VPL = – 10.500,86

Utilizando-se os mesmos procedimentos anteriores para interpolação linear, temos:

2%	⇒	2.295,17		
i%	⇐	**0**	⇒	**i = 2,2% a.m.**
3%	⇒	– 10.500,86		

5.33 Cálculo da i(r) realizado por meio da calculadora financeira HP 12C

Para esse cálculo utilizam-se praticamente os mesmos procedimentos desenvolvidos em capítulos anteriores.

Os valores a serem processados são informados pelas teclas “g”, “CFo” e “CFj”, e o resultado é obtido pelas teclas “f” e “IRR” .

Logo, tem-se:

Primeiro limpam-se as memórias da calculadora:

[f] [CLX]

Em seguida, informam-se os dados utilizando o CFo para a informação do valor no instante inicial e CFj para os demais períodos, obedecendo-se à sequência dos valores.

Se em algum período não incidir valor financeiro, deverá ser lançado o valor 0 (zero), a fim de se observar a sequência correta dos valores.

Para essas funções também aplica-se a "convenção" vista em alguns cálculos anteriores, pelo qual se trabalha com sinais positivos e negativos para representar as entradas e saídas monetárias do fluxo de caixa.

Para esse cálculo, trabalharemos com sinais negativos para os investimentos e positivos para os retornos.

200000 CHS [g] [CFo]

150000 CHS [g] [CFj]

120000 CHS [g] [CFj]

150000 [g] [CFj]

350000 [g] [CFj]

Para se obter o valor de i:

[f] [IRR]

Como resultado da operação, obteve-se: 2,1756.

Portanto: **i(r) = 2,1756% a.m.**

5.34 Cálculo da i(r) realizado por meio da planilha eletrônica Excel

Para o cálculo da i (r) utilizaremos a função TIR da planilha eletrônica do Excel.

No programa anexo (site da editora Blucher: <www.blucher.com.br>), apresentamos esse estudo com a denominação **i (r)**, e uma formatação de tela adequada ao nosso estudo, em que utilizamos as células:

B10 a **B39** para os valores de V_0 a V_n

D5 para o **i (r)**

Assim, para efetuarmos o cálculo pretendido, programamos para a célula **D5**:

= TIR($B$10:$B$39)*100

Vale observar que, em períodos nos quais não incidirem valores, deverá ser lançado o valor 0 (zero), a fim de se observar a sequência correta dos valores informados.

Para os dados constantes no item **5.33**, utilizando-se a planilha **i(r)** do programa anexo (site da editora Blucher: <www.blucher.com.br>), temos:

MÉTODO DO i (r) – TAXA INTERNA DE RETORNO

i(r) = **2,1756** %

n	Valores		
0	-200,00	←	V0
1	-150,00	←	V1
2	-120,00	←	V2
3	150,00		.
4	350,00		.

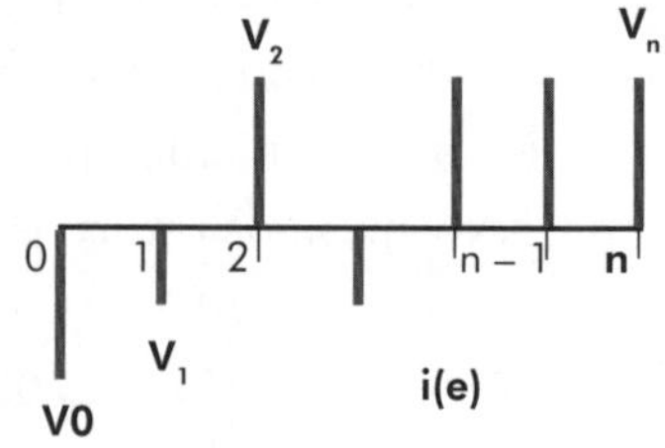

Representação do fluxo de caixa

5.35 Cálculo da i(r) realizado por meio de fatores

Para este cálculo, transformaremos a equação

$$VPL = -200 - \frac{150}{(1+i(r))} - \frac{120}{(1+i(r))^2} + \frac{150}{(1+i(r))^3} + \frac{350}{(1+i(r))^4} = 0$$

em uma equação equivalente, aplicando-se os fatores como estudado nos itens anteriores:

$$VPL = -200.000 - 150.000\ (P/F, i, 1) - 120.000\ (P/F, i, 2) + 150.000\ (P/F, i, 3) + 350.000\ (P/F, i, 4) = 0$$

O cálculo da taxa i é realizado com base em procura nas tabelas financeiras, testando valores para a taxa até que se encontre a igualdade da equação.

Consultando a tabela de fatores encontrada no site da editora Blucher: <www.blucher.com.br>, temos:

- para **i** = 2,00% ⇒ 2.295,17
- para **i** = 2,25% ⇒ –966,93

Analisando os valores obtidos, notamos que a taxa se situa entre 2,00% e 2,25%. Se o valor procurado puder se restringir a duas casas decimais após a vírgula, podemos utilizar a interpolação linear, ou seja:

2,00%	⇒	2.295,17		
i%	⇐	**0**	⇒	**i = 2,18% a.m.**
2,25%	⇒	–966,93		

5.36 Exemplo de aplicação do cálculo da i(r)

Em um projeto de investimento com o seguinte fluxo de caixa:

- ⇨ investimento inicial: R$ 200.000,00;
- ⇨ investimentos nos dois primeiros meses: R$ 20.000,00/mês;
- ⇨ investimentos no sétimo e oitavo mês: R$ 50.000,00/mês;
- ⇨ investimentos nos quatro meses intermediários: R$ 120.000,00/mês;
- ⇨ e retorno em quatro valores iguais a R$ 270.000,00/mês, sendo o primeiro dois meses após o último investimento.

Quer se saber:

- qual a taxa interna de retorno do investimento?
- sendo o mínimo de 2% ao mês o que se deseja ter como retorno, o investimento é viável?

5.36.1 Fluxo de caixa gráfico

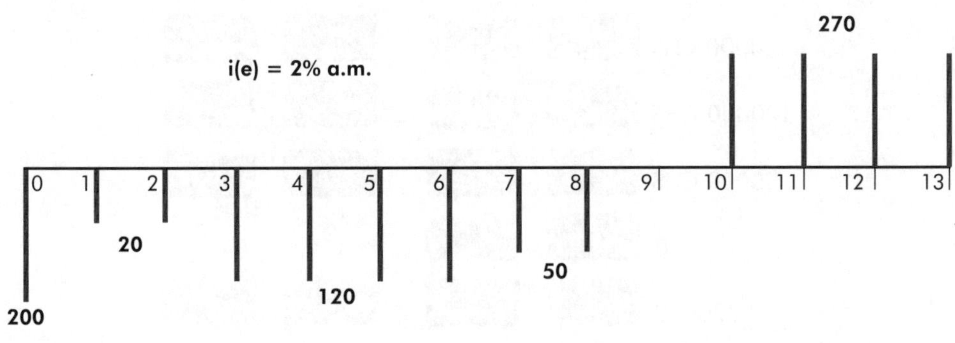

5.36.2 O cálculo do i(r)

$$VPL = -200.000 - 20.000\ \frac{(1+i(r))^2 - 1}{(1+i(r))^2 \times i(r)} - 120.000\ \frac{(1+i(r))^4 - 1}{(1+i(r))^4 \times i(r)} \times \frac{1}{(1+i(r))^2}$$

$$-50.000\ \frac{(1+i(r))^2 - 1}{(1+i(r))^2 \times i(r)} \times \frac{1}{(1+i(r))^6} + 270.000\ \frac{(1+i(r))^4 - 1}{(1+i(r))^4 \times i(r)} \times \frac{1}{(1+i(r))^9} = 0$$

Aplicando-se o método de aproximações sucessivas, temos:

- para **i** = 3% ⇒ VPL = 30.347,49
- para **i** = 4% ⇒ VPL = – 26.391,57

Utilizando-se os mesmos procedimentos anteriores para interpolação linear, temos:

3%	⇒	30.347,49		
i%	⇐	**0**	⇒	**i = 3,5% a.m.**
4%	⇒	– 26.391,57		

Como **i (r) > i (e) = 2% a.m.**, o investimento apresenta-se viável.

5.36.3 O cálculo por meio da calculadora financeira HP 12C

[f] [CLX]

200000 CHS [g] [CFo]

20000 CHS [g] [CFj] 2 [g] [Nj]

120000 CHS [g] [CFj] 4 [g] [Nj]

50000 CHS [g] [CFj] 2 [g] [Nj]

0 [g] [CFj]

270000 [g] [CFj] 4 [g] [Nj]

[f] [IRR]

Como resultado da operação, obteve-se: 3,5165.

Portanto: **i(r) = 3,5165% a.m.**

Como **i (r) > i (e) = 2% a.m.**, o investimento apresenta-se viável.

5.36.4 O cálculo informatizado

Da planilha financeira do programa anexo (site da editora Blucher: <www.blucher.com.br>), utilizamos o cálculo **i (r):**

i(r) = 3,516548

n	Valores		
0	-200.000,00	←	V0
1	-20.000,00	←	V1
2	-20.000,00	←	V2
3	-120.000,00		.
4	-120.000,00		.
5	-120.000,00		.
6	-120.000,00		.
7	-50.000,00		
8	-50.000,00		
9	0,00		
10	270.000,00		
11	270.000,00		
12	270.000,00		
13	270.000,00		
14			
15			
16			

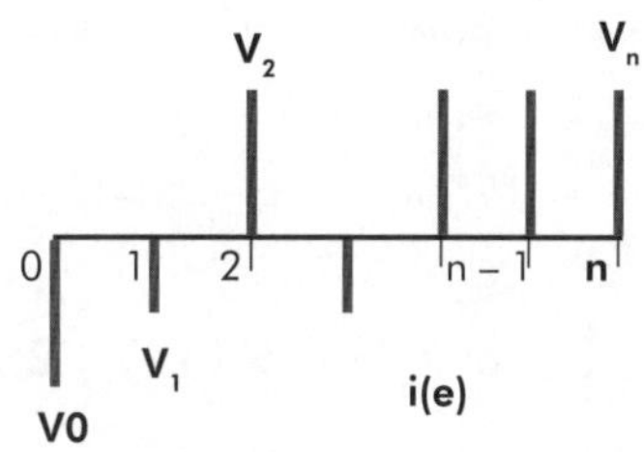

Representação do fluxo de caixa

Como i (r) > i (e) = 2% a.m., o investimento apresenta-se viável.

5.36.5 O cálculo por meio de fatores

Com o auxílio da tabela de fatores encontrada no site da editora Blucher: <www.blucher.com.br>, temos:

Para i = 3,50% a.m., temos:

$$VPL = -200.000 - 20.000\ (P/M, 3{,}5\%, 2) - 120.000\ (P/M, 3{,}5\%, 4) \times (P/F, 3{,}5\%, 2)$$
$$- 50.000\ (P/M, 3{,}5\%, 2) \times (P/F, 3{,}5\%, 6) + 270.000\ (P/M, 3{,}5\%, 4) \times (P/F, 3{,}5\%, 9) = 0$$

$$VPL = -200.000 - 20.000 \times 1{,}899694 - 120.000 \times 3{,}673079 \times 0{,}933511$$
$$- 50.000 \times 1{,}899694 \times 0{,}813501 + 270.000 \times 3{,}673079 \times 0{,}733731 = 0$$
$$VPL = 936{,}97$$

Para i = 3,75% a.m., temos:

$$VPL = -200.000 - 20.000\ (P/M, 3{,}75\%, 2) - 120.000\ (P/M, 3{,}75\%, 4) \times (P/F, 3{,}75\%, 2)$$
$$- 50.000\ (P/M, 3{,}75\%, 2) \times (P/F, 3{,}75\%, 6) + 270.000\ (P/M, 3{,}75\%,4) \times (P/F, 3{,}75\%, 9) = 0$$

$$VPL = -200.000 - 20.000 \times 1{,}892873 - 120.000 \times 3{,}651384 \times 0{,}929017$$
$$- 50.000 \times 1{,}892873 \times 0{,}801810 + 270.000 \times 3{,}651384 \times 0{,}717971 = 0$$
$$VPL = -12.978{,}54$$

3,50%	⇒	30.347,49		
i%	⇐	0	⇒	**i = 3,52% a.m.**
3,75%	⇒	−12.978,54		

Como **i (r) > i (e) = 2% a.m.**, o investimento apresenta-se viável.

5.37 Método do benefício-custo (B/C)

A viabilidade econômica de um empreendimento, como já estudado, consiste na comparação dos benefícios (representados pelas entradas em um determinado fluxo de caixa) e os custos (representados pelas suas saídas), comparação esta traduzida em um mesmo instante, com os valores calculados por meio de uma taxa percentual de expectativa de ganho (i (e)).

Assim procedemos nos métodos do VPL, VFL e VML, adotando-se uma convenção de sinais e buscando-se a comparação com 0 (zero), para a análise da viabilidade.

Se a análise fosse realizada somente com base na comparação entre os benefícios resultantes do fluxo de caixa – B e os custos empregados – C, teríamos uma relação B-C.

Quanto à viabilidade do empreendimento, essa relação poderia ser expressa por:

$$B>C \text{ ou } B\text{-}C > 0 \text{ ou } B/C > 1.$$

Qualquer uma dessas alternativas pode ser traduzida para qualquer instante do fluxo de caixa, porém, convencionalmente utilizadas no presente, no futuro, ou mesmo distribuída em montantes periódicos, a exemplo do VPL, VFL e VML, respectivamente.

Trabalhando-se com a aplicação da divisão dos benefícios pelos custos realizado no instante presente, temos:

$$B/C = \frac{\sum_{t=0}^{n} B_t}{\sum_{t=0}^{n} C_t}$$

Onde:

B/C = indicador resultante da divisão dos benefícios pelos custos, no instante presente, descontada a taxa de expectativa para cada valor correspondente do fluxo de caixa.

B_t = valores correspondentes aos benefícios do período t.

C_t = valores correspondentes aos custos do período t.

Conhecido o B/C, podemos concluir pela viabilidade ou não do investimento.

Se B/C > 1, o investimento apresenta viabilidade.

Com base nos diversos cálculos desenvolvidos, vamos trabalhar a relação B/C para que ofereça maior rapidez e visualização das análises pretendidas.

Assim, para o fluxo de caixa a seguir, onde convencionamos os valores referentes aos benefícios (B) posicionados acima da linha horizontal, que representa a linha de períodos, e os custos (C), abaixo, temos:

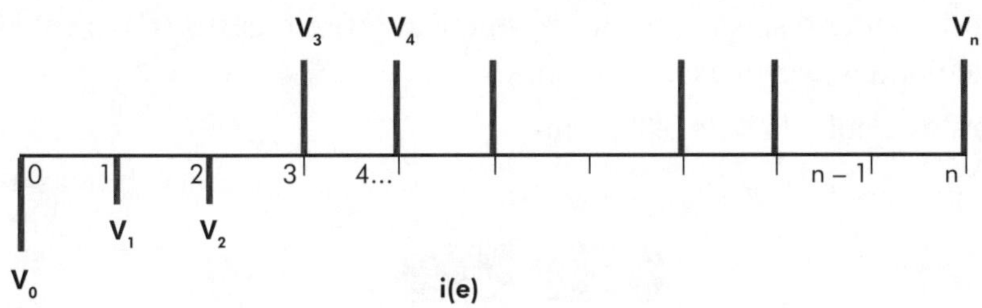

$$B = \frac{V_3}{(1+i(e))} + \frac{V_4}{(1+i(e))^2} + \ldots + \frac{V_n}{(1+i(e))^n}$$

$$C = V_0 + \frac{V_1}{(1+i(e))} + \frac{V_2}{(1+i(e))^2}$$

A partir dos valores encontrados, determinamos a relação B/C.

5.38 Cálculo da relação benefício-custo (B/C)

Utilizando-se o exemplo estudado no item 5.14, quando se calculou o VPL, temos:

- ⇨ investimentos de R$ 400.000,00 no presente e de R$ 300.000,00 no período 1
- ⇨ para retorno em **3 parcelas** de R$ 200.000,00, R$ 250.000,00, e R$ 300.000,00 a partir do segundo período
- ⇨ à taxa de expectativa de **2% a.p.**
- ⇨ o investimento é viável?

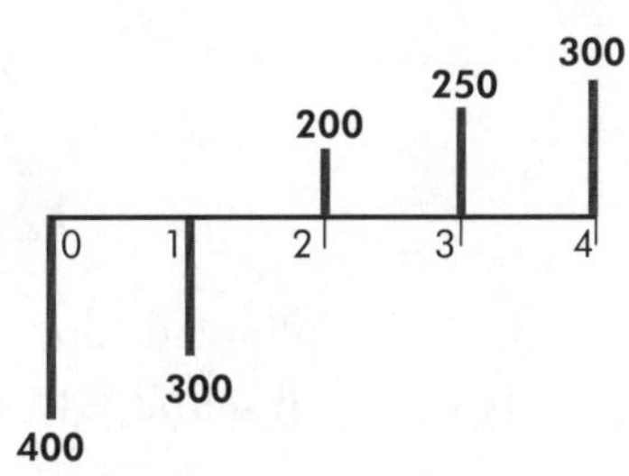

$$B = 400 + \frac{300}{(1+0,02)}$$

$$C = \frac{200}{(1+0,02)^2} + \frac{250}{(1+0,02)^3} + \frac{300}{(1+0,02)^4}$$

Como resultado da operação, temos:

B/C = 1,0156

Como B/C > 1, o investimento apresenta viabilidade.

5.39 O cálculo da relação benefício-custo (B/C), realizado por meio da calculadora financeira HP 12C

A calculadora financeira HP 12C não apresenta uma função específica e direta para o cálculo da relação B/C. Como esta relação, quando calculada no instante presente, é formada pela divisão de dois valores equivalentes no instante presente, representando respectivamente o benefício (B) e o custo (C), o cálculo será realizado por meio da divisão de B por C.

Para o cálculo do item 5.38, tem-se:

Cálculo do valor de B:

[f] [CLX]

2 [i]

0 [g] [CFo]

0 [g] [CFj]

200000 [g] [CFj]

250000 [g] [CFj]

300000 [g] [CFj]

[f] [NPV]

Como resultado da operação, obteve-se: 704.967,97.

Portanto: **B = 704.967,97**

Cálculo do valor de C:

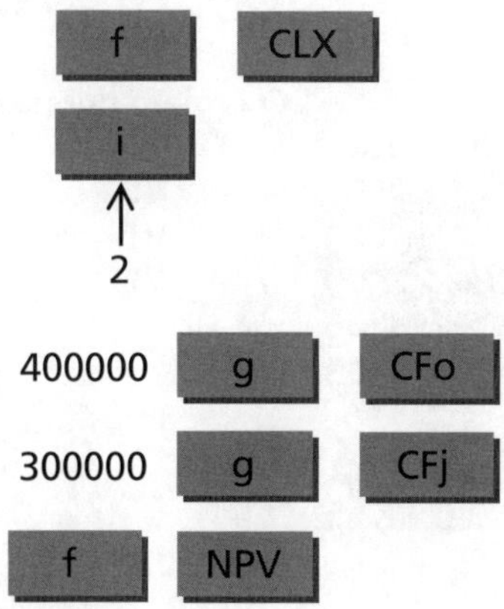

Como resultado da operação, obteve-se: 694.117,65.

Portanto: **C = 694.117,65**

B/C = 704.967,97/694.117,65

Portanto: **B/C = 1,0156**

Como **B/C > 1**, o investimento apresenta viabilidade.

5.40 O cálculo da relação benefício-custo (B/C), realizado por meio da planilha eletrônica Excel

Para informatizar a relação B/C, faremos uso da função financeira "**VPL**" do Excel (conforme descrita no item 5.16), para os cálculos de B e C, isoladamente.

Assim, para o cálculo de B utilizamos os valores de entrada do fluxo de caixa, e para C, os valores de saída.

No programa anexo, apresentamos esse cálculo com a denominação **B/C**, em que utilizamos as células:

B5 para o valor de **i(e)**

B10 a **B39** para os valores dos benefícios de $\mathbf{V_0}$ a $\mathbf{V_n}$.

D10 a **D39** para os valores dos custos de $\mathbf{V_0}$ a $\mathbf{V_n}$.

G5 para o valor da relação B/C, programado da seguinte forma:

=(VPL($B$5/100;$D$11:$D$39)+$D$10)/(VPL($B$5/100;$B$11:$B$39)+$B$10))

Vale observar mais uma vez que, em períodos onde não incidir valor monetário, deverá ser lançado o valor 0 (zero), a fim de se observar a sequência correta da informação dos valores .

Para os dados constantes no item 5.38, utilizando-se a planilha **B/C** do programa anexo, temos:

MÉTODO DO BENEFÍCIO/CUSTO (B/C) CALCULADO NO INSTANTE PRESENTE

i(e) = 2,0000 % B/C = 1,015632

O Projeto apresenta viabilidade

n	Custos	Benefícios	
0	400.000,00	0,00	← V0
1	300.000,00	0,00	← V1
2		200.000,00	← V2
3		250.000,00	.
4		300.000,00	.
5			.
6			
7			

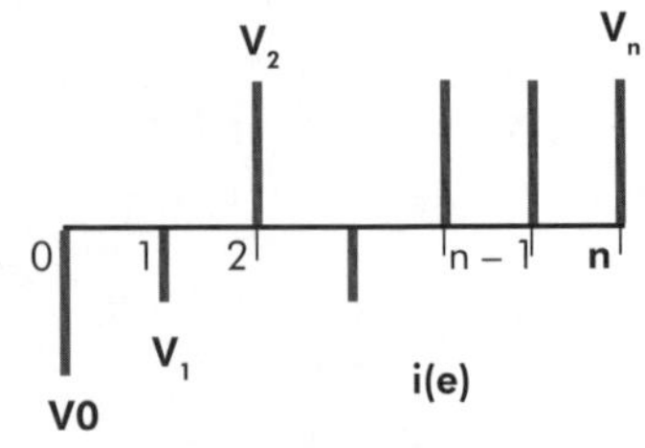

Representação do fluxo de caixa

5.41 O cálculo da relação benefício-custo (B/C), realizado por meio de fatores

Para o cálculo da relação B/C, aplicando-se os fatores como estudado nos itens anteriores de forma específica para o B e para o C, temos;

$$B = 200\ (P/F, 2\%, 2) + 250\ (P/F, 2\%, 3) + 300\ (P/F, 2\%, 4)$$

$$C = 400 + 300\ (P/F, 2\%, 1)$$

Onde:

$$B = 200.000 \times 0{,}961169 + 250.000 \times 0{,}942322 + 300.000 \times 0{,}923845 = 704.967{,}97$$

$$C = 400.000 + 300.000 \times 0{,}980392 = 694.117{,}65$$

Portanto:

$$\mathbf{B/C = 1{,}0156}$$

Como **B/C > 1**, o investimento apresenta viabilidade.

5.42 Exemplo de aplicação do cálculo da relação B/C

Ao analisar a viabilidade de um de seus projetos com investimentos em 8 meses, uma empresa, levantou os seguintes valores:

- ⇨ investimento inicial: R$ 100.000,00;
- ⇨ investimentos nos dois primeiros meses: R$ 10.000,00/mês;
- ⇨ investimentos nos dois últimos meses: R$ 60.000,00/mês;
- ⇨ investimentos nos quatro meses intermediários: R$ 120.000,00/mês.

Considerando-se que a empresa quer ter um ganho mínimo de 5% a.m., e que espera um retorno através de 4 valores mensais, sendo dois de R$ 210.000,00 cada, com o primeiro dois meses após o último valor investido, e os dois no valor de R$ 320.000,00 cada na sequência aos anteriores, tal pretensão será satisfeita?

5.42.1 Fluxo de caixa gráfico

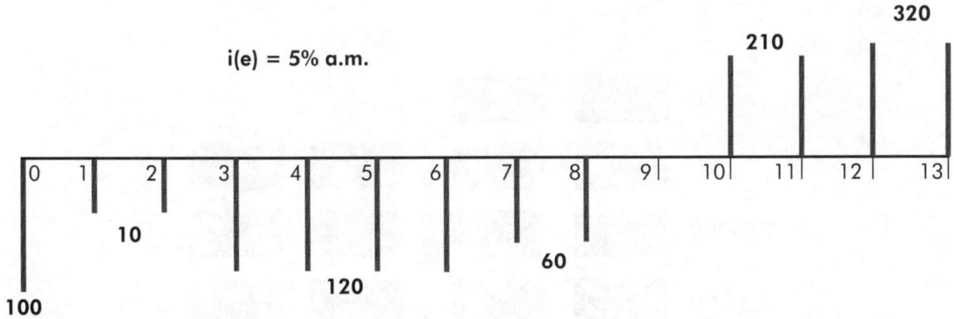

5.42.2 O cálculo por fórmulas

$$B = 210.000\,\frac{(1+0,05)^2-1}{(1+0,05)^2\times 0,05}\times\frac{1}{(1+0,05)^9}+320.000\,\frac{(1+0,05)^2-1}{(1+0,05)^2\times 0,05}+\frac{1}{(1+0,05)^{11}}$$

B = 599.595,24

$$C = -100.000-10.000\,\frac{(1+0,05)^2-1}{(1+0,05)^2\times 0,05}-120.000\,\frac{(1+0,05)^4-1}{(1+0,05)^4\times 0,05}\times\frac{1}{(1+0,05)^2}$$

$$-60.000\,\frac{(1+0,05)^2-1}{(1+0,05)^2\times 0,05}\times\frac{1}{(1+0,05)^6}$$

C = 587.799,14

Portanto: **B/C = 1,0201**

Como **B/C > 1**, a pretensão de se ganhar o mínimo de 5% ao mês será satisfeita.

5.42.3 O cálculo por meio da calculadora financeira HP 12C

Para o cálculo dos benefícios:

f CLX

5 i

0 g CFo

0 g CFj 9 g Nj

210000 g CFj 2 g Nj

320000 g CFj 2 g Nj

f NPV

B = 599.595,24

Para o cálculo dos custos:

f CLX

5 i

100000 g CFo

10000 g CFj 2 g Nj

120000 g CFj 4 g Nj

60000 g CFj 2 g Nj

f NPV

C = 587.799,14

Portanto: **B/C = 1,0201**

Como **B/C > 1**, a pretensão de se ganhar o mínimo de 5% ao mês será satisfeita.

5.42.4 O cálculo informatizado

Da planilha financeira do programa anexo, utilizamos o cálculo **B/C**:

MÉTODO DO BENEFÍCIO/CUSTO (B/C) – CALCULADO NO INSTANTE PRESENTE

i(e) = 5,0000 %   B/C = 1,020068

O Projeto apresenta viabilidade

n	Custos	Benefícios	
0	100.000,00	0,00	← V0
1	10.000,00	0,00	← V1
2	10.000,00	0,00	← V2
3	120.000,00	0,00	.
4	120.000,00	0,00	.
5	120.000,00	0,00	.
6	120.000,00	0,00	
7	60.000,00	0,00	
8	60.000,00	0,00	
9		0,00	
10		210.000,00	
11		210.000,00	
12		320.000,00	
13		320.000,00	
14			
15			

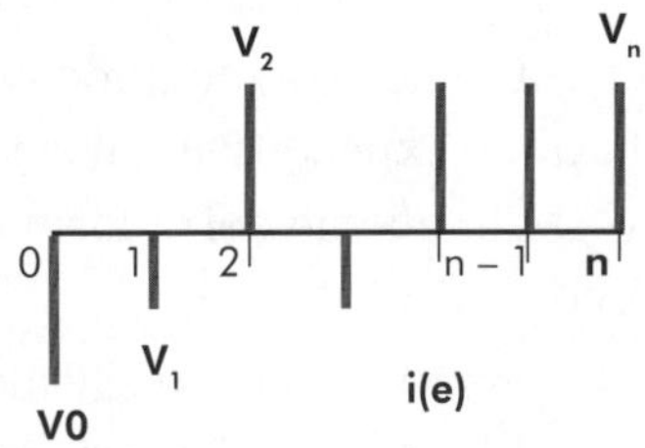

Representação do fluxo de caixa

5.42.5 O cálculo por meio de fatores

Com o auxílio da tabela de fatores (taxa de 2%), temos:

$$B = 210.000\ (P/M, 5\%, 2) \times (P/F, 5\%, 9) + 320.000\ (P/M, 5\%, 2) \times (P/F, 5\%, 11)$$

$$B = 210.000 \times 1{,}859410 \times 0{,}644609 + 320.000 \times 1{,}859410 \times 0{,}584679$$

$$\mathbf{B = 599.595{,}24}$$

$$C = 100.000 + 10.000\ (P/M, 5\%, 2) + 120.000\ (P/M, 5\%, 4) \times (P/F, 5\%, 2)$$
$$+ 60.000\ (P/M, 5\%, 2) \times (P/F, 5\%, 6)$$

$$C = 100.000 + 10.000 \times 1{,}859410 + 120.000 \times 3{,}545951 \times 0{,}907029$$
$$+ 60.000 \times 1{,}859410 \times 0{,}746215$$

$$\mathbf{C = 587.799{,}14}$$

Portanto: **B/C = 1,0201**

Como B/C > 1, a pretensão de se ganhar o mínimo de 5 % ao mês será satisfeita.

5.43 Método do tempo de retorno – n

Em um investimento, quer seja financeiro ou na execução de empreendimento, para se determinar a viabilidade muitas vezes há o interesse de conhecer o tempo em que o valor investido é recuperado.

Esse método, também conhecido como *Payback Period*, mostra o menor tempo necessário para obter o retorno do capital investido.

Podemos destacar duas versões para esse cálculo: o tempo de retorno simples (*Payback* simples) e o tempo de retorno descontado (*Payback* descontado).

O cálculo executado por meio do tempo de retorno simples não considera a taxa de expectativa, ou seja, desconsidera a taxa de recuperação do capital investido, que de certa forma contraria os princípios que norteiam a Engenharia Econômica.

Por outro lado, o cálculo executado por meio do tempo de retorno descontado procura o número de períodos de capitalização necessário para que os valores retornados, descontada a taxa de expectativa, se igualem ao valor do investimento.

Aqui vamos desenvolver apenas o tempo de retorno descontado, por ser o aplicado dentro dos princípios da Engenharia Econômica.

Denominaremos, a seguir, o tempo de retorno descontado simplesmente **tempo de retorno**.

5.44 Cálculo do tempo de retorno – n

Para investimentos com uma relação entre um valor no instante presente (P) e seu respectivo retorno, podemos realizar o cálculo por meio de uma equação financeira, aplicando-se os mesmos princípios e a mesma formulação do valor presente líquido (VPL).

Assim, temos:

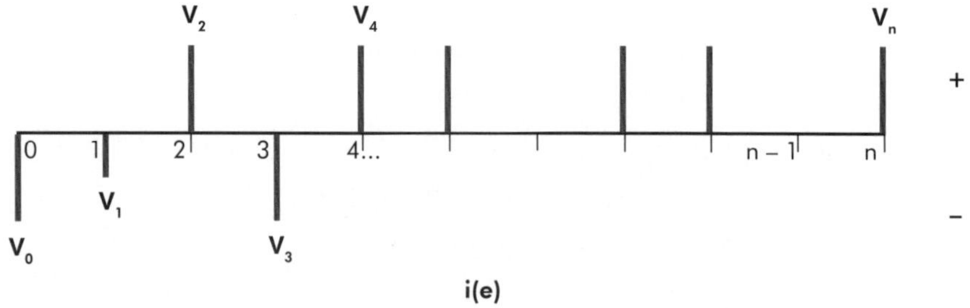

$$VPL = -V_0 + \frac{-V_1}{(1+i(e))} + \frac{V_2}{(1+i(e))^2} + \ldots + \frac{V_n}{(1+i(e))^n}$$

O retorno do investimento se apresenta quando o valor do VPL passa a ser positivo.

Façamos a simulação de um investimento de R$ 250.000,00 no instante presente, com expectativa de remuneração de capital de 1,5% ao mês, e o seguinte retorno:

⇨ 3 parcelas mensais e consecutivas de R$ 20.000,00 cada, ocorrendo a primeira um mês após a investimento;

⇨ e a partir do quarto mês, parcelas mensais e consecutivas de R$ 15.000,00 cada.

Qual é o tempo de retorno do capital investido?

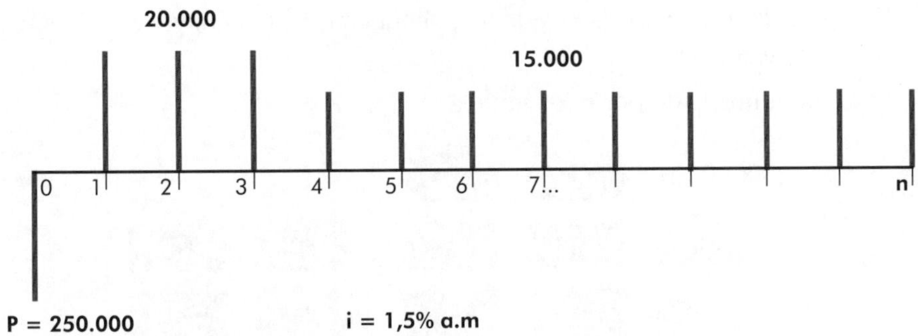

Para o cálculo do n, vamos trabalhar com a equação do VPL, verificando o tempo para que VPL torne-se positivo:

$$VPL = -250.000 + 20.000\,\frac{(1+0{,}015)^3 - 1}{(1+0{,}015)^3 \times 0{,}015} + 15.000\,\frac{(1+0{,}015)^p - 1}{(1+0{,}015)^p \times 0{,}015} \times \frac{1}{(1+0{,}015)^3}$$

onde p é o número de períodos referente ao M (montante periódico) de valor igual a R$ 15.000,00.

Para p = 15, temos VPL = –350,58

Para p = 16, temos VPL = 10.953,53

Como n = p + 3, temos n = 16 + 3 = 19

Portanto: **n = 19 meses.**

Assim, o capital com a expectativa de remuneração de 1,5% ao mês alcançará o retorno em 19 meses.

5.45 O cálculo de n – tempo de retorno – realizado por meio da calculadora financeira HP 12C

Para este cálculo utilizaremos as mesmas funções da HP 12C que serviram de referência para o cálculo do valor presente líquido (VPL) (item 5.15).

Vamos trabalhar para encontrarmos o primeiro período em que o VPL se torna positivo.

Assim, temos:

Primeiro vamos limpar as memórias da calculadora:

f CLX

Informa-se a taxa de expectativa:

i
↑
1.5

Em seguida, informam-se os dados, obedecendo-se à convenção de sinais e sequência dos valores.

Para um número de períodos igual a 18, temos:

250000 CHS g CFo

20000 g CFj 3 g Nj

15000 g CFj 15 g Nj

Para se obter o valor do VPL:

f NPV

Como resultado da operação, obteve-se: **–350,58**.

Representando um **VPL = –350,58**.

Limpando as memórias da calculadora novamente e informando os dados, para um número de períodos igual a 19, temos:

f CLX

i
↑
1.5

250000 CHS g CFo

20000 g CFj 3 g Nj

15000 g CFj 16 g Nj

f NPV

Como resultado da operação, obteve-se: 10.953,53.

Representando um VPL = 10.953,53.

Portanto: **n = 19 meses**.

5.46 O cálculo de n – tempo de retorno – realizado por meio da planilha eletrônica Excel

Assim como o cálculo anterior, vamos trabalhar para encontrarmos o primeiro período em que o VPL se torna positivo.

Para tanto, utilizaremos a planilha VPL anexa.

Informam-se os dados, obedecendo-se à convenção de sinais e sequência dos valores, e para um número de períodos igual a 18, temos:

Para um número de períodos igual a 18, temos:

MÉTODO DO VALOR PRESENTE LÍQUIDO (VPL)

i(e) = 1,5000 % VPL = (350,58)

O projeto não apresenta viabilidade

n	Valores	
0	(250.000,00)	← V0
1	20.000,00	← V1
2	20.000,00	← V2
3	20.000,00	.
4	15.000,00	.
5	15.000,00	.
6	15.000,00	
7	15.000,00	
8	15.000,00	
9	15.000,00	
10	15.000,00	
11	15.000,00	
12	15.000,00	
13	15.000,00	
14	15.000,00	
15	15.000,00	
16	15.000,00	
17	15.000,00	
18	15.000,00	
19		
20		

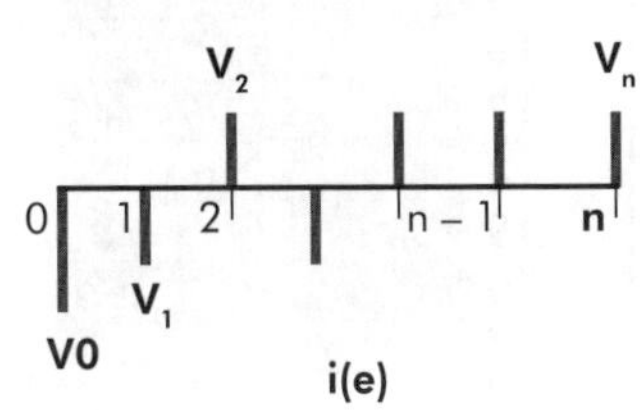

Representação do fluxo de caixa

Os valores dos investimentos deverão ser negativos

Para um número de períodos igual a 19, temos:

MÉTODO DO VALOR PRESENTE LÍQUIDO (VPL)

i(e) = 1,5000 % VPL = 10.953,53

O projeto apresenta viabilidade

n	Valores
0	(250.000,00)
1	20.000,00
2	20.000,00
3	20.000,00
4	15.000,00
5	15.000,00
6	15.000,00
7	15.000,00
8	15.000,00
9	15.000,00
10	15.000,00
11	15.000,00
12	15.000,00
13	15.000,00
14	15.000,00
15	15.000,00
16	15.000,00
17	15.000,00
18	15.000,00
19	15.000,00
20	

← V0
← V1
← V2
.
.
.

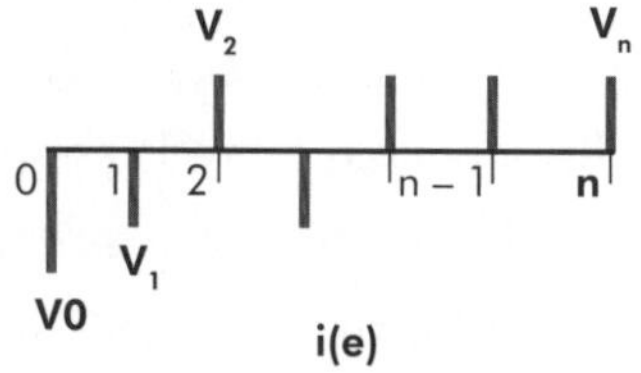

Representação do fluxo de caixa

Os valores dos investimentos deverão ser negativos

Como vimos, obtemos o retorno em: **n = 19 meses**.

5.47 O cálculo de n – tempo de retorno – realizado por meio de fatores

Para o cálculo do valor presente líquido (VPL), transformaremos a equação:

$$VPL = -250.000 + 20.000\,\frac{(1+0,015)^3 - 1}{(1+0,015)^3 \times 0,015} + 15.000\,\frac{(1+0,015)^p - 1}{(1+0,015)^p \times 0,015} \times \frac{1}{(1+0,015)^3}$$

em uma equação equivalente, aplicando-se os fatores como estudado nos itens anteriores:

$$VPL = -250.000 + 20.000\ (P/M, 1,5\%, 3) + 15.000\ (P/M, 1,5\%, p) \times (P/F, 1,5\%, 3)$$

onde p é o número de períodos referente ao M (montante periódico) de valor igual a R$ 15.000,00

Para o cálculo do n, vamos trabalhar com a equação do VPL, verificando em qual tempo o VPL torna-se positivo.

Consultando a tabela anexa, temos:

Para p = 15:

$$VPL = -250.000 + 20.000\,(2{,}912200) + 15.000\,(13{,}343233) \times (0{,}956317)$$
$$VPL = -350{,}58$$

Para p = 16:

$$VPL = -250.000 + 20.000\,(2{,}912200) + 15.000\,(14{,}131264) \times (0{,}956317)$$
$$VPL = 10.953{,}53$$

Para p = 16, temos VPL = 10.953,53

Como n = p + 3, temos n = 16 + 3 = 19

Portanto: **n = 19 meses**.

5.48 Exemplo de aplicação do cálculo de n – tempo de retorno

Uma empresa planejando a execução de um projeto de investimento, com duração estimada em 18 meses, levantou os seguintes valores:

- investimento inicial: R$ 200.000,00;
- custo líquido nos três primeiros meses: R$ 50.000,00/mês;
- receita líquida nos meses subsequentes: R$ 40.000,00/mês.

Considerando-se que a empresa almeja um retorno mínimo de 5% ao mês em seus investimentos, pergunta-se:

1. A execução do projeto como investimento é viável?
2. Em caso positivo, a partir de que período se obtém o retorno?

5.48.1 Fluxo de caixa gráfico

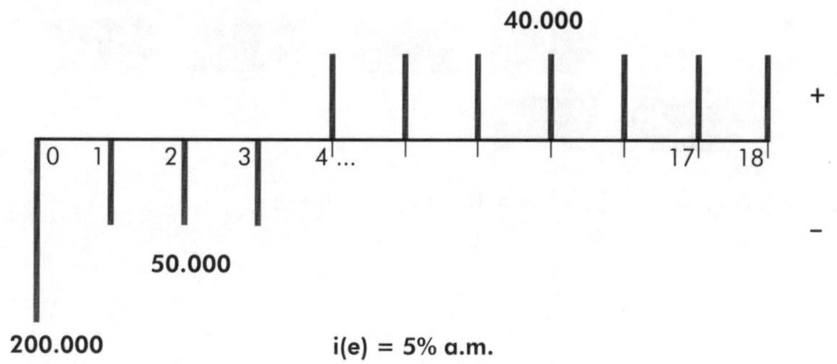

5.48.2 O cálculo pela fórmula

1. Cálculo da viabilidade

$$VPL = -200.000 - 50.000\,\frac{(1+0{,}05)^3-1}{(1+0{,}05)^3\times 0{,}015} + 40.000\,\frac{(1+0{,}05)^{15}-1}{(1+0{,}05)^{15}\times 0{,}05}\times\frac{1}{(1+0{,}05)^3}$$

$$VPL = 22.491{,}15 \;\Rightarrow\; VPL > 0 \;\Rightarrow\; \text{é viável.}$$

2. Cálculo do tempo de retorno

$$VPL = -200.000 - 50.000\,\frac{(1+0{,}05)^3-1}{(1+0{,}05)^3\times 0{,}015} + 40.000\,\frac{(1+0{,}05)^{p}-1}{(1+0{,}05)^{p}\times 0{,}05}\times\frac{1}{(1+0{,}05)^3}$$

Para p = 13, temos VPL = –11.581,54

Para p = 14, temos VPL = 5.870,33

Como n = p + 3, temos n = 14 + 3 = 17 ⇒ Portanto, **n = 17 meses**.

5.48.3 O cálculo por meio da calculadora financeira HP 12C

1. Cálculo da viabilidade

f CLX

i ↑ 5

200000 CHS g CFo

50000 CHS g CFj 3 g Nj

40000 g CFj 15 g Nj

f NPV

VPL = 22.491,15 ⇒ **VPL > 0** ⇒ é viável.

2. Cálculo do tempo de retorno

Para n = 16:

[f] [CLX]
[i] (5)
200000 CHS [g] [CFo]
50000 CHS [g] [CFj] 3 [g] [Nj]
40000 [g] [CFj] 13 [g] [Nj]
[f] [NPV]

temos: VPL = –11.581,54

Para n = 17:

[f] [CLX]
[i] (5)
200000 CHS [g] [CFo]
50000 CHS [g] [CFj] 3 [g] [Nj]
40000 [g] [CFj] 14 [g] [Nj]
[f] [NPV]

temos: VPL = 5.870,33

Portanto, **n = 17 meses**.

5.48.4 O cálculo informatizado

1. Cálculo da viabilidade

MÉTODO DO VALOR PRESENTE LÍQUIDO (VPL)

i(e) = 5,0000 % VPL = 22.491,15

O projeto apresenta viabilidade

n	Valores
0	(200.000,00)
1	(50.000,00)
2	(50.000,00)
3	(50.000,00)
4	40.000,00
5	40.000,00
6	40.000,00
7	40.000,00
8	40.000,00
9	40.000,00
10	40.000,00
11	40.000,00
12	40.000,00
13	40.000,00
14	40.000,00
15	40.000,00
16	40.000,00
17	40.000,00
18	40.000,00
19	
20	

← **V0**
← **V1**
← **V2**
.
.
.

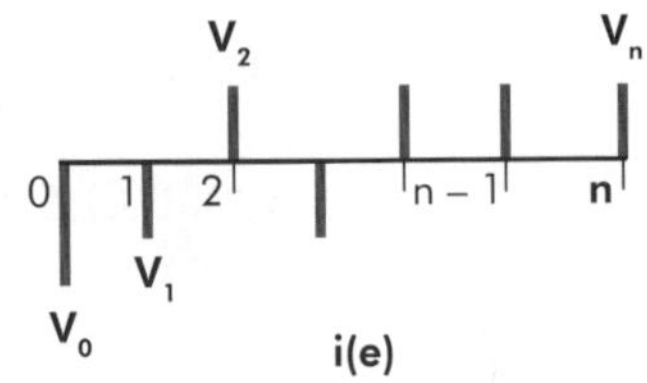

Representação do fluxo de caixa

Os valores dos investimentos deverão ser negativos

VPL = 22.491,15 ⇒ **VPL > 0** ⇒ é viável.

2. Cálculo do tempo de retorno

Para n = 16:

MÉTODO DO VALOR PRESENTE LÍQUIDO (VPL)

i(e) = 5,0000 % VPL = (11.581,54)

O projeto não apresenta viabilidade

n	Valores	
0	(200.000,00)	← V0
1	(50.000,00)	← V1
2	(50.000,00)	← V2
3	(50.000,00)	.
4	40.000,00	.
5	40.000,00	.
6	40.000,00	
7	40.000,00	
8	40.000,00	
9	40.000,00	
10	40.000,00	
11	40.000,00	
12	40.000,00	
13	40.000,00	
14	40.000,00	
15	40.000,00	
16	40.000,00	
17		
18		

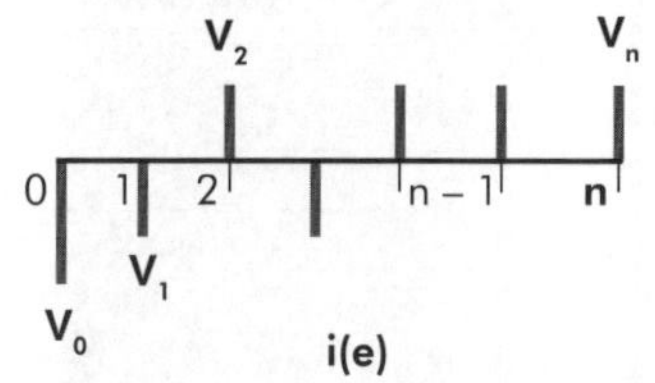

Representação do fluxo de caixa

Os valores dos investimentos deverão ser negativos

Para n = 17:

MÉTODO DO VALOR PRESENTE LÍQUIDO (VPL)

i(e) = 5,0000 % VPL = 5.870,33

O projeto apresenta viabilidade

n	Valores
0	(200.000,00)
1	(50.000,00)
2	(50.000,00)
3	(50.000,00)
4	40.000,00
5	40.000,00
6	40.000,00
7	40.000,00
8	40.000,00
9	40.000,00
10	40.000,00
11	40.000,00
12	40.000,00
13	40.000,00
14	40.000,00
15	40.000,00
16	40.000,00
17	40.000,00
18	
19	

← V0
← V1
← V2
.
.
.

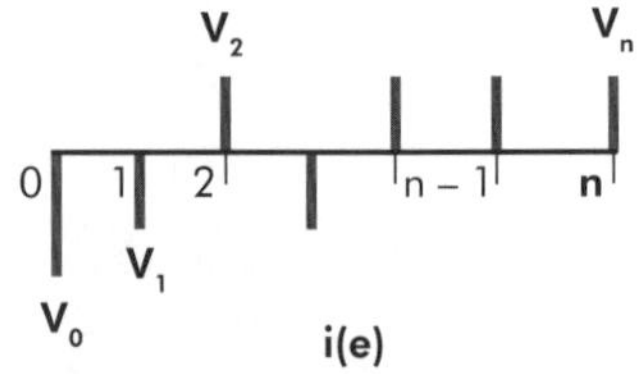

Representação do fluxo de caixa

Os valores dos investimentos deverão ser negativos

Portanto, **n = 17 meses**.

5.48.5 O cálculo por meio de fatores

1. Cálculo da viabilidade

$$VPL = -200.000 - 50.000\ (P/M, 5\%, 3) + 40.000\ (P/M, 5\%, 15) \times (P/F, 5\%, 3)$$
$$VPL = -200.000 - 50.000\ (2{,}723248) + 40.000\ (10{,}379658) \times (0{,}863838)$$

$$VPL = 22.491{,}15 \quad \Rightarrow \quad VPL > 0 \quad \Rightarrow \quad \text{é viável.}$$

2. Cálculo do tempo de retorno

$$VPL = -200.000 - 50.000\ (P/M, 5\%, 3) + 40.000\ (P/M, 5\%, p) \times (P/F, 5\%, 3)$$

Para p = 13

$$VPL = -200.000 - 50.000\ (2{,}723248) + 40.000\ (9{,}393573) \times (0{,}863838)$$
$$VPL = -11.581{,}54$$

Para p = 14:

$$VPL = -200.000 - 50.000\ (2{,}723248) + 40.000\ (9{,}898641) \times (0{,}863838)$$

$$VPL = 5.870{,}33$$

Como n = p + 3, temos n = 14 + 3 = 17 ⇒ Portanto, **n = 17 meses**.

5.49 Análise de sensibilidade

Nos métodos da Engenharia Econômica aplicados às analises de viabilidade de um projeto de investimento, desenvolvidos nos capítulos anteriores, considerou-se que os valores envolvidos nos respectivos fluxos de caixas não sofreriam variações futuras.

No entanto, quando se trata de projeções ao longo do tempo, por mais que se tenha estudado e analisado os valores envolvidos, não é de boa prática confiar plenamente na execução sem nenhum tipo de ocorrência que venha alterar o resultado esperado.

Frente a possíveis falhas ou ocorrências inesperadas que podem alterar o resultado, tanto para inviabilizar um projeto como para torná-lo mais lucrativo, poderíamos simular situações diversas, ainda na fase do planejamento, com alterações de alguns parâmetros componentes e consequentemente o seu resultado.

Assim, os riscos e incertezas seriam minimizados com a obtenção de cenários diversos, fornecendo ao gestor condições de análises diferenciadas que levariam a uma tomada de decisão mais segura.

5.50 Primeiro cenário

Com base na simulação de um projeto de investimento apresentado no item 5.32, onde foi calculada a taxa interna de retorno – i(r), temos um primeiro cenário.

- ⇨ investimento de R$ 200.000,00 no presente, de R$ 150.000 no período 1 e de R$ 120.000 no período 2;
- ⇨ com receita em 2 valores de R$ 200.000,00 e R$ 350.000,00, nos períodos 3 e 4, respectivamente;
- ⇨ com a expectativa de retorno de 3% a.m., o investimento é viável?

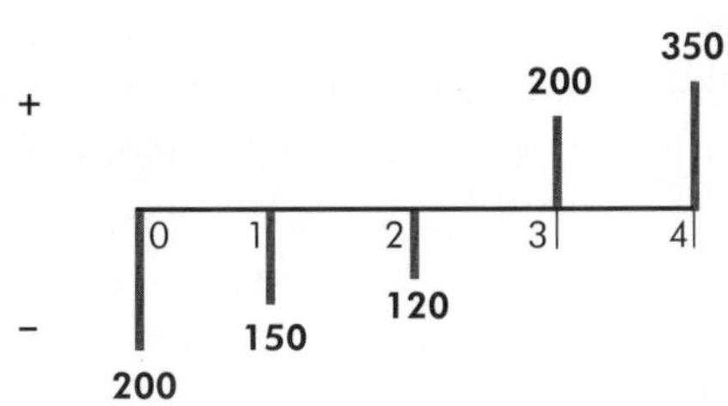

Neste primeiro cenário, consideramos que os valores de investimento e de receita são precisos e não sofrerão alterações ao longo da execução do projeto; ou seja, é um cenário onde prevalece a certeza.

Assim, aplicados os métodos da Engenharia Econômica (ver itens específicos desenvolvidos nos capítulos anteriores), chegamos aos valores:

VPL = 35.256,22 i(r) = 5,74% a.m. B/C = 1,077

Portanto, o investimento apresenta viabilidade e seu retorno é de 5,74% a.m.

5.51 A análise de sensibilidade realizada por meio da planilha eletrônica Excel

Os resultados numéricos obtidos para compor a análise de sensibilidade, conforme vimos em capítulos anteriores, podem ser executados por meio de fórmulas matemáticas, calculadora financeira (HP 12C), planilha eletrônica (Excel) e tabelas de fatores.

Para agilizar o cálculo e consequentemente a análise, disponibilizamos uma página na Planilha de Cálculos e Análises, anexo ao livro e disponível no site da editora Blucher: <www.blucher.com.br>, com a denominação "Análise de Sensibilidade", desenvolvida nos mesmos moldes das anteriores, onde se apresenta para esta análise:

ANÁLISE DE SENSIBILIDADE

i(e) = 3,00 %

VPL =	35.256,22	
i(r) =	5,736036	% a.p.
B/C =	1,076854	

O projeto apresenta viabilidade

n	Investimentos	Receitas	Valores líquidos
0	200.000,00	0,00	-200.000,00
1	150.000,00	0,00	-150.000,00
2	120.000,00	0,00	-120.000,00
3	0,00	200.000,00	200.000,00
4	0,00	350.000,00	350.000,00

⇨**NOTA**

Para efeito de cálculo, quando essa função pré-programada do Excel é utilizada, as células em branco dos valores informados têm que ser preenchidas com 0 (zero).

5.52 Segundo cenário

Em função de algumas incertezas ou riscos que se apresentam, o gestor, para ter uma visão mais segura sobre a resposta da viabilidade do projeto em função do comportamento de alguns parâmetros, pode trabalhar com o fundamento da análise de sensibilidade, e com a variação de um ou mais parâmetros componentes obter resultados que subsidiam sua decisão.

Construindo um segundo cenário, por exemplo, com a variação da receita na ordem de 5% menor aplicados em seus valores e mantendo os mesmos valores de investimento, teríamos:

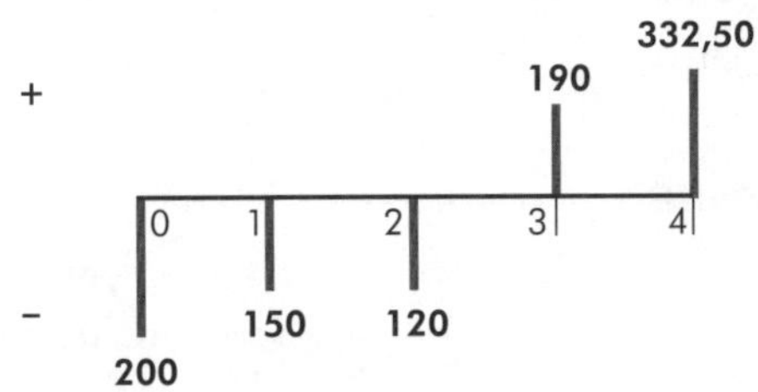

VPL = 10.556,28 i(r) = 3,83% a.m. B/C = 1,023

Portanto, o investimento desse segundo cenário, também apresenta viabilidade e seu retorno é de 3,83% a.m.

O cálculo pelo Excel:

ANÁLISE DE SENSIBILIDADE

i(e) = 3,00 %

VPL = 10.556,28
i(r) = 3,834153 % a.p.
B/C = 1,023011

O projeto apresenta viabilidade

n	Investimentos	Receitas	Valores líquidos
0	200.000,00	0,00	–200.000,00
1	150.000,00	0,00	–150.000,00
2	120.000,00	0,00	–120.000,00
3	0,00	190.000,00	190.000,00
4	0,00	332.500,00	332.500,00

5.53 Terceiro cenário

Vamos montar um cenário um pouco mais pessimista, com a variação da receita em 5% menor em seus valores e uma variação também linear de 5% para os investimentos, porém a maior:

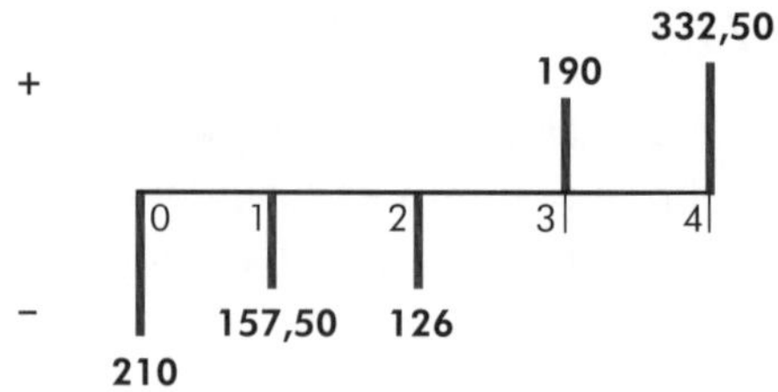

VPL = –12.380,85 i(r) = 2,05% a.m. B/C = 0,974

Portanto, o investimento desse terceiro cenário não apresenta viabilidade e seu retorno é de 2,05% a.m.

O cálculo pelo Excel:

ANÁLISE DE SENSIBILIDADE

i(e) = 3,00 %

VPL = –12.380,85
i(r) = 2,052279 % a.p.
B/C = 0,974297

O projeto não apresenta viabilidade

n	Investimentos	Receitas	Valores líquidos
0	210.000,00	0,00	–210.000,00
1	157.500,00	0,00	–157.500,00
2	126.000,00	0,00	–126.000,00
3	0,00	190.000,00	190.000,00
4	0,00	332.500,00	332.500,00

5.54 Quarto cenário

Em um cenário mais otimista, poderíamos construí-lo, por exemplo, mantendo-se os investimentos com variação da receita na ordem de 5% maior em seus valores.

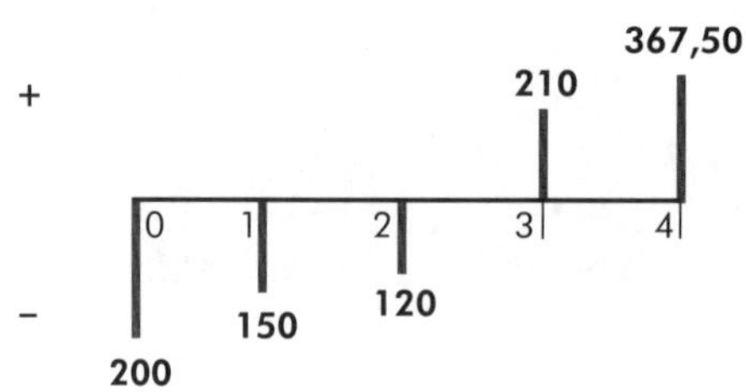

VPL = 59.956,16 i(r) = 7,57% a.m. B/C = 1,131

Como esperado, o investimento desse quarto cenário, também apresenta viabilidade e seu retorno é de 7,54% a.m.

O cálculo pelo Excel:

ANÁLISE DE SENSIBILIDADE

i(e) =	3,0000	%	
VPL =	59.956,16		
i(r) =	7,572707	% a.p.	
B/C =	1,130697		

O projeto apresenta viabilidade

n	Investimentos	Receitas	Valores líquidos
0	200.000,00	0,00	-200.000,00
1	150.000,00	0,00	-150.000,00
2	120.000,00	0,00	-120.000,00
3		210.000,00	210.000,00
4		367.500,00	367.500,00

5.55 Quadro de cenários

Com os dados obtidos pelos quatro cenários, podemos montar um quadro para melhor interpretar resultados.

ANÁLISE DE SENSIBILIDADE – QUADRO DE CENÁRIOS					
	CENÁRIOS	VPL	i(r) – a.m.	B/C	i(e) – 3% a.m.
1	Normal – condições iniciais	35.252,22	5,74%	1,077	Viável
2	Pessimista – redução linear de 5% nas receitas	10.556,28	3,83%	1,023	Viável
3	Mais Pessimista – redução de 5% nas receitas e acréscimo de 5% nos investimentos	-12.380,85	2,05%	0,974	Inviável
4	Otimista – acréscimo de 5% linear nas receitas	59.956,16	7,57%	1,131	Viável

5.56 Outros cenários

Os quatro cenários apresentados foram construídos para mostrar algumas situações diversas, que servem de subsídios para decisão do gestor, na intenção de que os efeitos das incertezas e riscos sobre o retorno esperado sejam reduzidos.

Além disso, é evidente que, dependendo de outros parâmetros componentes da análise, outros cenários poderão, ou deverão, ser construídos.

Para todos os cenários, concluímos que o retorno oferecido pelo projeto, em termos de taxas percentuais mensais, encontra-se em uma faixa de 2,05% a 7,57% ao mês.

Com relação à análise da viabilidade, considerando-se a taxa mínima de 3% ao mês como atrativa para a execução do projeto, percebemos que três dos quatro cenários apresentam viabilidade econômica.

5.57 Exemplo de aplicação da análise de sensibilidade

Um estudo mercadológico elaborado para abrir uma fábrica de peças especiais destinadas ao mercado automotivo mostrou as seguintes projeções de valores:

- ⇨ investimento inicial: R$ 25.000.000,00;
- ⇨ receita líquida no primeiro ano: R$ 3.800.000,00;
- ⇨ receita líquida no segundo ano: R$ 5.200.000,00;
- ⇨ receita líquida a partir do terceiro ano: R$ 7.300.000,00 por ano.

A empresa estima um retorno na ordem de 12% ao ano.

Na intenção de se minimizar os riscos e incertezas, montamos um quadro de cenários mostrando o tempo para o retorno do investimento com os valores inicialmente projetados (**Cenário 1**) e as seguintes variações de receitas líquidas:

- **Cenário 2**. Redução da receita projetada em 20% de seus valores.
- **Cenário 3**. Redução da receita projetada do primeiro ano em 20%, no segundo em 15%, e 10% nos demais anos.
- **Cenário 4**. Aumento da receita projetada no primeiro ano em 10%, no segundo, 15%, e em 20% nos anos seguintes.

5.57.1 Fluxo de caixa gráfico

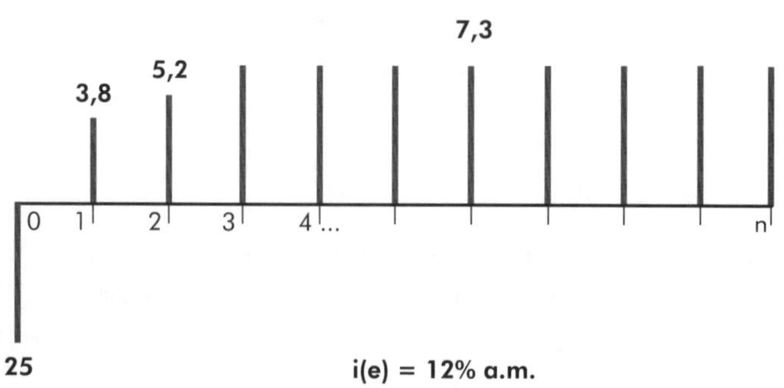

Para obter-se o tempo de retorno, vamos aplicar a página "Análise de Sensibilidade", encontrada na "Planilha de Cálculos e Análises", procurando o ano em que o investimento torna-se viável.

5.57.2 Cenário 1

ANÁLISE DE SENSIBILIDADE

i(e) = 12,00 %

VPL = 214.166,32
i(r) = 12,272059 % a.p.
B/C = 1,008567

O projeto apresenta viabilidade

n	Investimentos	Receitas	Valores líquidos
0	25.000.000,00	0,00	-25.000.000,00
1	0,00	3.800.000,00	3.800.000,00
2	0,00	5.200.000,00	5.200.000,00
3	0,00	7.300.000,00	7.300.000,00
4	0,00	7.300.000,00	7.300.000,00
5	0,00	7.300.000,00	7.300.000,00
6	0,00	7.300.000,00	7.300.000,00
7	0,00	0,00	0,00

Tempo de retorno: 6 anos.

5.57.3 Cenário 2

ANÁLISE DE SENSIBILIDADE

i(e) = 12,00 %

VPL = 171.730,52
i(r) = 12,178425 % a.p.
B/C = 1,006869

O projeto apresenta viabilidade

n	Investimentos	Receitas	Valores líquidos
0	25.000.000,00	0,00	-25.000.000,00
1	0,00	3.040.000,00	3.040.000,00
2	0,00	4.160.000,00	4.160.000,00
3	0,00	5.840.000,00	5.840.000,00
4	0,00	5.840.000,00	5.840.000,00
5	0,00	5.840.000,00	5.840.000,00
6	0,00	5.840.000,00	5.840.000,00
7	0,00	5.840.000,00	5.840.000,00
8	0,00	5.840.000,00	5.840.000,00
9	0,00	0,00	0,00

Tempo de retorno: 8 anos.

5.57.4 Cenário 3

ANÁLISE DE SENSIBILIDADE

i(e) = 12,00 %

VPL = 118.127,91
i(r) = 12,132886 % a.p.
B/C = 1,004725

O projeto apresenta viabilidade

n	Investimentos	Receitas	Valores líquidos
0	25.000.000,00	0,00	-25.000.000,00
1	0,00	3.040.000,00	3.040.000,00
2	0,00	4.420.000,00	4.420.000,00
3	0,00	6.570.000,00	6.570.000,00
4	0,00	6.570.000,00	6.570.000,00
5	0,00	6.570.000,00	6.570.000,00
6	0,00	6.570.000,00	6.570.000,00
7	0,00	6.570.000,00	6.570.000,00
8	0,00	0,00	0,00

Tempo de retorno: 7 anos.

5.57.5 Cenário 4

ANÁLISE DE SENSIBILIDADE

i(e) = 12,00 %

VPL = 272.354,84
i(r) = 12,388811 % a.p.
B/C = 1,010894

O projeto apresenta viabilidade

n	Investimentos	Receitas	Valores líquidos
0	25.000.000,00	0,00	-25.000.000,00
1	0,00	4.180.000,00	4.180.000,00
2	0,00	5.980.000,00	5.980.000,00
3	0,00	8.760.000,00	8.760.000,00
4	0,00	8.760.000,00	8.760.000,00
5	0,00	8.760.000,00	8.760.000,00
6	0,00	0,00	0,00

Tempo de retorno: 5 anos.

5.57.6 Quadro de cenários

ANÁLISE DE SENSIBILIDADE – QUADRO DE CENÁRIOS					
CENÁRIOS		VPL	i(r) – a.m.	B/C	Tempo (n)
1	Normal – condições iniciais	214.166,32	12,27%	1,008	6 anos
2	20% de redução de receitas	171.730,52	12,18%	1,007	8 anos
3	20%, 15% e 10% de redução de receitas	118.127,91	12,13%	1,005	7 anos
4	10%, 15% e 20% de acréscimo de receitas	272.354,84	12,39%	1,011	5anos

Notamos que para os quatro cenários construídos o tempo de retorno oferecido está entre 5 e 8 anos, dependendo, evidentemente, das variações de valores de receitas líquidas estimadas.

5.58 O planejamento e a análise de sensibilidade

Visando a criação de cenários para uma análise mais detalhada, seria possível trabalhar com um planejamento que mostrasse sua composição para cada investimento.

Um cronograma onde as atividades componentes de um investimento sejam representadas por barras horizontais é um instrumento que se ajusta ao nosso estudo.

Vamos simular uma situação de investimentos em um projeto, com base na análise do primeiro cenário construído no item 5.50, onde haja uma composição de atividades como exemplificado a seguir, e uma expectativa de ganho de 3% ao período:

DISTRIBUIÇÃO DOS INVESTIMENTOS				
	470.000	200.000	150.000	120.000
Investimentos	R$ PROJ	0	1	2
Atividade A	130.000	130.000		
Atividade B	100.000		60.000	40.000
Atividade C	70.000	40.000	30.000	
Atividade D	90.000	30.000	60.000	
Atividade E	80.000			80.000

As Atividades A, B C, D, e E são componentes de um investimento que projeta um valor total de R$ 470.000, distribuídos conforme apresenta o cronograma.

Da mesma forma, simulemos as receitas:

DISTRIBUIÇÃO DAS RECEITAS						
	550.000	**0**	**0**	**0**	**200.000**	**350.000**
Receitas	**R$ PROJ**	**0**	**1**	**2**	**3**	**4**
Receita A	200.000				200.000	
Receita B	350.000					350.000

As receitas A e B são componentes de uma receita que projeta um valor total de R$ 550.000, distribuídos tal como apresenta o cronograma.

Para se analisar a viabilidade por meio dos princípios da Engenharia Econômica, vamos ajustar o cronograma de forma que possamos aplicar as funções pré-programadas do Excel, como estudado em capítulos anteriores.

A realização dos cálculos seria possível por qualquer um dos procedimentos desenvolvidos, como a formulação matemática, a calculadora HP 12C e mesmo as tabelas de fatores financeiros.

5.59 O planejamento e a análise de sensibilidade realizados por meio da planilha eletrônica Excel

Dada a facilidade oferecida pela planilha eletrônica, vamos construir um cronograma distribuindo os valores de maneira que nosso trabalho seja mais prático e eficiente.

Para agilizar o cálculo e consequentemente a análise, disponibilizamos uma página na "Planilha de Cálculos e Análises", anexo ao livro e disponível no site da editora Blucher: <www.blucher.com.br>, com a denominação "Planejamento e Análise de Sensibilidade", desenvolvida nos mesmos moldes das anteriores, onde se apresenta para esta análise:

5.60 Primeiro cenário

SENSIBILIDADE – CRONOGRAMA					**VPL =**	**35.256,22**		
					i(r) =		**5,736**	**% a.p.**
i(e) =	**3,000 % a.p.**				**B/C =**	**1,0769**		
					O projeto apresenta viabilidade			
DISTRIBUIÇÃO DOS INVESTIMENTOS								
	470.000	**200.000**	**150.000**	**120.000**	**0**	**0**	**0**	**0**
Investimentos	**R$ PROJ**	**0**	**1**	**2**	**3**	**4**	**5**	**6**
Atividade A	130.000	130.000						
Atividade B	100.000		60.000	40.000				
Atividade C	70.000	40.000	30.000					
Atividade D	90.000	30.000	60.000					
Atividade E	80.000			80.000				

DISTRIBUIÇÃO DAS RECEITAS								
	550.000	**0**	**0**	**0**	**200.000**	**350.000**	**0**	**0**
RECEITAS	**R$ PROJ**	**0**	**1**	**2**	**3**	**4**	**5**	**6**
Receita A	200.000				200.000			
Receita B	350.000					350.000		
Saldos periódicos:		**–200.000**	**–150.000**	**–120.000**	**200.000**	**350.000**	**0**	**0**

Para os cálculos de VPL, i(r) e B/C foi criada a linha de "Saldos periódicos" (receitas – investimentos), que serve como base de dados para os respectivos cálculos.

Nas células destinadas aos resultados foram utilizadas, as funções pré-programadas do Excel, como exemplificado em capítulos anteriores.

Assim, aplicados os métodos da Engenharia Econômica, temos:

VPL = 35.256,22 i(r) = 5,74% a.m. B/C = 1,077

Portanto, o investimento apresenta viabilidade e seu retorno é de 5,74% a.m.

5.61 Segundo cenário

Partindo-se do cronograma com valores mais abertos, podemos variar um conjunto de parâmetros a fim de apresentar cenários com resultados mais seguros.

Vamos supor que a equipe de planejamento, por determinadas razões, queira criar um cenário com as variações:

- Atividade A: de R$ 130.000,00 para 140.000,00.
- Atividade B no mês 2: de R$ 40.000,00 para R$ 45.000,00.
- Atividade C no mês 1: de R$ 30.000,00 para R$ 35.000,00.
- Atividade D no mês 1: de R$ 60.000,00 para R$ 65.000,00.

Com esses novos valores, o cronograma seria finalizado assim:

SENSIBILIDADE – CRONOGRAMA					VPL =	10.834,50		
					i(r) =	3,813 % a.p.		
i(e) =	3,000 % a.p.				B/C =	1,0224		
				O projeto apresenta viabilidade				
DISTRIBUIÇÃO DOS INVESTIMENTOS								
	495.000	210.000	160.000	125.000	0	0	0	0
Investimentos	**R$ PROJ**	**0**	**1**	**2**	**3**	**4**	**5**	**6**
Atividade A	140.000	140.000						
Atividade B	105.000		60.000	45.000				
Atividade C	75.000	40.000	35.000					
Atividade D	95.000	30.000	65.000					
Atividade E	80.000			80.000				

DISTRIBUIÇÃO DAS RECEITAS								
	550.000	0	0	0	200.000	350.000	0	0
RECEITAS	**R$ PROJ**	**0**	**1**	**2**	**3**	**4**	**5**	**6**
Receita A	200.000				200.000			
Receita B	350.000					350.000		
Saldos periódicos:		–210.000	–160.000	–125.000	200.000	350.000	0	0

Onde:

VPL = 10.834,50   i(r) = 3,813% a.m.   B/C = 1,022

Portanto, o investimento com essas variações apresenta viabilidade e seu retorno é de 3,813% a.m.

5.62 Terceiro cenário

Acrescentando ao cenário 2 a variação:

Receita A: de R$ 350.000,00 para 330.000,00 teríamos o cronograma:

SENSIBILIDADE – CRONOGRAMA					VPL =	–6.935,24		
					i(r) =	2,471 % a.p.		
i(e) =	3,000 % a.p.				B/C =	0,9856		
					O projeto não apresenta viabilidade			
DISTRIBUIÇÃO DOS INVESTIMENTOS								
	495.000	210.000	160.000	125.000	0	0	0	0
Investimentos	**R$ PROJ**	**0**	**1**	**2**	**3**	**4**	**5**	**6**
Atividade A	140.000	140.000						
Atividade B	105.000		60.000	45.000				
Atividade C	75.000	40.000	35.000					
Atividade D	95.000	30.000	65.000					
Atividade E	80.000			80.000				

DISTRIBUIÇÃO DAS RECEITAS								
	550.000	0	0	0	200.000	330.000	0	0
RECEITAS	**R$ PROJ**	**0**	**1**	**2**	**3**	**4**	**5**	**6**
Receita A	200.000				200.000			
Receita B	330.000					330.000		
Saldos periódicos:		**–210.000**	**–160.000**	**–125.000**	**200.000**	**330.000**	**0**	**0**

Onde:

VPL = –6.935,24 i(r) = 2,471% a.m. B/C = 0,986

Portanto, o investimento com essa nova situação não apresenta viabilidade e seu retorno é de 2,471% a.m.

5.63 Quadro de cenários

Para esses três últimos cenários montaremos também um quadro com resultados de análises mais detalhadas.

	CENÁRIOS	VPL	i(r) – a.m.	B/C	i(e) – 3% a.m.
1	Primeiro	35.252,22	5,74%	1,077	Viável
2	Segundo	10.834,50	3,81%	1,022	Viável
4	Terceiro	–6.935,24	2,47%	0,986	Inviável

Para os três cenários construídos, notamos que o retorno oferecido pelo projeto em termos de taxas percentuais mensais encontra-se em uma faixa de 2,47% a 5,74%.

Com relação à análise da viabilidade, considerando-se a taxa mínima de 3% ao mês como atrativa para a execução do projeto, notamos que dois deles apresentam viabilidade econômica.

Assim, vários outros cenários podem ser construídos para subsidiar a decisão do gestor, objetivando viabilidade econômica do projeto dentro de um contexto de minimização dos riscos e incertezas.

5.64 Exemplo de aplicação do planejamento e a análise de sensibilidade

No planejamento para a construção de um imóvel destinado à venda, têm-se, com base em seu cronograma de execução (apresentado a seguir), a distribuição dos valores mensais de investimentos.

Pesquisando valores de mercado, projetou-se para venda do imóvel o valor de R$ 520.000,00 na sua conclusão.

Na expectativa de obter um retorno mínimo de 4% ao mês, pede-se para subsidiar as decisões, montar um primeiro cenário com os valores inicialmente projetados e com as variações:

- **Cenário 2.** Redução de 10% no valor de venda do imóvel na sua conclusão.
- **Cenário 3.** Aumento de 5% nos custos de Fundação, Instalações e Revestimentos, mantendo-se o valor de venda inicialmente projetado.
- **Cenário 4.** Aumento de 5% nos custos de Fundações e Instalações e redução de 10% no valor de venda do imóvel na sua conclusão.

CRONOGRAMA DE EXECUÇÃO DO PROJETO

	336.300	**133.800**	**12.500**	**9.800**	**18.100**	**26.700**	**27.600**	**13.600**	**15.650**	**15.650**	**5.400**	**16.850**	**27.000**	**13.650**
Investimentos	**R$ PROJ**	**0**	**1**	**2**	**3**	**4**	**5**	**6**	**7**	**8**	**9**	**10**	**11**	**12**
Terreno	110.000	110.000												
Projeto/Aprovações	23.800	23.800												
Fundações	22.300		12.500	9.800										
Alvenaria e Laje	44.800				18.100	26.700								
Cobertura	19.400						19.400							
Instalações	36.600						8.200	8.200				10.100	10.100	
Esquadrias/Vidros	23.200								10.250	10.250			2.700	
Revestimentos	35.100							5.400	5.400	5.400	5.400	6.750	6.750	
Pintura/Limpeza	14.900												7.450	7.450
Regularização	6.200													6.200

5.64.1 Cenário 1

SENSIBILIDADE – CRONOGRAMA				**VPL =**	**32.993,34**	
				i(r) =	**5,276**	**% a.p.**
i(e) =	**4,000**	**% a.p.**		**B/C =**	**1,1131**	
			O projeto apresenta viabilidade			
DISTRIBUIÇÃO DOS INVESTIMENTOS						
	336.300	**133.800**	**12.500**	**9.800**	**18.100**	**26.700**
Investimentos	**R$ PROJ**	**0**	**1**	**2**	**3**	**4**
Terreno	110.000	110.000				
Projeto/Aprovações	23.800	23.800				
Fundações	22.300		12.500	9.800		
Alvenaria e Laje	44.800				18.100	26.700
Cobertura	19.400					
Instalações	36.600					
Esquadrias/Vidros	23.200					
Revestimentos	35.100					
Pintura/Limpeza	14.900					
Regularização	6.200					
DISTRIBUIÇÃO DAS RECEITAS						
	520.000	**0**	**0**	**0**	**0**	**0**
RECEITAS	**R$ PROJ**	**0**	**1**	**2**	**3**	**4**
Receita	520.000					
Saldos periódicos:		**–133.800**	**–12.500**	**–9.800**	**–18.100**	**–26.700**

27.600	**13.600**	**15.650**	**15.650**	**5.400**	**16.850**	**27.000**	**13.650**
5	**6**	**7**	**8**	**9**	**10**	**11**	**12**
19.400							
8.200	8.200				10.100	10.100	
		10.250	10.250			2.700	
	5.400	5.400	5.400	5.400	6.750	6.750	
						7.450	7.450
							6.200

0	**0**	**0**	**0**	**0**	**0**	**0**	**520.000**
5	**6**	**7**	**8**	**9**	**10**	**11**	**12**
							520.000
–27.600	**–13.600**	**–15.650**	**–15.650**	**–5.400**	**–16.850**	**–27.000**	**506.350**

5.64.2 Cenário 2

SENSIBILIDADE – CRONOGRAMA				VPL =	514,29	
				i(r) =	4,021	% a.p.
i (e) =	4,000	% a.p.		B/C =	1,0018	
				O projeto apresenta viabilidade		
DISTRIBUIÇÃO DOS INVESTIMENTOS						
	336.300	133.800	12.500	9.800	18.100	26.700
Investimentos	**R$ PROJ**	**0**	**1**	**2**	**3**	**4**
Terreno	110.000	110.000				
Projeto/Aprovações	23.800	23.800				
Fundações	22.300		12.500	9.800		
Alvenaria e Laje	44.800				18.100	26.700
Cobertura	19.400					
Instalações	36.600					
Esquadrias/Vidros	23.200					
Revestimentos	35.100					
Pintura/Limpeza	14.900					
Regularização	6.200					
DISTRIBUIÇÃO DAS RECEITAS						
	468.000	0	0	0	0	0
RECEITAS	**R$ PROJ**	**0**	**1**	**2**	**3**	**4**
Receita	468.000					
Saldos periódicos:		**–133.800**	**–12.500**	**–9.800**	**–18.100**	**–26.700**

27.600	**13.600**	**15.650**	**15.650**	**5.400**	**16.850**	**27.000**	**13.650**
5	**6**	**7**	**8**	**9**	**10**	**11**	**12**
19.400							
8.200	8.200				10.100	10.100	
		10.250	10.250			2.700	
	5.400	5.400	5.400	5.400	6.750	6.750	
						7.450	7.450
							6.200

0	**0**	**0**	**0**	**0**	**0**	**0**	**468.000**
5	**6**	**7**	**8**	**9**	**10**	**11**	**12**
							468.000
–27.600	**–13.600**	**–15.650**	**–15.650**	**–5.400**	**–16.850**	**–27.000**	**454.350**

5.64.3 Cenário 3

SENSIBILIDADE – CRONOGRAMA				VPL =	29.356,33	
				i(r) =	5,134	% a.p.
i(e) =	4,000	% a.p.		B/C =	1,0994	
				O projeto apresenta viabilidade		
DISTRIBUIÇÃO DOS INVESTIMENTOS						
	341.000	133.800	13.125	10.290	18.100	26.700
Investimentos	**R$ PROJ**	**0**	**1**	**2**	**3**	**4**
Terreno	110.000	110.000				
Projeto/Aprovações	23.800	23.800				
Fundações	23.415		13.125	10.290		
Alvenaria e Laje	44.800				18.100	26.700
Cobertura	19.400					
Instalações	38.430					
Esquadrias/Vidros	23.200					
Revestimentos	36.855					
Pintura/Limpeza	14.900					
Regularização	6.200					
DISTRIBUIÇÃO DAS RECEITAS						
	520.000	0	0	0	0	0
RECEITAS	**R$ PROJ**	**0**	**1**	**2**	**3**	**4**
Receita	520.000					
Saldos periódicos:		**–133.800**	**–13.125**	**–10.290**	**–18.100**	**–26.700**

28.010	14.280	15.920	15.920	5.670	17.693	27.842	13.650
5	**6**	**7**	**8**	**9**	**10**	**11**	**12**
19.400							
8.610	8.610				10.605	10.605	
		10.250	10.250			2.700	
	5.670	5.670	5.670	5.670	7.088	7.087	
						7.450	7.450
							6.200

0	0	0	0	0	0	0	520.000
5	**6**	**7**	**8**	**9**	**10**	**11**	**12**
							520.000
–28.010	**–14.280**	**–15.920**	**–15.920**	**–5.670**	**–17.693**	**–27.842**	**506.350**

5.64.4 Cenário 4

SENSIBILIDADE – CRONOGRAMA				**VPL =**	**–1.869,92**	
				i(r) =	**3,924**	**% a.p.**
i(e) =	**4,000**	**% a.p.**		**B/C =**	**0,9936**	
				O projeto não apresenta viabilidade		
DISTRIBUIÇÃO DOS INVESTIMENTOS						
	339.245	**133.800**	**13.125**	**10.290**	**18.100**	**26.700**
Investimentos	**R$ PROJ**	**0**	**1**	**2**	**3**	**4**
Terreno	110.000	110.000				
Projeto/Aprovações	23.800	23.800				
Fundações	23.415		13.125	10.290		
Alvenaria e Laje	44.800				18.100	26.700
Cobertura	19.400					
Instalações	38.430					
Esquadrias/Vidros	23.200					
Revestimentos	35.100					
Pintura/Limpeza	14.900					
Regularização	6.200					
DISTRIBUIÇÃO DAS RECEITAS						
	520.000	**0**	**0**	**0**	**0**	**0**
RECEITAS	**R$ PROJ**	**0**	**1**	**2**	**3**	**4**
Receita	468.000					
Saldos periódicos:		**–133.800**	**–13.125**	**–10.290**	**–18.100**	**-26.700**

28.010	**14.010**	**15.650**	**15.650**	**5.400**	**17.355**	**27.505**	**13.650**
5	**6**	**7**	**8**	**9**	**10**	**11**	**12**
19.400							
8.610	8.610				10.605	10.605	
		10.250	10.250			2.700	
	5.400	5.400	5.400	5.400	6.750	6.750	
						7.450	7.450
							6.200

0	**0**	**0**	**0**	**0**	**0**	**0**	**468.000**
5	**6**	**7**	**8**	**9**	**10**	**11**	**12**
							468.000
–28.010	**–14.010**	**–15.650**	**–15.650**	**–5.400**	**–17.355**	**–27.505**	**454.350**

5.64.5 Quadro de cenários

ANÁLISE DE SENSIBILIDADE – QUADRO DE CENÁRIOS					
CENÁRIOS		VPL	i(r) – a.m.	B/C	i(e) – 4% a.m.
1	Valores inicialmente projetados	32.993,34	5,28%	1,113	Viável
2	Redução 10% no valor de venda	514,29	4,02%	1,002	Viável
3	Aumento de 5% – fundação, instalações e revestimentos	29.356,33	5,13%	1,099	Viável
4	Aumento de 5% – fundação, instalações e revestimentos; redução de 10% no valor de venda	–1.869,92	3,92%	0,994	Inviável

Com os cálculos e análises apresentados, sintetizados no quadro de cenários, espera-se um retorno entre 3,92% e 5,28% ao mês, considerados os quatro cenários construídos. Notamos que em três deles apresenta-se viabilidade.

No entanto, cabe observar que cada projeto apresenta sua peculiaridade. Quando se trata de um projeto bem elaborado, com insumos bem definidos, a construção dos cenários torna-se mais simples, com resultados mais confiáveis em relação às expectativas.

Por outro lado, quando um projeto apresenta fatores que podem contribuir com menores previsibilidades, é recomendável que se aprofunde a análise para obter resultados mais seguros em relação ao sucesso do projeto.

REFERÊNCIAS

BRANCO, A. C. C. **Matemática financeira aplicada**. 3. ed. São Paulo: Cengage Learning, 2010.

BUENO, R. L. S.; RANGEL, A. S.; SANTOS, J. C. S. **Matemática financeira moderna**. São Paulo: Cengage Learning, 2011.

CARVALHO, L. C. S.; ELIA, B. S.; DECOTELLI, C. A. **Matemática financeira aplicada**. Rio de Janeiro: FGV, 2009.

CARVALHO, T. M. **Matemática comercial e financeira**. 5. ed. Rio de Janeiro: Fename, 1980.

CAVALIERI, A. **Gerenciamento de projetos**. Rio de Janeiro: Qualitymark, 2003.

CAVANHA FILHO, A. O. **Matemática financeira**: guia de bolso. Rio de Janeiro: Qualitymark, 1998.

CRESPO, A. C. **Matemática comercial e financeira**. 12. ed. São Paulo: Saraiva, 1997.

D'AMBRÓSIO, N.; D'AMBRÓSIO, U. **Matemática comercial e financeira**. 20. ed. São Paulo: Companhia Editora Nacional, 1971.

EHRLICH, P. J.; MORAES, E. A. **Engenharia econômica**. 6. ed. São Paulo: Atlas, 2011.

FARIA, R. G. **Matemática comercial e financeira**. 4. ed. São Paulo: Makron Books, 1999.

______. **Matemática comercial e financeira**. 6. ed. São Paulo: Ática, 2007.

FARO, C. **Elementos de engenharia econômica**. 3. ed. São Paulo: Atlas, 1979.

FERREIRA, R. G. **Engenharia econômica e avaliação de projetos de investimentos**. São Paulo: Atlas, 2009.

HIRSCHFELD, H. **Engenharia econômica e análise de custos**. 7. ed. São Paulo: Atlas, 2000.

KUHNEN, O. L.; BAUER, U. R. **Matemática financeira aplicada e análise de investimentos**. 2. ed. São Paulo: Atlas, 1996.

LAPPONI, J. C. **Matemática financeira**: com aplicações em microcomputadores e planilha de cálculo. São Paulo: Ebras Editora Brasileira, 1987.

LIMA, I. S.; GALARDI, N.; NEUBAUER, I. **Mercados de investimentos financeiros**. São Paulo: Atlas, 2006.

KUHNEN, O. L.; BAUER, U. R. **Matemática financeira aplicada e análise de investimentos**. 2. ed. São Paulo: Atlas, 1996.

LAPPONI, J. C. **Matemática financeira**: com aplicações em microcomputadores e planilha de cálculo. São Paulo: Ebras Editora Brasileira, 1987.

LIMA, I. S.; GALARDI, N.; NEUBAUER, I. **Mercados de investimentos financeiros**. São Paulo: Atlas, 2006.

MATHIAS, W. F.; GOMES, J. M. **Matemática financeira**. 5. ed. São Paulo: Atlas, 2008.

PESSOA, S. **Gerenciamento de empreendimentos**. Florianópolis: Insular, 2003.

PILÃO, N. E.; HUMMEL, P. R. V. **Matemática financeira e engenharia econômica**: a teoria e a prática da análise de projetos de investimentos. São Paulo: Cengage Learning, 2013.

PIRES, L. M. **Matemática financeira com o uso do Excel e HP 12C**. 2. ed. Brasília: Senac, 2015.

PUCCINI, A. L. **Matemática financeira**: objetiva e aplicada. 7. ed. São Paulo: Saraiva, 2008.

RYBA, A.; LENZI, E. K.; LENZI, M. K. **Elementos de engenharia econômica**. 1. ed. Curitiba: Intersaberes, 2012.

SAMANEZ, C. P. **Matemática financeira aplicada à análise de investimentos**. 2. ed. São Paulo: Makron Books, 1999.

______. **Engenharia econômica**. São Paulo: Pearson Education, 2009.

SHINOBA, C. **Matemática financeira**: para usuários do Excel. São Paulo: Atlas, 2003.

SILVA, A. L. C. **Matemática financeira aplicada**. 3. ed. São Paulo: Atlas, 2010.

TEIXEIRA, J.; NETTO, S. P. **Matemática financeira**. São Paulo: Makron Books, 1998.

TORRES, O. F. F. **Fundamentos da engenharia econômica**. São Paulo: Thomson Learning, 2006.

TOSCANO, L. C. **Guia de referência para o mercado financeiro**. São Paulo: Edições Inteligentes, 2004.

VALLIM, M. A.; PALAZOLLI, F.; QUINTAIROS, P. **Matemática financeira**. São Paulo: LCTE, 2011.

VANNUCCI, L. R. **Cálculos financeiros aplicados e informatizados**. São Paulo: Copidart Editora, 2001.

______. **Cálculos financeiros aplicados e avaliação econômica de projetos de investimentos**. São Paulo: Textonovo, 2003.

VIEIRA SOBRINHO, J. D. **Matemática financeira**. 3. ed. São Paulo: Atlas, 2008.